纪连海谈三十六计

纪连海 著

石油工业出版社

图书在版编目（CIP）数据

纪连海谈三十六计 / 纪连海著. —北京：石油工业出版社，2019.1
ISBN 978-7-5183-2914-4

Ⅰ. ①纪⋯ Ⅱ. ①纪⋯ Ⅲ. ①兵法–中国–古代②《三十六计》–通俗读物 Ⅳ. ①E892.2-49

中国版本图书馆CIP数据核字（2018）第219517号

纪连海谈三十六计
纪连海　著

出版发行：石油工业出版社
　　　　　（北京安定门外安华里2区1号　100011）
网　　址：www.petropub.com
编 辑 部：（010）64523607　图书营销中心：（010）64523633
经　　销：全国新华书店
印　　刷：北京晨旭印刷厂

2019年1月第1版　2019年1月第1次印刷
700×1000 毫米　开本：1/16　印张：18.5
字数：246千字

定　价：45.00元
（如发现印装质量问题，我社图书营销中心负责调换）
版权所有，翻印必究

前言

中国历史上下五千年，悠久而漫长，在历史的长河中，中华民族用劳动和智慧创造了光辉灿烂的文明，积淀了独具魅力的文化。

文化是一个民族的标志，更是一个民族的灵魂。

中华文化是中华民族无数古圣先贤、风流人物、仁人志士对自然、人生、社会的思索、探求与总结，是我国各族人民的智慧源泉与精神支柱，是中华民族的尊严与标志，更是中华民族屹立于世界民族之林的形象，它既是中华民族智慧的凝结，更是道德规范、价值取向、行为准则的集中再现。

中华民族之所以历经磨难而不衰，非常重要的一点，就是中华文化营造出的强大的民族向心力。中华传统文化是中华文明成果根本的创造力，是民族历史上道德传承、各种文化思想、精神观念形态的总和。以现在的学科分类，则囊括了中国古代的哲学、宗教、政治、科技、历史、地理、文学、教育、经济、军事、文化、艺术、民俗诸多方面。概括来说，传统文化包括经史子集、十家九流，它以先秦经典及诸子之学为根基，涵盖两汉经学、魏晋玄学、隋唐佛学、宋明理学和同时期的汉赋、六朝骈文、唐宋诗词、元曲与明清小说并历代史学等一套特有而完整的文化、学术体系。观其构成，足见其之广博与深厚。

千百年来，中华文化融入我们每一个炎黄子孙的血液，铸成了中华民族的高尚品格，书写了辉煌灿烂的历史，成为人类文明的不可或缺

的组成部分。"己所不欲,勿施于人"的行为规范、"乐以天下,忧以天下"的政治抱负、"苟利国家,不求富贵"的报国情怀、"富贵不能淫,贫贱不能移,威武不能屈"的浩然正气、"志士仁人,无求生以害仁,有杀身以成仁"的献身精神、"知人者智,自知者明"的通达心态等,都传承着中华民族的精神基因,这是我们最深厚的文化软实力。

凝魂聚气,强基固本,习近平总书记就传承和弘扬中华优秀传统文化做出一系列重要指示。他指出:"我们决不可抛弃中华民族的优秀文化传统,恰恰相反,我们要很好地传承和弘扬,因为这是我们民族的'根'和'魂',丢了这个'根'和'魂',就没有根基了。""一个国家、一个民族的强盛,总是以文化兴盛为支撑的,中华民族伟大复兴需要以中华文化发展繁荣为条件。"

在2017年10月18日召开的中国共产党第十九次全国代表大会上,习近平总书记提出要深入挖掘中华优秀传统文化蕴含的思想观念、人文精神、道德规范,结合时代要求继承创新,让中华文化展现出永久魅力和时代风采。习近平总书记的讲话,为我们继承和弘扬传统文化指明了方向。

一个没有自己文化的国家,可能会成为一个大国甚至富国,但绝对不会成为一个强国。也许它会强盛一时,但绝不能永远屹立于世界强国之林。而一个国家若想健康持续发展,则必然有其凝聚民众的国民精神,且这种国民精神也必然是在其自身漫长的历史发展中由本国人民创造、形成的。中华民族的伟大复兴,中华巨龙的跃起腾飞,离不开传统文化的持久浸润与滋养。

传统文化对于个人的成长更为重要。众多的专家学者认为,一个人的精神启蒙,往往始于不可替代的传统经典。试想,当优秀传统文化的经典了然于心，熟能成诵，孔子、孟子、老子、庄子等伟大的先贤就与你的生命相伴了。有圣贤藏于心，笃于行，德必向善，学必精进，功自然成。潜心于传统文化，我们就会发现其蕴含的无法穷尽的智慧，并从中领略到恒久的治世之道与管理之智，体悟到超脱的人生哲学与立身之术。

中国人民在历经站起来、富起来的历史进步后，将迈入建设中国特色社会主义现代化强国"强起来"的新时代。历史悠久、光辉灿烂的中华传统文化，是一座人类文明的巨大宝库。系统地了解、认识中华文化精华，更好地继承中华民族优秀文化传统，激发民族自豪感，增强民族凝聚力，大力弘扬爱国主义精神，是我们应当担负起来的神圣的历史责任。

为了让更多读者从传统文化中受益，我们特别邀请了中央电视台"百家讲坛"著名主讲纪连海主编了这套"名家谈国学经典"丛书。

"名家谈国学经典"系列将分辑出版，这次出版的是第一辑，分别是《纪连海谈论语》《纪连海谈道德经》《纪连海谈黄帝内经》《纪连海谈孙子兵法》《纪连海谈三十六计》《纪连海谈孟子》《纪连海谈庄子》。这些经典著作高度浓缩了中华五千年文明的精华，包含了中华民族生存的大思想、大智慧。

丛书富有知识性、哲理性和可读性，尽量把艰难晦涩的传统文化予以通俗化、现实化的演绎，以古今中外的精彩案例解析深刻的文化内涵，让传统文化焕发出历久弥新的时代风采。丛书秉承了纪连海一贯的幽默活泼、接地气的语言风格，使读者在轻松愉悦和饶有趣味的阅读中，收获满满的人生感悟。

丛书瑕疵难免，错漏之处敬请读者批评指正。

综述

　　《三十六计》又称《三十六策》，是根据我国古代卓越的军事思想和丰富的斗争经验总结而成的兵书。简单地说，就是中国古代三十六个兵法策略的汇集。

　　根据近人朱琳所著《洪门志》上载有的"三十六着"名称看，与现行的《三十六计》除个别计名略有不同外，其余大都一致。朱琳还在附注中说："三十六着，又称三十六计，即三十六种计策，用兵处世，无往不利，所谓'神机妙算'，故称之为洪门哲学。" 1961年9月16日，叔和在《光明日报》"东风"副刊上撰文对这一发现加以介绍。这个孤本后经无谷（姚炜）先生作译注，流传较广，现今市面上流行的众多《三十六计》出版物皆源于此。

　　据《南齐书·王敬则传》："檀公三十六策，走为上计，汝父子唯应走耳。" 这个是文史上专家考证出来的最早的三十六计的说法。具体描述的就是檀道济当年效法武侯诸葛亮的败兵计法，在粮尽兵竭的情况下，安然撤退的典故。流传至今，作为一句俗语，意思是说败局已定，无可挽回，唯有退却，方是上策。

　　檀公者，南朝宋名将檀道济（？—公元436年）也。檀道济，山东金乡人，是南朝宋武帝刘裕手下的将军。他智勇双全，跟随刘裕，起兵京口，后转战各地，所向披靡，为建立南朝宋帝国，立下了汗马功劳。宋武帝死后，文帝继位，因"功高震主""朝廷疑畏之"（——语出《宋

书·列传第三·檀道济》），文帝自毁长城，把檀公杀了。

檀道济作为一员著名的武将，对中国兵法颇有研究。根据《南齐书·王敬则传》中关于"檀公三十六策"的说法，虽然不能断定现在流传的《三十六计》就是檀道济所编撰，但起码可以说，他曾经为三十六计的传播起到了重要作用，或者说与檀道济有种避不开的特定关系。也可以这样推测，"三十六计"是檀道济继承前人的成果基础上，结合自己多年的战争经验，总结出了"三十六计"。但因为各种原因，仅作为"内部经验交流材料"，没有被保存并推广开来，或已失传。所以，后世学者，大都认为"三十六计"应该是檀道济的用兵理论。不过檀公也是根据古人的一些兵法理论和同事的理论总结出来的，而并非檀公自创的。比如，胜战计中的"以逸待劳"最早应该是《孙子兵法》里的内容。《孙子·军争篇》说："以治待乱，以静待哗，此治心者也。以近待远，以佚（同逸）待劳，以饱待饥，此治力者也。"

还有一种说法，认为《三十六计》的作者还是孙子。孙子作为一代"兵圣"，曾创作用兵专著《孙子》，策谋《三十六计》的说法。《三十六计》中有很多篇的思想与《孙子兵法》如出一辙，一脉相承。如："围魏救赵"计体现的计谋核心就是"攻其必救"（《孙子兵法》"虚实篇"）。

还有人认为，《孙子兵法》非一人所创，"三十六"也非确数，言多也，用来形容诡计多端，并无固定的具体内容。根据流传文字看，南朝已有该词，其后又多作为民间俗语出现，在元明戏曲、明清小说中，已有成语计名广泛应用。于是，明清时期，有好事者，借用大家常挂在嘴边的"三十六计，走为上计"这句俗语作为书名，从中国历史上丰富多彩的智谋文化中，挖掘并整理出三十六种计谋，又用大家耳熟能详的成语来冠名，编辑成册得以广泛流传。这情况与《三国演义》的成书有些类似：之前已有民间传说和宋代的话本、元代的杂剧讲述各种三国故事，直到明代才由罗贯中修饰整理和再创作，定型为《三国演义》。

2003年，古城西安的兵书研究者张敬轩出示了一套十四万言的《秘本兵法》手稿，是其父张联甲从20世纪20年代中到60年代末编撰的。有一万多字的《六六行·三十六计》是重要部分，其结构、分类、内容比现今的流行本更为丰富和完整。该书又名《九行兵法》，全书共分为九行（即九卷）。张联甲认为，"人类社会从来没有离开过生争与兵争，生争者，健事也；兵争者，战争也。""吾之秘本，遵《易》之理，治《易》之半，略去生争，只取兵争，而所以成此书者也。"他用中国哲学中的数术易理说明兵法权谋的基本原理，深化了兵法研究的学术性。

张联甲，祖籍山西赵城，清末进士、晋陕名人张瑞玑之子。1921年张联甲毕业于保定陆军军官学校，后入日本振武学校深造，不久回到西安，与其父共同研读、整理其父早年多方收集、购置的大量古佚兵书。在此基础上，他于1925年秋在西安编撰了《秘本兵法》初稿。

至于"张本"与"流行本"的关系，即它们是否出自张联甲之手，尚需进一步考证。西安陆军学院朱宝庆教授等专家初步研究认为，《秘本兵法》中的"六六行·三十六计"与"流行本"《三十六计》不是残本与原本的问题，而是出自同一手笔、同一构思和同一文风；"张本"的写作虽晚于"流行本"，但在"流行本"的基础上改写的可能性又不大。

从内容上看，"流行本"过于简约，"像是一个写作提纲"，而"张本"内容更完整、语言更生动，是"流行本"的重要补充。例如"以逸待劳"一节，"流行本"只有"困敌之势，不以战；损刚益柔"

十一个字；"张本"则为"困敌之势，势不以战。守险保势，势以待变。损上益下，其道上行，损益盈虚，与对偕行"。这一阐解，使"以逸待劳"的计理更为明了。而且"张本"的体系结构更为合理、更趋成熟。同时，"张本"的引述中涉及部分失传兵书的大量资料，对研究古代兵书的源流当有参考价值，其学术成就不可低估。

不管怎么说，虽然《三十六计》的作者已难考证，但可以肯定的是，任何优秀成果都来源于人民群众的智慧。正如牛顿说过："如果说我比别人看得更远些，那是因为我站在了巨人的肩上。"那么，我们暂且认为《三十六计》的作者就是一位站在巨人肩膀上的人吧，是他继承总结前人的间接经验，加上自己的实践体会，编辑创作而成此书，为我们留下了这么宝贵的非物质文化遗产。我们研读《三十六计》时，只要好好享受这个"鸡蛋"，别去想知道、也无从知道是哪只"母鸡"下地就是了。

《三十六计》前有总说后有跋，中间内容分六套，每套六计，分别是：胜战计、敌战计、攻战计、混战计、并战计、败战计。每套各包含六计，总共三十六计。其中每计名称后的解说主要是以点睛之笔指点本计的要义、适用条件和实施办法，文字极其简练，均系依据《易经》中的阴阳变化之理，以及古代兵家刚柔、奇正、攻防、彼己、虚实、主客等对立关系相互转化的思想推演而成，含有朴素的军事辩证思想。按语是对计名和解语的阐释和发挥，大多引证宋代以前的战例和孙武、吴起、尉缭子等兵家的经典名句。

为便于记取，有学者在三十六计中各取一字，汇成五律诗一首：金玉檀公策，借以擒劫贼，鱼蛇海间笑，羊虎桃桑隔，树暗走痴故，釜空苦远客，屋梁有美尸，击魏连伐虢。除"檀公策"以外，每字包含了三十六计中的一计，依序为：金蝉脱壳、抛砖引玉、借刀杀人、以逸待劳、擒贼擒王、趁火打劫、关门捉贼、浑水摸鱼、打草惊蛇、瞒天过海、反间计、笑里藏刀、顺手牵羊、调虎离山、李代桃僵、指桑骂槐、隔岸观火、树上开花、暗度陈仓、走为上、假痴不癫、欲擒故纵、釜底抽薪、空城计、苦肉计、远交近攻、反客为主、上屋抽梯、偷梁换柱、无中生有、美人计、借尸还魂、声东击西、围魏救赵、连环计、假道伐虢。

《三十六计》的主要着眼点是战场应敌的计谋、对策，而不是有关战争的所有理论问题，在兵学史上，与《孙子兵法》《孙膑兵法》相映成辉，各有所长。作者在书中明确表示："夫战争之事，其道多端。强国、练兵、选将、择敌、战前、战后，一切施为，皆兵道也。惟比比者，大都有一定之规、有陈例可循。而其中变化万端、诙诡奇谲、光怪陆离、不可捉摸者，厥为对战之策。《三十六计》者，对战之策也，诚大将之要略也。"（《跋》）大意是，在军事领域的强国、练兵、选将等问题虽然也很重要，但大都有章可循，只有在迷雾重重、瞬息万变的战场对抗中，如何迅速准确料敌，恰当应对以克敌制胜，就看随机应变了。"此兵家之胜（指挥的奥妙所在），不可先传也。"（《孙子兵法·计篇》）

为解临敌"对战之策"无一定之规这道军事难题，《三十六计》运用了《易经》哲理作为本书的思想依据和哲学基础。《三十六计》开篇即道："六六三十六，数中有术，术中有数。阴阳燮理，机在其中。机不可设，设则不中。""诡谋权术，原在事理之中，人情之内。"（《总说》）这里所说的"数"，就是《易》理所包含的宇宙万物运动变化的规律和法则，亦即社会与自然中的人情、事理；"术"即指军事

上的"诡谋权术"。作者认为任何计谋都是从天地间最根本的法则中推演出来的，都是符合这些规律和法则的，都是其在军事斗争中的具体运用。

如果说《孙子兵法》是通过对战争规律和原理的系统论述，来解决"不可先传"的军事谋略的具体运用问题，《三十六计》则是通过借用《易经》所揭示的自然、社会运动变化规律来解决这一问题的。各计的解语惜墨如金，却有一半的文字系引用《易经》语辞，其中大有深意，正如无谷先生所说，"以《易》演兵也是其一大特色。"如第26计"指桑骂槐"的含义是敲山震虎，即通过对个别人的惩罚暗示和提醒其余的部下，以树立威望。此计解语为："大凌小者，警以诱之。刚中而应，行险而顺。"其中的"刚中而应，行险而顺"引自《易经》师卦，大意为适当的强硬，可以得到拥护；果敢的手段，可以使人顺从。这是从卦象中推演出来的道理，是《易经》在军事上的具体运用。

从写作上看，《三十六计》具有轻整体而重局部、轻理论而重实用的特点，即偏重于"诙诡奇谲"的"对战之策"，即军事谋略的推演和运用，如同一本"作战手册"，具有很强的实用性和可操作性。从语言特色上看，计名采用戏曲、小说中常见的成语、俗语，并用浅显和附有例证的按语对各计的奥妙加以解说，通俗而精妙。

《三十六计》作为中国兵学史上第一部专门论述兵家"诡道"艺术，即军事谋略的兵书，它不但对前代的兵家谋略进行了总结和提炼，而且结合《易》给予哲理性、创造性的发挥。作为中华民族悠久非物质文化遗产之一的《三十六计》，可以毫不夸张地说，已经是家喻户晓、妇孺皆知了。而且，它与我们的生活息息相关，几乎人人都能随口说出一两条计谋的名称，可见其在国人心目中的地位。

据说20世纪60年代初，当时担任解放军政治学院副院长的莫文骅将军，曾将内部油印本《三十六计》分送毛主席等中央领导和各位元帅、将军，得到了大家的肯定，被认为是很有参考价值的书。《三十六计》开始产生广泛的社会影响是在"文化大革命"以后，尤其是市场经济推行以后，因其具有重谋略、讲实用、通俗易懂等特点，迎合了新时代人们对知识文化的需求，而被誉为"大众兵法"，迅速成为社会各阶层关注的热点，各种注本和应用型出版物，直面人们生活的各个方面，如雨后春笋般大量出现。如《生意三十六计》《交际三十六计》《炒股三十六计》等，五花八门，妙趣横生。一时间，作为商人，几乎都知道"商场就是战场，买卖就是用兵"！如果你想纵横商海而经久不败，你想生意兴隆、财源广进，就必须深谋远虑，用兵如神，你就需要熟悉"三十六计"。

空军少将乔良教授认为计谋其实就是一种智慧。《三十六计》就是一种东方智慧的集中体现。近来，习近平总书记特别重视弘扬国学问题，学术界焕发挖掘和整理国学知识的新动力，教育界掀起了弘扬国学知识的新热潮后，就连文艺界，也不断推出了相关的影视作品，再次让这些曾经要沉睡的国学内容又青春再现了。

不仅如此，连外国人都非常喜欢《三十六计》。据称其较早在日本广为流传，被称为"运筹帷幄的诀窍"。1988年，瑞士汉学家胜雅律在对《三十六计》多年潜心研究后，出版了《智谋——平常和非常时刻的技巧》一书（共上下两册：1988年出版上册，2000年出版下册），第一次将《三十六计》和他的研究成果介绍给西方读者。该书先后被译成荷、意、中、英、法、俄、葡、西、土等多种文字出版，在西方引起震动。当时的联邦德国总理科尔读后致函作者，对该书给予高度评价。

1991年，法国汉学家弗·基歇尔将《三十六计》译为法文出版，法国海军上将拉科斯特在《费加罗报》上专文介绍，称赞《三十六计》是"小百科全书"，系统形象地描绘了"诡道的迷宫"。

但是，事物都是一分为二的，我们肯定宣扬《三十六计》的同时，也不可否认，其中的某些军事理念被歪曲应用到交友、经商中去，影响了一些人的做人处事，影响了整个社会的价值观，如催生了利己主义、虚情假意等。有人为此而诟病《三十六计》为封建糟粕。其实，书的思想灵魂本来是军事斗争这一特殊环境下的产物，是以胜为根本出发点和着眼点而论的，被生硬地套用到这些风马牛不相及的场景中，当然有些不协调，我们不应据此否定它的价值。正如鲁迅先生就《红楼梦》而言："单是命意，就因读者的眼光而有种种：经学家看见《易》，道学家看见淫，才子看见缠绵，革命家看见排满，流言家看见宫闱秘事。"正如有些正经人看了网上流传的关于小偷作案的视频，学会了如何防范盗贼，而有些人则受到了怂恿，学会了怎样去偷盗。可见，书是好书，只因读者学歪了，偏偏学会了在生活中寸利必争、钩心斗角、阴险诡诈。所以，我们吸收三十六计的精华时，要加以甄别，不要全盘吸收，更不要移植到各个非军事领域，从而损害和谐的人际关系、毁坏企业之间的诚信互利，侵蚀社会赖以维系的交往规则和道德底线，这是我们应该严加防范的。

而且，我们还应该有这么一个认识，无论是军事上，还是商海中，还有政坛上，用到的计谋不单单是《三十六计》，还有很多没有提炼总结到里面的。同时，我们也注意到，有些计谋有勉强凑数的嫌疑，有些内容和意义重复设置，有的按语中的战例选的并不经典，甚至不很恰当。因此，我们还需要有批判、发展和创新的意识来研读这一文化瑰宝。

| 总　　说 | 1 |

胜战计 ... 4

第一计	瞒天过海	7
第二计	围魏救赵	15
第三计	借刀杀人	20
第四计	以逸待劳	27
第五计	趁火打劫	34
第六计	声东击西	41

敌战计 ... 47

第七计	无中生有	49
第八计	暗度陈仓	55
第九计	隔岸观火	63
第十计	笑里藏刀	71

第十一计　李代桃僵 78

第十二计　顺手牵羊 85

攻战计 91

第十三计　打草惊蛇 93

第十四计　借尸还魂 100

第十五计　调虎离山 107

第十六计　欲擒故纵 113

第十七计　抛砖引玉 120

第十八计　擒贼擒王 127

混战计 134

第十九计　釜底抽薪 137

第二十计　浑水摸鱼 145

第二十一计　金蝉脱壳 152

第二十二计　关门捉贼 159

第二十三计　远交近攻 166

第二十四计　假道伐虢 174

并战计 **181**

第二十五计　偷梁换柱 183

第二十六计　指桑骂槐 189

第二十七计　假痴不癫 197

第二十八计　上屋抽梯 204

第二十九计　树上开花 211

第三十计　　反客为主 218

败战计 **224**

第三十一计　美人计 226

第三十二计　空城计 233

第三十三计　反间计 241

第三十四计　苦肉计 249

第三十五计　连环计 257

第三十六计　走为上 265

跋 273

总 说

原文原典

六六三十六①,数中有术②,术中有数。阴阳燮理③,机在其中。机不可设,设则不中④。

按语

解语重数不重理⑤。盖里(理),术语⑥自明;而数,则在言⑦外。若徒知术之为术,而不知术中有数,则数多不应⑧。且诡谋权术,原在事理⑨之中,人情⑩之内。倘事出不经⑪,则诡异立见,诧事惑俗,而机谋泄⑫矣。或曰,在三十六计中,每六计成为一套,第一套为胜战计;第二套为敌战计;第三套为攻战计;第四套为混战计;第五套为并战计;第六套为败战计。

注释

①六六三十六:六,阴爻(yáo)。阳爻(用"-"表示)为九,阴爻(用"- -"表示)为六。这里借指阴谋权术。作者认为,阴谋权术可以变化无穷,但基本原理在此"六六"之中,所以说"六六三十六",以表示诡计多端,变化无穷。另外,本书所总结的计策分六套,每套六计,共三十六计。所以这句话一语双关,在全文中起到了破题言纲、开宗明义的作用。

②数中有术：数，易数，自然变化的必然性，即客观规律。唐刘禹锡在《天论》中说："夫物之合并，必有数存乎其间焉。"这里面所说的"数"，应释为必然性，客观规律。术，诡谋权术。客观规律是制定诡谋权术的依据，所以诡谋权术隐含在客观规律之中。术，方法，手段，计谋，权谋。句意为：客观规律中包含着谋略，诡辩权谋之术中包含着客观规律。

③阴阳燮理：阴阳，喻指对立统一的物质和精神。阴阳燮理意为：阴阳相互协调的道理。

④机不可设，设则不中：（作战）时机是不能预先设计好的，预先设计也不会命中而符合预设，从而贻误战机。

⑤理：义理。引申为计谋的意思和道理。

⑥术语：计谋的名称。（不是现在所谓的专业术语）

⑦言：文字表述。

⑧不应：不相应，行不通。卦形变化中不应则凶。

⑨事理：事物变化之理。自然之事物都按一定的规律变化。

⑩人情：人性变化之理。（不是现在所说的人情世故）

⑪不经：不合常理，不符合自然变化之规律。

⑫泄：暴露。

纪老师说

"六六三十六"，不是简单的一句乘法口诀。他首先是传世的《易经》对客观世界的解释，是蕴含着我们的祖先对客观世界运行规律的解读。一提到《易经》，人们往往会联想到地摊上算卦的，心中就直犯嘀咕，甚至嗤之以鼻。作为一部古老的经典著作，从表面看是一部占卜、预测之书,但是,从卦序、卦名、卦象、卦辞、爻序、爻辞、爻象、断辞及其推演过程等方面分析,它其实包含着中国传统道德哲学所有思想和原理,可以称之为中国早期的哲学经典著作。它包罗万象,广涉纲纪群伦,是中国传统文化的杰出代表,也是中华文明的源头活水。《易经》就是通过自己独特的方式,即通过卦名、爻名立论,通过卦辞、爻辞论述事物的发展变化,通过断辞指导人们吉凶趋僻,形成了一套较完备的哲学理论体系。"六"就是其中的阴爻名。"六六三十六"的意思就是说,世界的万事万物都是符合阴阳相生相克的客观规律的。计谋权术之变化,也不会出乎其规律,也是变化无穷的。

另外一个含义,就是具体到本书中,这个"三十六"既有计谋多的意思,还是"三十六计"的具体数目。这不是巧合,这是作者的匠心独运,放在篇首,总领全书,起到了开宗明义的作用。

这个总说,用一句话来概括,就是说,诡诈权变之术是符合阴阳变化之规律的,本书就是以"术"为载体,揭示"数"的。由此看来,作者深得《易》之精髓的,书是依《易》而作的。因此,我们在解读《三十六计》时,就不要水过地皮湿的,把目光只停留在这些"术"上,为"计"而"计",而不能思考其蕴含,是不能得其精髓的。

纪连海谈 三十六计

胜战计

原文

处于绝对优势地位之计谋。君御臣、大国御小国之术也。亢龙有悔①。

注释

①亢龙有悔：亢，至高的。悔，灾祸。语出《周易·乾》："上九，亢龙有悔。"意为居高位的人要戒骄，否则会因失败而后悔。后也形容倨傲者不免招祸。也指降龙十八掌中的一式（第一式），出自《射雕英雄传》《天龙八部》。

纪老师说

胜战计是本组六计的总称，这六计分别是瞒天过海、围魏救赵、借刀杀人、以逸待劳、趁火打劫、声东击西。

"胜战"，顾名思义就是有必胜把握之战。强大对弱小，征战一定会胜。既然有必胜把握，为什么还要示之以计，还要在此支招呢？自古就有"骄兵必败"的说法，如果不懂谋略，依仗自己的优势地位，骄傲轻敌，也是容易失败的；虽然是以强对弱，如果不懂谋略，也容易被善用计谋的"弱"算计，最终招致失败；何况"兵者凶器"（杜牧语），杀敌三千自损五百，为了用最小的牺牲，换取最大的胜利，尽量减少人员及物资损失，也是需要从长计议的。

所以，"胜战计"开篇即用《周易·乾》卦辞点明主旨，予以警示。"兵者，国之大事，死生之地，存亡之道，不可不察也"（《孙子兵法·始计篇》），打仗这么大的事，当然需要谨慎对待了。再者说了，即便战胜了，达到了武力占有敌人土地、城池，或重创敌人，"不修其功者凶"（《孙子兵法·火攻篇》），也必然落得失败的下场。

《史记》中记载，韩、赵、魏、燕，先后被秦国所灭，于是秦国的好多将领就有些飘飘然了。秦始皇二十三年，秦王政召集群臣，商议灭楚大计，问："众爱卿觉得灭楚国需要多少兵马啊？"老将王翦说："60万。"小将李信说："20万。"始皇帝说："王将军老矣，何怯也！"便派李信和蒙恬率兵二十万，南下伐楚。不久，楚军故意示弱，且战且退，保留精锐部队从后突袭李信，大破秦军两营兵力，斩杀秦军七个都尉，这是秦灭六国期间少有的败仗之一。

秦王听到这个消息，大为震怒，亲自乘快车奔往频阳，见到王翦道歉说："我由于没采用您的计策，李信果然使秦军蒙受了耻辱。听说楚军正在一天天向西逼进，将军虽然染病在身。难道忍心抛弃我吗？"王翦推托说："老臣病弱体衰，昏聩无用，希望大王另选良将。"秦王政再次致歉说："好了，请将军不要再说什么了！"王翦就说："大王一定要用我，非给我六十万士兵不可。"

秦王政答应请求，王翦统领六十万大军准备启程，在出征时还向秦王"请美田宅园池甚众""以请田宅为子孙业耳"。临出关前，又连续五次求赐，连部下也开始担心会不会太过分，王翦才说出了自己的用意："秦王生性多疑，如今秦国全国士兵尽交到自己手中，此时唯有向秦王诸多要求，才可以表明自己除了金钱以外别无他求，借此消除秦王怕他拥兵自立的疑惧。"

秦始皇二十二年，王翦领兵伐楚。楚王得知王翦增兵而来，就竭尽全国军队来抗拒秦兵。大军抵达楚国国境之后，却整整一年任凭楚军怎么挑战就是坚壁不出。六十万士兵都囤积起来，休养生息，甚至每天比赛投石以作娱乐。楚军因为兵少而无可奈何，一年后终于按捺不住，于是向东离去。正当楚军在调动之际，王翦趁机率兵追击，命令健壮的士兵实施攻击，大破楚军，杀项燕于蕲，虏楚王负刍，平定楚国。随后又南征百越，取得胜利，因功晋封武成侯。王翦之子王贲，也以战功著名，燕国就是被王翦、王贲两父子合力破灭的。

由此可见，不管自己实力有多强，行军打仗，都是要讲究策略的。本组六计就是讲以强胜弱的计谋的。

第一计　瞒天过海

原文原典

备周则意怠①，常见则不疑。阴在阳之内，不在阳之对②。太阳，太阴③。

按语

阴谋作为，不能于背时秘处行之④。夜半行窃，僻巷杀人，愚俗之行⑤，非谋士⑥之所为也。如：开皇九年⑦，大举伐陈⑧。先是弼请缘江防人⑨，每交代之际⑩，必集历阳⑪，大列旗帜，营幕蔽野。陈人以为大兵至，悉发国中士马，既而知防人交代。其众复散，后以为常，不复设备。及若弼以大军济江，陈人弗之觉也。因袭南徐州⑫，拔之。

注释

①备周则意怠：防备十分周密，往往容易让人放松警惕，削弱战斗力。

②阴在阳之内，不在阳之对：阴阳是我国古代传统哲学和文化思想的基点，其思想笼罩着大千宇宙、细末尘埃，并影响到意识形态的一切领域。阴阳学说是把宇宙万物作为对立的统一体来看待，表现出朴素的辩证思想。阴、阳二字早在甲骨文、金文中出现过，但作为阴气、阳

气的阴阳学说,最早是由道家始祖楚国人老子所倡导,并非《易经》提出。此计中所讲的阴指机密、隐蔽;阳,指公开、暴露。阴在阳之内,不在阳之对,在兵法上是说秘计往往隐藏于公开的事物里,而不在公开事物的对立面上。

③太:极,极大。此句意思是说非常公开的事物里往往蕴藏着非常机密的计谋。

④不能于背时秘处行之:背时,趁着没人在的时候。秘处,隐秘之处。全句意为:(机密的谋略)不能在背着人的时候或隐蔽的地方进行。

⑤愚俗之行:愚,愚蠢。俗,庸俗,鄙俗。全句意为:这是愚蠢、鄙俗的行为。

⑥谋士:智谋之士。

⑦开皇:隋朝政权隋文帝杨坚的年号。开皇九年,即589年。

⑧陈:朝代名。南朝之一。公元557年,陈霸先代梁称帝,国号陈,建都建康(今江苏南京)。陈有今长江下游和珠江流域各省,是南朝版图最小的王朝。

⑨弼请缘江防人:弼,贺若弼,隋朝著名将领。缘江防人,沿江布防的军队。

⑩交代:换防交接。

⑪历阳:今安徽省和县。

⑫南徐州:今江苏省镇江市。

纪老师说

"瞒天过海"这一成语,意思是瞒住上天,偷渡大海。比喻用谎言和伪装向别人隐瞒自己的真实意图，在背地里偷偷地行动。

"瞒天过海"这一词语的形成，或与元初无名氏所撰《薛仁贵征辽事略》中薛仁贵设计让唐太宗渡海的故事有关。唐太宗贞观十七年，御驾亲征，领三十万大军以安定东土。一日，浩荡大军东进来到大海边上，只见眼前的大海茫茫无边，白浪排空，这得怎么渡海呢？于是，唐太宗向大家询问过海之计。正当大家面面相觑，不知所措之时，忽传有一个在海边居住的豪民请求见驾，并称三十万担过海军粮已经准备好了。太宗大喜，便召他觐见，询问情况。于是，该豪户引他进到一处四周用彩幕遮围得严严实实的房舍，豪民老人背向东，倒退着引帝入室。太宗到室内一看，更是绣幔彩锦，茵褥铺地，百官进酒，宴饮甚乐，甚是豪奢。不久，又听到风声四起，惊涛如雷，杯盏倾侧，人身摇动，良久不止。太宗警惊，忙令近臣揭开彩幕察看，不看则已，一看愕然。满目皆一片清清海水，横无际涯，哪里是在豪民家做客，大军竟然已航行在大海之上了！原来这豪民就是新招壮士薛仁贵假扮的，这"瞒天过海"计策就是他策划的。

最先使用"瞒天过海"这一词语的，不晚于明末阮大铖的《燕子笺·购幸》："我做提控最有名，瞒天过海无人问。今年大比期又临，喙，我只要赚几贯铜钱养阿正。"明清时代无名氏编写的《三十六计》，才把"瞒天过海"作为"三十六计"的计名。

"瞒天过海"本指光天化日之下不让天知道就过了大海。可用在兵法上，实属一种示假隐真的疑兵之计，用来用作战役伪装，以期达到"出其不意"的战斗成果。其本质就是孙子所说的"示形"，也就是故意一而再、再而三地用伪装的手段迷惑、欺骗对方，以假乱真，让敌人感到迷惑，放松警惕和戒备，暗地里突然行动，从而达到取胜的目的。

这一谋略，决不可以与"欺上瞒下""掩耳盗铃"或者诸如夜中行窃、僻处谋财害命之类等同，鸡鸣狗盗之事，决不是谋略之士做的事情。因为，虽然他们在行为上都含有某种程度上的欺骗性，但其动机、性质、目的不在一个层面上，不可以混为一谈。谋略意在克敌制胜，上为国家黎民，下为军卒安危，诡诈计谋是为人称道的。而为一己之利而使诈，手段鄙俗，行为龌龊，令人不齿。我们在参读这一计时，要加以区别。

"瞒天过海"计的实质就是利用人们在观察并处理世事时，由于对某些事情的习以为常，从而对某种潜在的威胁不自觉地产生了松懈，应对时会不自觉地产生了疏漏，从而被我们"钻了空子"，达到出奇制胜的目的。其具体方法就是，先示之以假，让敌人放松警惕，隐藏真实的作战意图，掩盖某种军事行动，然后再寻找时机，击敌求胜。在"按语"中提到的开皇九年伐陈之战中，贺若弼先在换防时让军队虚张声势，麻痹敌人。待敌人见多了，放松警惕后，集结部队过江作战，一举占领南徐州，便是典型的"瞒天过海"之计。

除此之外，还有一个故事也是很典型的。孔融曾被举荐到黄巾军最为猖獗的北海国（治今山东昌乐西）为相。他到北海后，积极备战，讨伐黄巾军张饶，却战败，转保朱虚县。在这里，因颇有政声，被时人称为"孔北海"。后来，他被黄巾管亥围困，情势非常紧急，于是派太史慈向平原国相刘备求救。太史慈要设法突围，搬兵救援，便骑着马，执着鞭，带上弓箭，领着两名骑士做随从，并让骑士各自拿着一箭靶，打开城门走了出去。城内的守军和城外的敌兵见了，大为惊奇！却只见太史慈等人牵着马走进了城下的堑壕里，立上箭靶在那里练习射箭；练完了箭，便又回城了。第二天又照样如此，那些围城的士兵便有的躺着，有的站着观看，神色不显得那么吃惊了。如此这般，一连练习了好几天，那些围城的士兵便渐渐习以为常了，一个个躺在地上，连看都懒得起来看了。这时，太史慈认为时机已到，便整好装，吃饱饭，扬鞭策马，径直突围而去。等到敌兵醒悟过来时，他已经跑出很远，顺利突围向刘备求援了。刘备惊奇地说："孔北海竟知道天下还有个刘备呢。"于是立即发兵解围。这个故事中，太史慈正是采用了"瞒天过海"之计才顺利突围的。

解放战争时期的1947年初，胡宗南向我陕甘宁边区发动重点进攻。在西北野战军的掩护下，党中央机关于3月19日主动撤离延安。胡宗南占领延安后，以为大功告成，陶醉在暂时的胜利中。殊不知，胡宗南正中了毛泽东"诱敌深入"之计。在毛泽东的指挥下，我军以一个营的兵力与敌人保持接触，佯作掩护主力后撤的态势，向西北的安塞且战且走，以便调开敌人主力，集中兵力打击分散之弱敌。但是，胡宗南开始时非常谨慎，并不是以其主力追击我诈佯部队，而是用一个旅的兵力在后面紧跟。为进一步迷惑敌人，诱敌生疑，我军把六个旅的电台全部配给该营，电台网络全天开通，频繁联系。果然，敌人接收到频繁的电台信号，误认为该营是我军主力，即集中五个旅的兵力追击我诈佯部队，并令第31旅进驻青化砭，以保证其左翼的安全。敌人这一行动正符合我军将强大集中之敌化作孤立分散之敌的目的。于是，我军主力在青化砭布下天罗地网。胡宗南第31旅孤军冒进，于3月25日进入我伏击圈。我军主力以排山倒海之势向敌人发起进攻，歼灭敌军2900余人，取得了青化砭战役的胜利。这一战，我军也是采用"瞒天过海"的计策，成功诱敌，并实施歼灭。

以假乱真，瞒天过海，也是精明商人的一种手段。有一个小故事，

是说英国服装商路易斯兄弟二人开了一家服装店,他们的服务十分热情。每天,哥哥都站在服装店门口向行人推销。但是这兄弟二人多少有点聋,经常听错话。有一次,两兄弟中的一个,十分热情地把顾客请到店中,反复介绍他们的衣服如何好,一番介绍后,顾客开口问道:"这衣服多少钱?"

"耳聋"的哥哥路易斯故意把手放在耳朵上问道:"你说什么?"顾客又高声问一遍:"这衣服多少钱?"

"噢,价格吧,待我问一下老板,十分抱歉,我的耳朵不好。"他转过身去向那边的弟弟大喊道:"喂!这套全毛衣服卖多少钱?"

弟弟路易斯站了起来,看了顾客一眼,又看了看服装,然后回答说:"那套嘛,82元。"

"多少?"

哥哥回转身来,微笑着对顾客:"先生,52元一套。"

顾客一听,赶紧掏钱买下了这套"便宜"的衣服走掉了。

其实,路易斯兄弟谁也不聋,他们就是假装"耳聋",利用人们贪小便宜的心理来促销的。这对英国兄弟着实把"瞒天过海"计谋运用到了登峰造极的地步。企业经商应以诚信为本,但诚实过度,将自己的经营意图暴露无遗,那么,在激烈的市场竞争中就很难立于不败之地了。

克罗克原先是美国的一个穷光蛋,没读完中学就出来做工,以养家糊口。后来,他一心想创办自己的公司。他先是到了麦克唐纳兄弟开的餐馆里打工,并很快就掌握了其实力与条件。为取得老板的信任,他工作异常勤奋,起早贪黑,任劳任怨;他曾多次建议麦克兄弟改善营业环境,以吸引更多的顾客;并提出配制份饭、轻便包装、送饭上门等一系列经营方法,以扩大业务范围,增加服务种类,获取更多的营业收入;

还建议在店堂里安装音响设备，使顾客更加舒适地用餐；他还大力改善食品卫生，狠抓饮食质量，以维护服务信誉；认真挑选店堂服务员，尽量雇用动作敏捷、服务周到的年轻姑娘当前方招待；而那些牙齿不整洁、相貌平常的人则安排到后方工作，做到人尽其才，确保服务质量，更好地招待顾客。由于他经营有道，为店里招揽了不少顾客，生意越做越好，老板对他更是言听计从，百依百顺了。不知不觉，克罗克已在店里干了6个年头。1961年的一个晚上，克罗克与麦氏兄弟进行了一次很艰难的谈判，最终以270万美元价格买下了该餐馆。到此为止，克罗克的"瞒天过海"之计也基本达到了预期目的。其后，经过多年的苦心经营，餐馆总资产达42亿美元，成为国际十大知名餐馆之一。

可见，在日常生活中，"瞒天过海"不仅仅是口头上的俗语，而且应用还很广泛，就连买东西，有时候也需要和商家斗智斗勇呢。该计一旦被有效地应用，既可以保护自己和他人的合法权益，也可用来谋求非法的利益。因此，运用计谋是一把"双刃剑"，在使用的时候必须要有分寸、讲原则，不要损人利己，甚至做出违法的事。同时，也要防范生活中一些不法分子、唯利是图的商家以假乱真搞诈骗，谨防受到伤害。

曾在网上看到网友分享的一个生活中的骗局：远远的你会看到路边玉摊上一主一客在谈着价钱，其实他们是一伙的在等着目标出现。一旦发现有人靠近，两人会故意抬高声音引起你的注意。当你停下驻足观望时，就会再围上两个其他同伙，一唱一和，说这宝贝货真价实，竞相出价，而那傻乎乎的卖家则像受到惊吓似的夺过宝贝，塞进挎包里，说声我不卖了，起身离去，还一步三回头地磨蹭着。摊主赶忙掏出手机，按了一通按键，接通后大声说："你在哪里，快点，给我拿一万块钱来，这有个傻小子不知道从哪弄来一个古董要一万块，是真货，最起码

值三万块,你快来,拦住他给他买下来。"过了一会儿,摊主左顾右盼等不来送钱的,就会央求看得入神的你帮忙先去拦一下那个傻小子,或者直接请求你先给掏钱买下,等会儿钱送来给加两千。于是,就有人上当了,或者帮他撵上了前面走远的那个傻小子,恭喜你,你也成小傻子了。当你急急忙忙跑回家取了一大笔钱,为得到一宝贝暗暗窃喜时,人家早拿钱溜掉了。即便你找到了他,抓住了他,此时他们的三五同伙便派上用场,装作看热闹拉架,推推搡搡就把他放走了。这样的"瞒天过海"之计,说不定随时就发生在你的身边,你准备好了吗?

第二计　围魏救赵

原文原典

共敌不如分敌①，敌阳不如敌阴②。

按语

治兵③如治水。锐者避其锋，如导疏；弱者塞其虚，如筑堰。故当齐救赵时，孙膑谓田忌曰："夫解杂乱纠纷者不控拳④，救斗者，不搏击，批亢捣虚⑤，形格势禁⑥，则自为解耳。"

注释

①共敌不如分敌：共，集中的。分，分散，使分散。句意：攻打集中的敌人，不如设法分散它而后再打。

②敌阳不如敌阴：敌，动词，攻打。句意为先打击精锐强盛的敌人，不如先打击空虚薄弱的敌人。

③治兵：出兵作战。

④控拳：动武。

⑤批亢捣虚：出自《史记·孙子吴起列传》。批：用手击；亢：咽喉，比喻要害；捣：攻击；虚：空虚。比喻抓住敌人的要害乘虚而入。

⑥形格势禁：出自《史记·孙子吴起列传》。指受形势的阻碍或限制。亦作"形禁势格"。亦作"形劫势禁"。

纪连海谈 三十六计

纪老师说

此计名出自《史记·孙子吴起列传》，讲的是战国时期齐国与魏国的桂陵之战。东周时期，中山原本是魏国的北邻附属小国，后来被赵国趁魏国国丧之机而强占了。公元前354年，魏惠王派魏将庞涓攻打中山。庞涓认为中山不过弹丸之地，距离赵国又很近，不如直打赵国都城邯郸。魏王同意了，即拨五百战车以庞涓为将，直奔赵国围了赵国都城邯郸。赵王急难中只好求救于齐国，并许诺解围后以中山相赠。齐威王应允，令田忌为将，并起用从魏国救得的孙膑为军师领兵出发。这孙膑曾与庞涓是同学，谙熟精通用兵之法，魏王用重金将他聘得，当时庞涓也正事奉魏国。庞涓自觉能力不及孙膑，遂以毒刑将孙膑致残，断孙两足并在他脸上刺字，企图使孙不能行走，又羞于见人。后来孙膑装疯，幸得齐使者救助，逃到齐国。且说田忌与孙膑率兵进入魏赵交界之地时，田忌想直逼赵国邯郸，孙膑制止了，说：魏国精兵倾巢而出，国内空虚，如果我们直接攻打魏国国都，那庞涓必然回师救援，这样一来，邯郸之危解除了，我们也正好使魏军疲惫，可以趁机收拾他们。田忌听从庞涓的计策。魏军果然中计，回师救援途中，在桂陵中了齐国埋伏，加上长途跋涉，军队疲惫，被齐军一击，溃不成军，庞涓勉强收拾残部，退回大梁，齐师大胜。这便是历史上有名的"围魏救赵"的故事。

后来，人们又用这个成语借指袭击敌人后方的据点以迫使进攻之敌撤退的战术。现在，又多借指用包抄敌人的后方来迫使他撤兵的战术。尤其是在敌人实力强大时，就要避免和强敌正面决战，应该采取迂回战术，迫使敌人分散兵力，然后抓住敌人的薄弱环节发动攻击，致敌于死地。

"围魏救赵"是三十六计中相当精彩的一种智谋，它的精彩之处在于，以逆向思维的方式，以表面看来舍近求远的方法，绕开问题的表面现象，从事物的本源上去解决问题，从而取得一招致胜的神奇效果。从根本上说，"围魏救赵"就是发展了孙子兵法中"以迂为直""避实击虚"原则。

东汉初年，汉明帝派大将军窦固率军西进攻打匈奴，班超也随军前往。为联络西域诸国共同对付匈奴，窦固派班超为使者出使西域。班超一行三十六人历尽千辛万苦，首先来到西域的鄯善国。开始时鄯善王对他们很友好，可过了不久就变得冷淡了。原来，与汉朝为敌的匈奴也派使者来到鄯善，不断向鄯善王施加压力。班超立即召集大家商议对策。他说："我们来到西域，无非是想立功报国，现在鄯善王因匈奴使者的到来而变得优柔寡断。我们该怎么办呢？"大家都说："如今到了紧要关头，我们听从您的决定。"班超语气变得坚定起来："不入虎穴，焉得虎子。今晚我们趁黑夜发动火攻，消灭匈奴使者，这样鄯善王必定会同意与汉友好。"夜幕低垂，班超率领三十六位勇士直奔匈奴使者的宿营地。班超让10人擂鼓呐喊，制造人多的声势，其余的人放火烧帐，冲杀进去。一时间，匈奴使者的营帐大火熊熊，鼓声和喊杀声响成一片。匈奴人从梦中惊醒，到处逃窜，大都做了班超等人的刀下之鬼。战斗结束后，班超把鄯善王请来，叫他看匈奴使者的首级。鄯善王吓得面如土色。班超趁机说服他与汉朝建立友善关系，鄯善王连连点头称是。为表诚意，鄯善王还把自己的儿子送到洛阳去做人质。鄯善王欲舍汉朝而结交匈奴，主要是迫于匈奴使臣威逼。如果班超强令鄯善王臣服汉朝，即使鄯善王表面答应，内心也不会真服。班超采取"以迂为直"的办法，转而攻击自己的对手匈奴使臣，一方面可以让鄯善王断了与匈奴结好的念想，另一方面可以嫁祸给鄯善，让匈奴交恶于鄯善，从而扭转了不利

的局面，挽救了濒临危机的汉鄱友好关系。

在抗日战争史上，如果没有美国伸手支援，我们的胜利可能要推延一段时间。而美国就是巧妙地利用了"围魏救赵"计策，就是避开敌对国精锐的正面部队，打击其根本的但是最弱的地方，很快迫使日本宣布了无条件投降。

日本从1941年中期开始向东南亚扩张。1941年7月，美国、英国和荷兰殖民政府对日本宣布禁止向日本运输战略物资，尤其是钢和石油。这一步对日本的经济和军事都有威胁，其目的是迫使日本限制它在东南亚的活动回到谈判桌上来。罗斯福下令让舰队驻扎在珍珠港（由于它离日本比美国西海岸要近得多，因此对日本是一个直接威胁）也是这个目的。罗斯福认为这个决定非常重要，以至于当理查逊上将对这个决定提出抗议时，罗斯福就将其解职了。但美国和其他国家的这一举措，似乎只是强化了日本军方占领和利用东南亚的决定，以攫取更多的能源满足需求。为了不让美国干涉他们的侵略行为，或者是迫使美国放弃对日本的战略物资禁运政策，山本五十六决定袭击珍珠港的海军基地，以削弱美国的海军力量。没想到，日本袭击珍珠港行动，彻底使得美国卷入了战争，不论是不得已还是主动出击，都具有正义的前提，全面对日宣战，师出有名。最后，把两颗原子弹投放到了广岛、长崎，迫使日本放弃抵抗，宣布投降。美国在欧洲战场上且不论，单看在太平洋战场上的举动，基本都是避免在正面战场上和日军纠缠，当然美军也没有那么多兵力，而是选择靠近日本国土或者周围领域和日军作战，用"围魏救赵"的办法解除了日本对中国长期占领。

"围魏救赵"的策略也可以应用到商业竞争中，维珍公司与英航的大PK就是一个典型的案例。直到1984年，无数新兴航空公司在英国挑战英航的图谋均告惨败。英航拥有几乎垄断的地位，使得竞争者毫无希望。所以，当维珍集团开辟维珍大西洋航线后，许多业内专家表示怀疑。维珍面临众多不利因素，比如它缺乏资金、政治影响、管理经验等，而且也控制不了订票系统，它的失败看来不可避免。但是，维珍在棋盘上摆了个前所未有的棋子，就是把自己的品牌投入游戏，引入了一个强大的新盟友——维珍唱片，它在音乐行业是个很著名的品牌。事实证明，维珍公司每卖出一张唱片，都在帮助维珍大西洋赢得乘客。更让英航挠头的是维珍公司还扩张到无线电、电视、旅馆行业，这样，英航实际上是受到来自维珍的不同方向的攻击，所以，英航根本不能像对付新兴航空公司那样，轻而易举地把维珍大西洋航线排除在行业之外。五年内，维珍大西洋航线赢得了1000万英镑的利润。五年后，它的航线扩展到亚洲、澳洲。

维珍的成功让我们明白，用一个行业来保护、带动另一个行业，就不至于在这一行业的直接对抗中耗尽资源，通常情况下是双赢，就会多些竞争力，这也是"围魏救赵"的计谋在商业竞争中的鲜活应用。

当然，"围魏救赵"的计谋也有适用条件的问题，也就是说，这条计谋的成败是受战场情势决定的。如果敌人识破"围魏救赵"的计谋，或者对方"两害相较取其轻"，即便你围着魏国，我也不去"救赵"，反正我也没你想象的那样，有多么大的损失，你爱咋地咋地，想围就围呗。这样，"围魏救赵"达不到目的，就算是失败了。

第三计　借刀杀人

原文原典

敌已明，友未定①，引友杀敌。不自出力，以《损》②推演。

按语

敌象已露，而另一势力更张③，将有所为，便应借此力以毁敌人。如：郑桓公将欲袭郐④，先向郐之豪杰、良臣、辨智、果敢之士，尽书姓名，择郐之良田赂之，为官爵之名而书之，因为设坛场郭门⑤之处而埋之，衅之以鸡豭，若盟状。郐君以为内难也，而尽杀其良臣。桓公袭郐，遂取之。诸葛亮之和吴拒魏，及关羽围樊、襄，曹欲徙都，懿及蒋济说曹曰："刘备、孙权外亲内疏，关羽得志，权心不愿也。可遣人蹑其后⑥，许割江南以封权，则樊围自释。"曹从之，羽遂见擒⑦。

注释

①友未定："友"指军事上的盟者，也即除敌、我两方之外的第三者中，可以一时结盟而借力的人、集团或国家。友未定，就是说盟友对交主战的双方，尚持徘徊、观望的态度，其主意不明不定的情况。

②《损》：出自《易经·损》卦："损：有孚，元吉，无咎，可贞，利有攸往。"孚，信用。元，大。贞，正。意即，取抑省之道去

行事，只要有诚心，就会有大的吉利，没有错失，合于正道，这样行事就可一切如意。又有"象"曰："损，损下益上，其道上行。"意指"损"与"益"的转化关系，推演出该计的原理：借用盟友的力量去打击敌人，势必要使盟友受到损失，但盟友的损失正可以换得自己的利益。

③更张：重新张设。

④郐：中国周代诸侯国名，在今河南省密县东北。

⑤郭门：外城的门。

⑥蹑其后：蹑，追随；追赶。引申为"攻击"。其，指代关羽。

⑦见擒：被擒。

纪老师说

"借刀杀人"出自明朝汪廷讷《三祝记·造陷》："恩相明日奏仲淹为环庆路经略招讨使，以平元昊，这所谓借刀杀人。"

作为计谋，它是三十六计中使用频率比较高的，大多是封建官僚之间尔虞我诈、相互利用的一种政治权术。"刀"，是一种比喻的说法，不一定是实物，不一定是武器，凡是被人利用，以损害第三方的都可以称为"刀"。而"借"的方式，不需要商量，不需要写欠条，也不需要还，比平时我们说的"借"抽象得多了。比如，可以制造矛盾，让敌人自相残杀是"借"，取之于敌，用于敌，也是"借"。

此计是根据《周易》六十四卦中《损》卦推演而得。曰："损下益上，其道上行。"此卦认为，"损、益"不可截然划分，二者相辅相成，具有一种辩证关系。此计谓借人之力攻击我方之敌，我方虽不可避免有小的损失，但可稳操胜券，大大得利。此计用在军事上，主要体现

纪连海谈 三十六计

在为了保存自己的实力，巧妙诱导态度暧昧的第三方，利用第三方的力量，或者善于利用或者制造敌人内部矛盾，促使敌人内部相互制衡，相互消耗，达到取胜的目的。学会识别这一计谋，可以防止上大当，吃大亏。

春秋末期，齐简公委任国书为大将，兴兵伐鲁。鲁国实力不敌齐国，形势危急。孔子的弟子子贡分析形势，认为唯吴国可与齐国抗衡，可借吴国兵力挫败齐国军队。于是子贡游说齐相田常。田常当时蓄谋篡位，急于铲除异己。子贡以"忧在外者攻其弱，忧在内者攻其强"的道理，劝他不要让自己的政敌在攻打弱小的鲁国中占据优势，扩充势力，而应该让他们攻打吴国，借强国之手铲除异己。田常心动了，但因齐国已做好攻鲁的部署，转而攻吴怕师出无名。子贡说："这事好办。我马上去劝说吴国救鲁伐齐，这不是就有了攻吴的理由了吗？"田常高兴地同意了。

子贡赶到吴国，对吴王夫差说："如果齐国攻下鲁国，势力强大，必将伐吴。大王不如先下手为强，联鲁攻齐，吴国不就可抗衡强晋，成就霸业了吗？"吴国也同意了。子贡又马不停蹄说服赵国，派兵随吴伐齐，解决了吴王的后顾之忧。子贡游说三国，达到了预期目标，他又想到吴国战胜齐国之后，定会要挟鲁国，鲁国不能真正解危。于是他偷偷跑到晋国，向晋定公陈述利害关系，劝晋国加紧备战，以防吴国进犯。

公元前484年，吴王夫差亲自挂帅，率十万精兵及三千越兵攻打齐国，鲁国立即派兵助战。齐军中吴军诱敌之计，陷于重围，齐师大败，主帅国书及几员大将死于乱军之中。齐国只得请罪求和。夫差大获全胜之后，骄狂自傲，立即移师攻打晋国。晋国因早有准备，击退吴军。子贡充分利用齐、吴、越、晋四国的矛盾，巧妙周旋，借吴国之"刀"，击败齐国；借晋国之"刀"，灭了吴国的威风。鲁国损失微小，却能从危难中得以解脱。此所谓连环"借刀杀人"计，足见子贡对各国情势把握清晰，巧妙周旋，设计精妙。

刘秀借刀杀李铁，也是典型的"借刀杀人"计。刘秀能够成功登上帝位，除了忠臣良将的帮助，与他自己的足智多谋也是分不开的。当年，刘秀兄弟在昆阳一战成名，受到其他将领的妒忌与排挤。在之后的战役中，刘秀之兄刘縯(公元前16年—公元23年)功高震主，更是招来了刘玄的猜忌。刘縯不听刘秀的劝告，依然我行我素。刘玄在李铁等人的唆使下，将刘縯杀害。

当刘秀听到这个噩耗的时候，犹如万箭穿心，悲痛不已。但是他强忍悲痛，取信于刘玄。借着抚北的机会积聚力量，登基称帝，向长安进军。此时，李铁奉命前来阻挡刘秀。刘秀身边的大将冯异就前来劝降李铁。李铁知道刘玄不是刘秀的对手，又担心刘秀记恨杀兄之仇，左思右想，就给冯异写了一封信，在信中提出了一个条件：必须保证他归顺之后的安全与富贵。

果然，在冯异攻打洛阳时，李铁按兵不动。于是冯异写信将这个情况告诉给了刘秀，刘秀深知李铁的为人，此人定不可用，但又不好回绝他，以免招来李铁的反抗，思虑再三想出了一招借刀杀人之计。刘秀故意将冯异写的信公开，让大家都知道了李铁有意要归顺他。一时之间，众将士议论纷纷。没过多久，刘玄的人就听到了这个消息，知道了李铁意欲归顺刘秀，大为震怒，立即派人将李铁处死了。洛阳的军队失去了主帅，群龙无首，军心大论，不战自败，人们都纷纷前来归顺刘秀。到了这时，大家才真正明白了刘秀的用心。

在诸侯纷争、你死我活的战场上，将领可以审时度势，巧用"借刀

杀人"之计，取得战场的胜利。在同一国家的政治舞台上，也会有政客用"借刀杀人"，排除异己。张居正是明朝宰相，也算中国历史上的一位大政治家，为了要夺权，他也不惜使用移尸嫁祸、借刀杀人的阴谋诡计。明神宗即位时，年仅十岁，太监冯保，居中用事。大学士张居正明白要夺权专政，非借冯保之力不可，就暗地结好冯保，与他称兄道弟。

这时，独握朝政大权的是内阁大学士高拱，高拱和张居正又是面和心不和的。有一次，神宗早朝，刚走出宫，突有一无须男子作宦官状，疾趋而来。左右见此，即上前把他抓住，搜出一把利刀，显然有行刺企图。神宗即命冯保审问，此人供说名叫王大臣，来自南方的戚继光的营里。冯保闻言大惊，立即停审，亲往见张居正，问如何处置。张居正说："高拱此人，屡想把你逐出宫外，此番可打蛇随棍上，趁机把高拱除了，你才可以高枕无忧。何况戚继光正握南北军权，妄指不得，何不如此如此，这般这般？"

冯保闻言大喜，回来即叫亲信年儒去行事。年儒私对疑犯王大臣说："下次审问的时候，你只一口咬定，是高拱派你来行刺的，便可赦你无罪，还会升你官做锦衣卫，赏赐千金。如不这般说，必会把你打死。"王大臣在此威逼利诱下，自然勉强答应照办了。到第二次审问的时候，各大臣早已心知肚明此案的内幕复杂，都列席旁听。冯保便问疑犯："大胆王大臣，你来行刺，究竟受谁人指使的？"王大臣在拘押时已吃尽拷打之苦，此时便愤然回答："是你教我说是受高拱相公主使的。"旁听之人大哗起来，冯保闻言大惊，即宣布退庭，不敢复问。第二天再审，疑犯王大臣已中了哑毒，不能说话，冯保不待细审，即朱笔一批，押犯人往午门斩首。在此情况之下，高拱也不安于位了，让出位，回家吃老米去了，朝政大权，便落在张居正手里。

除了一次应用单计以外,还有的用了"计中有计"的策略,也就是计谋中套着计谋,二计相辅相成,缺一不可。比如智多星诸葛亮就曾经用"围魏救赵"计中套"借刀杀人",一纸救了江东。

《三国志演义》第五十八回就讲述了一个这样的故事。当曹操得知周瑜病逝的消息后,就准备再次兴兵进犯江东。但是,他又担心西凉州的镇东将军马腾,会趁机袭取空虚的许都。为此,曹操特派使者西去凉州,以朝廷的名义给马腾加以征南将军的头衔,命令他随军讨伐孙权。于是,马腾带领次子马休、马铁及五千西凉兵卒应召来到许昌城下。不久,西凉兵被曹操消灭,马腾父子三人也惨遭杀害。此后,曹操自认为解除了后顾之忧,即时起兵三十万,直扑江东。江东闻报之后,立即让鲁肃派使者西上荆州,向刘备求援。诸葛亮看罢江东的求救信,胸有成竹地对刘备说:"既不用动江南之兵,也不用动荆州之兵,我自有妙计使曹操不敢进兵东南。"他让使者带回江东的信中说:"如果曹军南犯,刘皇叔自有退兵之策。"诸葛亮告诉刘备说:"曹操平生最担心的就是西凉之兵。现在曹操杀了马腾,马腾长子马超仍然统领着西凉之众,曹操的杀父之仇定使马超刻骨切齿。主公只要修书一封,派人结援马超,让马超兴兵入关。这样一来,曹操岂能兵犯江东?"刘备闻言大喜,立即修书,派使者投送西凉的马超。

马超听说父亲和两个弟弟遇害的消息后,放声大哭,悲怆倒地。他咬牙切齿,痛骂曹贼。正在此时,刘备的使者持书赶到。马超拆书一看:刘备在信中除了大骂曹操之外,还回忆了昔日与马腾同受汉帝密诏、誓诛曹贼的往事和旧情。并建议马超率西凉之兵以攻曹之右,他统荆、襄之众以遏曹之前。认为此举不但曹操可擒、奸党可灭、大仇可报,而且汉室可以复兴。马超看罢,立即挥泪复信,打发使者先回,随后便点起西凉兵马。正准备进发时，西凉太守韩遂使人请马超相见。原来韩遂与马腾是结义兄弟，与马超以叔侄相称。韩遂告诉马超："曹操派人送来书信，以封西凉侯为诱饵，让韩遂擒拿马超。"韩遂还向马超表示："既为叔侄，不忍加害，愿意与马超一起联军进击曹操，以报仇雪恨。"韩遂杀掉曹操的使者，又征调手下八部兵马，合自己与马超共计十部，二十万大军，浩浩荡荡杀奔长安。曹操得到关中警报以后，遂放弃南下攻击孙权的计划，专力对付关中的马超、韩遂之军。诸葛亮一封书信就轻而易举地制止了曹军的南下，救了孙权的大驾。

懂得了"借刀杀人"的计谋，在生活中不但可以利用，还要做好防范，既"不要被人当枪使"，也不要被人"杀"，懂得以诚为本，与人为善，友好相处，建立良好的人际关系，创设和谐的生存环境。因为"借刀杀人"无非是利用了人的心理弱点，所以要想做到这一点，最重要的是要有一种平和的心态，健康的心理，如要与人建立信任，不要疑神疑鬼；心胸要开阔，不要得理不饶人；不要唯利是图，与人斤斤计较等。

第四计　以逸待劳

原文原典

困敌之势①，不以战。损刚益柔②。

按语

此即致敌之法③也。兵书云："凡先处战地而待敌者佚④，后处战地而趋战者劳⑤。故善战者，致人而不致于人。"兵书论敌，此为论势，则其旨非择地以待敌，而在以简驭繁，以不变应变，以小变应大变，以不动应动，以小动应大动，以枢应环⑥也。如：管仲⑦寓军令于内政，实而备之⑧（《史记·管晏列传》）；孙膑于马陵道伏击庞涓⑨（《史记·孙子吴起列传》）；李牧守雁门⑩，久而不战，而实备之，战而大破匈奴。（《史记·廉颇蔺相如列传》）

注释

①困敌之势：迫使敌人处于困顿的境地。

②损刚益柔：语出《易经·损》卦。"刚""柔"是两个相对的事物现象，在一定的条件下可相互转化。"损"，卦名。本卦为异卦相叠（兑下艮上）。上卦为艮，艮为山，下卦为兑，兑为泽。上山下泽，意为大泽浸蚀山根之象，也就是说有水浸润着山，抑损着山，故卦名叫"损"。"损刚益柔"是根据此卦象推演讲述"刚柔相推，而主变化"

的普遍道理和法则。以"刚"喻敌之强盛,以"柔"喻己之柔弱,"损刚益柔"意思是让敌人变得疲惫,由盛而衰,而增益己方的实力。

③致敌之法:致,招引,引申为调动。制敌,即调动敌人。

④佚:同"逸",安闲。指从容休整,养精蓄锐。

⑤劳:疲劳。

⑥以枢应环:枢,枢纽,引申为事物的关键。环:圆形之物。大意指把握事物的关键,从容应付周围事物的变化。

⑦管仲:管仲(约公元前723年—公元前645年),春秋时期法家代表人物,中国古代著名的经济学家、哲学家、政治家、军事家。被誉为"法家先驱""圣人之师""华夏第一相"。

⑧实而备之:实,充实坚实。备:准备。充实了军队实力而做好了军事防备。

⑨马陵道伏击庞涓:马陵,今山东范县西南。周显王二十七年(公元前342年),魏国联合赵国攻打韩国。韩国忙向齐国求救,齐威王任命田忌为将,孙膑为军师,率军直逼魏国国都大梁(今河南省开封市西北),迫使魏军弃韩自救。孙膑用退兵减灶的计谋,在道路狭窄,地势险要的马陵道设埋伏,一举歼灭魏军追兵。魏将庞涓见败局已定,愧愤自杀。

⑩李牧:赵国大将。

纪老师说

"以逸待劳"成语原作"以佚待劳",古代"佚"与"逸"相通,意思是部队休整充分,精力旺盛。"劳"则与"佚"相反,是部队得不到休整,精力疲惫。该词出自《孙子·军争篇》:"以近待远,以佚待劳,以饱待饥,此治力者也。" 唐代韩愈的《论淮西事宜状》种,才出现"以逸待劳"的说法,即"若未可入,则深壁高垒,以逸待劳"。

作为用兵之计的"以逸待劳",是指作战时采取守势,养精蓄锐,让敌人来攻,所谓"先下手为强",把握了"天时、地利、人和"之先机,就是抢占了战场的主动性。接下来,再趁敌人疲惫之时,出其不意,即便是实力相对较弱的一方,也会以己之"逸",战敌之"劳",从而胜之。其中的"待",不是消极地坐等战机,而是充分发挥主观能动性去调动敌人,牵着敌人的鼻子走,让敌人疲于奔命,不断地消耗士气和战力,待敌人疲惫低落之时,再行动,重创或消灭敌人。

使用"以逸待劳"这种策略的时候,务必要沉着冷静,把自己和对方的环境、意图以及彼此间的实力估计清楚,做到"知己知彼"。然后,还要随时随地注意事情的变化,时机未成熟时要"静如处子",机会一来就要"动如脱兔",以排山倒海之势,打敌人个措手不及,一举制胜。

铁木真成为蒙古部首领之后,势力一天天地强盛起来。曾与铁木真结为盟友的札木合心怀不满,总想寻机要与铁木真一比高低。铁木真的叔父拙赤居住在撒阿里川一带,他经常令部属到野外放牧马群。一次,他的一群马被人劫走,放马人急忙通报拙赤。拙赤极为愤怒,只身一人前去追赶。傍晚时分,拙赤追上劫马者,一箭把为首的那个人射倒,然后乘乱将马群赶回。谁曾想,拙赤射中的那个人正是札木合的弟弟。札木合闻讯悲恨交加,也正好借机找铁木真报仇,于是联合塔塔儿部、泰赤乌部等十三部,合兵3万人杀奔铁木真的营地。

铁木真得到消息后,立即集合部众3万人,分作13翼,做好迎敌的准备。开始的时候,铁木真的部队抵挡不住气势汹汹的札木合军,不得不且战且退。博尔术献计铁木真说:"敌军气焰方盛,意在速战速决,我军应以逸待劳,等敌军力衰之时再出击掩杀,定获全胜。"铁木真采纳

了博尔术的意见，集众固守。札木合几次遣军进攻，都被铁木真的弓箭手一一射退。

本来，草原兴兵，不带军粮，专靠沿途抢掠或猎获飞禽走兽。札木合远道而来，军粮渐少，又无从抢夺，士兵只得四处觅野物，整日不在军营当中。博尔术见敌军东一队，西一群，势如散沙，立即入帐禀报铁木真。铁木真认为时机已到，遂命各部奋力杀出。此时的札木合正在帐中休息，得知铁木真发动进攻，慌忙吹号角集合部队，可是他的士兵大多数出外捕猎，来不及回归。札木合手下的12个主将因敌不过排山倒海而来的铁木真军，纷纷落荒而逃。札木合见大势已去，骑快马从帐后逃走。已养足精力的铁木真军，像砍瓜切菜一样，将在帐营中的札木合部队数千人全部消灭。这场战斗结束后，铁木真在蒙古草原的声威日震，附近的部落纷纷前来归附。

此计还强调，让敌方处于困难局面，不一定只用进攻的方法，并不是"逸"逢"劳"就开打，关键在于掌握主动权，待机而动，以不变应万变，以静制动，积极调动敌人，创造战机，还需要指挥者根据具体情况，临场决断。

有一年，西夏的军队屡次骚扰北宋的西北边境，百姓不得安宁。皇帝命大将曹玮率部前往平定。曹玮带兵直驱西北边疆。西夏的军队一见"曹"字旗帜，便知常胜将军曹玮军到，稍一交锋便溃逃了。曹玮心想：我军一到，他们便逃。我军一走，他们又来骚扰，如此进进退退总不是办法。只有把他们引出来，彻底消灭方能解除后患。于是，第二天，曹玮命人故意赶着敌人撇下的牛羊，抬着缴获的战利品，散散漫漫地往回走，给敌人造成部队贪图战利品、毫无纪律、一片混乱的假象。西夏军觉得这是战胜敌方的机会，便率军回马撵上宋军，准备交战。只见曹玮部下一看到西夏军队，就慌忙逃走，毫无章法地向一个山口跑去，西夏军队穷追不舍。

曹玮率众在山口处摆阵做好迎战的准备。地势很有利，加上西夏军队从远处赶来，真是"以逸待劳"的好机会。但他却没有着急出击，而是派人到西夏军队那边传言说："贵军远道而来，将士十分疲乏，我们不想趁人之危，先请你们休息一下，待会儿再决胜负。"西夏统帅一听，认为对自己有利，便同意了。过了一会儿，曹玮认为时机已到，又派人过去通知："休息好了，开始吧！"当即，山谷中战鼓震天，双方人马好一番厮杀。没多久，西夏军队就被打得尸横山野，死伤大半。

曹玮的幕僚很纳闷，堪称剽悍骁勇的西夏军怎么这么不禁打呢？一个回合就被打得落花流水？便好奇地问将军。曹玮说："匹夫之勇在战场上是不行的，要动脑子。昨天我们双方一交战，他们就逃，其实这是为了保存实力，不与我主力硬拼。为了彻底解决他们，我便以贪图战利品的幌子迷惑他们，装作军纪涣散的样子引他们上钩。不出我所料，他们果真上了当，不惜赶了一百多里路追来，肯定相当疲劳。而我们休整了半天，以逸待劳稳操胜券。但当时迎战，我方必定会伤亡较大，因为他们的士气还很盛，决战的精神很足。我便故意让他们休息，这下就挫伤了他们的士气，精神亦松弛下来。要知道走远路的人，干重活的人，停下来会浑身像散了架。这时出击，我们就很轻松地取胜了！"

"以逸待劳"也有多种情况，先实行防御，采用后发制人的策略，也是"以逸待劳"的一种方法。比如按语中说的李牧大败匈奴的事。在商场上的竞争也是如此。

20世纪20年代初，正值美国汽车工业全面起飞的时期，各大公司纷纷推出色彩明快鲜艳的新型汽车满足不同消费者的喜爱，因而销路大畅。而福特公司却面临又一次打击,汽车销量急剧下降,出现了不景气的现象。原来,福特公司只有黑色一款,各地代理商纷纷提出增加花色的建议,公司内部也有人提出意见,都被福特顶了回去。他说:"福特车只有黑色的。我看不出黑色有什么不好,至少比其他颜色耐旧些。"这样,福特一如既往保持不变,显得严肃而呆板,销路大受影响。接下来,部分设备停工,公司生产更为艰难了,福特不得不裁减人员,将夜班调成白班以节省电费,公司内外人心浮动,连福特夫人也大惑不解,沉不住气了。福特却笑着说:"这是我的袖里乾坤,先不告诉你,等想妥了再说。"他夫人担心公司牢骚太盛,会不会人心动荡。福特了解夫人的担忧,信心十足地说:"我们公司的待遇高于任何企业,他们不会生异心,同时他们知道我是绝不服输的人,相信我不跟别人生产浅色车,一定另有计划。"

有人建议说,"至少应该有新车在市面上销售,不至于让人说我们公司快倒闭了。"福特诡谲地一笑:"让他们去说吧,谣言越多对我们越有利。"人们感到很奇怪,问公司是不是正在设计新车?是不是跟别人一样,会有各种颜色的新车?福特信心十足地回答说:"不是正在设计,是已经定型了!也不是跟别人一样,而是我们自己的,而且我们的新车一定比别人都便宜!"这就是福特一生中最得意的"杰作"之一——购买废船拆卸后炼钢,从而大大降低了钢铁的成本,为即将推出的A型汽车奠定了胜利的基础。

1927年5月,福特突然宣布生产T型车的工厂全部停工,这是公司成立24年来第一次停止新车的出厂,市面所卖的都是存货。消息一出,举世震惊,各种猜测接踵而至。除了几个主管干部外,谁也摸不清福特打的是什么算盘。让人奇怪的是,工厂停工后工人并没有被解雇,每天仍然上下班。这一情况引起新闻界的极大兴趣，报上经常刊登有关福特的新闻，助长了人们的好奇心。两个月后，福特终于透露，新的A型汽车将于同年12月应市。这比宣布工厂停工引起的震动更大。年底，色彩华丽、典雅轻便而价格低廉的福特牌A型车终于在人们的长期翘首等待中源源上市，果然盛况空前。它形成了福特公司第二次起飞的辉煌的局面。

由于福特公司开发了T型车，早已确定了它在美国汽车工业中的地位。这次面对各公司以色彩、外形为武器发起的挑战，福特并没有应战，而是养精蓄锐，扬长避短，抓住质量、价格这两个关键，"实而备之"，吊足了人们的"胃口"。接着，又选择恰当的时机推出价格低廉的新车，不但转危为安，而且还一发不可收拾，逐步走向第二次起飞。这就是老福特的"锦囊妙计"——以逸待劳，这正是一种后发制人策略。这种策略常常表现为一种"紧跟方式"，就是说，企业并没有投入大量人力物力搞新产品研究和开发，而是当市场上某种新产品初露头角并显示出较强生命力时，就立即进行仿造和改进，把自己的改进型新产品快速抛入市场，达到"青出于蓝而胜于蓝"的效果。

"后发制人"或者是"以逸待劳"的策略是在商战中经常用到的。"以逸待劳"并非"好逸恶劳"，而是养精蓄锐，等敌人劳师动众、疲于奔命、彼竭我盈之后待机而动。因此，决胜之关键除了要有"泰山崩于前而色不变，麋鹿兴于左而目不瞬"的镇定冷静之外，还要有"知己知彼""妙算多者胜"的能耐。

当然，以逸待劳只是取胜的一个条件，如果双方军事力量（人员数量、武器装备等方面）过于悬殊，"逸"者也不一定能战胜"劳"者。所以，"以逸待劳"计并非保证万无一失的"神机妙算"，胜败并非一劳永逸、一成不变的，而是由多种因素决定的。

第五计　趁火打劫

原文

敌之害大①，就势取利，刚决柔②也。

按语

敌害在内，则劫其地；敌害在外，则劫其民；内外交害，败劫其国。如：越王乘吴国内蟹稻不遗种③而谋攻之，后卒乘吴北会诸侯于黄池④之际，国内空虚，因而捣之，大获全胜。（《国语·吴语·越语下》）

注释

①敌之害大：害，指敌人所遭遇到的困难、危厄的处境。

②刚决(卦名)柔也：语出《易经·夬》卦。夬，卦名。本卦为异卦相叠（乾下兑上）。上卦为兑，兑为泽；下卦为乾，乾为天。兑上乾下，意为有洪水涨上天之象。《夬》的《象》辞说："夬，决也。刚决柔也。"决，冲决、冲开、去掉的意思。因乾卦为六十四卦的第一卦，乾为天，是大吉大利，吉利的贞卜，所以此卦的本义是力争上游，刚健不屈。

所谓"刚决柔"，就是下乾这个阳刚之卦，在冲决上兑这个阴柔的卦。此计是以"刚"喻己，以"柔"喻敌，言乘敌之危，就势而取胜的意思。

③蟹稻不遗种：蟹，螃蟹。种，种子。此句意为：螃蟹和稻谷连种子都没留下。说明发生大旱灾，处于危急之中。

④后卒乘吴北会诸侯于黄池之际：越王，勾践。黄池，今河南省新乡市封丘县南。吴，指吴王夫差。全句意为：趁吴王夫差北上在黄池与诸侯会盟的机会。

纪老师说

"趁火打劫"原意是趁别人家里失火，一片混乱、无暇自顾的时机，去抢夺人家的财物。比喻乘人之危谋取私利或趁机害人。《何典》第八回："众鬼也就趁火打劫，抢了好些物事，一哄出门。"李劼人《大波》第二部第八章："怕的就是那些坏东西趁火打劫。"

"趁火打劫"用在军事上，是从《孙子·始计篇》的"乱而取之"提炼出来的。唐朝杜牧解释孙子此句说，'敌有昏乱，可以乘而取之'指的是当敌人处在困境中时，就要趁机进兵出击，令敌人左右无暇兼顾，从而取胜。这时候的'火'，即喻指对方的困难、麻烦。概括起来不外乎有三种情况：内忧、外患、既有内忧又有外患。天灾如旱涝，人祸如叛乱争斗，经济凋敝，这时候民不聊生，怨声载道，都算得上是内忧；外敌入侵，战事不断，外交失败都是外患。既有内忧又有外患，就是二者兼而有之，可谓焦头烂额了。在这样的大好时机，作为敌对方，我们就不用客气了，该出手时就出手，不用顾忌仁义道德，战而有之为目标，对待敌人像严冬一样残酷无情是无可厚非的。总之，机不可失失不再来，抓住敌方大难临头的危急之时，赶快进兵，肯定稳操胜券，这就是"趁火打劫"的要义。无独有偶，《战国策·燕二》中的著名寓言

纪连海谈 三十六计

"鹬蚌相争,渔翁得利",其本质也是"趁火打劫"。

历史上"趁火打劫"的案例有很多,先说一个三国的故事,这个故事的"火"发自内部,也就是起了内讧,被外敌捕捉到战机,从而"打劫"了。

曹操入朝总领大事之后,一日,在后堂设宴,聚众谋士商议:"刘备屯兵徐州,自领州事,现在吕布又兵败投奔徐州,若二人同心引兵来犯,必是心腹之患也。诸位有何妙计啊?"荀彧献上一计称为"二虎竞食",可令吕布与刘备厮杀。曹操依计而行,但此计被刘备识破并未能得逞。荀彧又献一计:让曹操给袁术处通气,说刘备上密表,要得袁术的南郡。这次袁术中计,要引兵进攻徐州。

刘备听说袁术要来进攻,便要出城迎战。孙乾让刘备选好守城之人,刘备问关、张二人谁可守城,关羽要守城,刘备说早晚有事要和关羽商量。就让张飞守城,但又知道张飞的毛病,再三叮嘱他一不要喝酒,二要听人劝,还留下陈登辅助张飞。

张飞自刘备走后,一应杂事都交与了陈登,军机大事自己斟酌。确实好了几天。可在一次宴请官员的酒宴中,老毛病又犯了。张飞告诉大家可以一醉方休,第二天各自戒酒。这倒也行,可是人家曹豹是滴酒不沾,张飞非要曹豹喝一碗,曹豹害怕,只得强饮一碗。可张飞喝多了,坚持让曹豹再喝一碗。曹豹说:"实是不能喝了,"张飞说:"你刚才不是喝了吗?"可把曹豹治坏了,不喝就要打一百鞭,陈登劝张飞也不听。此时曹豹如果硬挺着也就算了,他又提他的女婿吕布。这一提不要紧,张飞最看不上吕布,就把满腔怒火撒到了曹豹身上。

曹豹回去,恨透了张飞,连夜给吕布写信,说张飞无礼,又说刘备和关羽不在城内,张飞又喝醉了,这时占领徐州,那徐州不就属于吕

布了吗？吕布大喜，连夜引兵来袭徐州。曹豹等候，开了城门，众军齐入，喊声大举。张飞醉卧府中，听得吕布杀来，急忙上马，可酒未全醒，不能力战。吕布也知张飞勇猛，也不敢往死螯。张飞杀出东门，刘玄德家眷陷在府中，都顾不得了。

吕布就是利用了张飞与曹豹的矛盾，趁张飞酒醉之机，打劫了张飞守的徐州城。吕布在刘备手下暂时栖身，也想自己有个稳定的地盘，真巧，张飞给了他这个机会，不打白不打，不要白不要。

"趁火打劫"之计要慎用，因为这一计毕竟不是很光彩的事，人家有难，不去帮倒罢了，还要抢劫人家，这叫背后捅刀子，也叫落井下石。还有，趁火打劫也要量力而行，有时候人家家里虽然着火了，但还是有能力防范外贼，你再去打劫，不一定占着什么便宜，甚至会"偷鸡不成蚀把米"。不信，大家再看看晋惠公"趁火打劫"的故事吧。

公元前651年（晋献公二十六年）9月，晋献公去世。夷吾就派郤芮送重礼给秦穆公，并许诺："如果得以回国，愿将晋国河西地区割让给秦国。"并且又送信给晋国内大夫里克说："果真能立为君，愿将汾阳的城邑封给您。"于是，秦穆公派兵送夷吾回晋国，齐桓公也赶到了晋国，就和秦穆公一起立夷吾为国君，为晋惠公。可是，晋惠公竟然又毁约不给秦国五城，还派邳郑向秦穆公道歉，谎称大臣们作梗。也不把汾阳城邑封给里克，反而逼死了他。公元前647年（晋惠公四年），晋国发生饥荒，晋国粮库空虚，老百姓四处逃荒。晋惠公听从了大臣们的建议，硬着头皮向秦穆公求援。秦穆公本来对晋侯背信弃义之事耿耿于怀，便不答应救援，但大夫公孙枝进谏道："是晋侯背约，晋国的老百姓是无辜的呀。现在正是晋国的老百姓在受灾，我们应该援助他。"穆公听从了公孙枝的意见，解决了晋国的饥荒，受到晋国民众的感激。

纪连海谈 三十六计

第二年开始，秦国却也闹起了旱灾、饥荒，原本用来防御饥荒的国库粮食，先前都救援晋国饥荒去了，秦国民心、军心不由得大乱。而晋国当年恰恰是个大丰收年，于是，穆公派人到晋国求援。晋国大夫却（xì）芮、虢射等唆使惠公拒绝给予秦国救援，并趁秦国大闹荒灾、国情大乱之际，联合梁国去攻打秦国，必有所获。晋惠公果然听取了虢射等人的建议，大举进攻秦国，秦国也只得率三军应战。激战中，穆公险些被晋军俘获，后来幸被山野土著人救出。由于晋军失道寡助，军心不振，并且秦军英勇作战，其将领百里奚、公孙枝、公子絷三人足智多谋，最后，秦军取得全胜，晋惠公也被秦军俘获。只可惜，惠公本想"趁火打劫"秦国，捞取些利益，却落得个兵败如山、自身被捉，这也是他背信弃义、妄自尊大的必然结果。

军事上运用"趁火打劫"计谋，可以达到战胜的目的。商场如战场，商业竞争中也有人因为运用了"趁火打劫"的计谋而获得了巨大的实惠，积累了资本，或趁机兼并了某个企业。世界商战中，趁火打劫的谈判高手当首推美国华尔街大佬摩根。

摩根在国内外出售证券的能力举世无双，一直到1913年去世，他一直是美国投资银行业最有影响力的人物。自1884年11月以来，美国财政部的黄金开始大量外流，市场上掀起了抢购黄金的风潮。当时有个谣言很快传遍了华尔街，说美国政府不得不放弃以黄金支付货币的做法。格罗弗·克利夫兰总统担保这不是事实，但是用抛售美国证券换回黄金的做法仍在进行，致使国库告急，落到了几乎无力偿清债务的地步。为了消弭金库空虚带来的经济恐慌，就必须立即筹集到一笔巨额资金。政府财政当局的估计至少要1亿美元。在这次抢购黄金的风潮中，摩根知道政府已到了无计可施的地步，于是他提出与贝尔蒙两家银行组成一个辛迪加，承办黄金公债，这样，他们既可解救政府财政危机，又可获得高额利润。但因他们的条件苛刻，美国国会并没有通过这个建议，总统也难以接受。

当时的财政部长卡利史尔计划发行5000万美元的公债，其余半数委托美国国内银行存款。由于正值恐慌之际，银行都自顾不暇，这位财政部长的呼吁便被理所当然地束之高阁了。于是，他又使出苦肉计，以超出面额的117点公开募集5000万美元公债，这一招打破了投资金融界的惯例，也欺骗了投资银行，并重创和惹恼了摩根。由于摩根的操纵，这位财政部长匆匆忙忙赶赴纽约召集银行家寻求帮助时却遭到了白眼。出于无奈，摩根再次被总统召入白宫，互相摊牌。当摩根深知国库存金只剩下900万美元时，更是固执己见，并进一步威胁说："除了我和罗斯查尔组成辛迪加，使伦敦的黄金重新流入国内外，似乎没有第二种办法来解救陷于破产状况的国库了。现在，我手头就有一张1200万美元的支票没有兑现，若是今天将这张支票兑现了，一切就都完了，要不要我在这里拍电报，现在立刻汇到伦敦去呢？"在这种近乎"敲诈"的谈判中，总统不得不束手就擒，答应摩根提出的条件。当夜，摩根即取出大量美元交给财政部，帮助财政部渡过了难关。摩根在向政府承包的公债价格与市场差价中就净赚了1200万美元，并且还安排了一项国际协议，在公债发行结束前，不用美元兑换英镑，也不购买美国的黄金，这大大冲击了《夏尔反托拉斯法案》。

在这场博弈中，摩根很清楚自己的实力，也非常了解美国政府的窘境，所以，他敢于抓住政府的软肋，敢于出招。企业经营者的谈判桌实际就是没有硝烟的战场，是实力的对抗，也是心理上的对抗，更是智慧的较量。既然能够平等地坐在谈判桌上，双方都希望赢得胜利，千方百

计争夺利益,也就无所谓君子与小人了。摩根的胜利告诉我们,谈判者要想达到预期目的,须真正了解对方的情况,否则打的就是糊涂仗。摩根高啊,竟然"趁火打劫"到政府的头上,逼得总统不得不答应他的苛刻条件。不管怎么说,摩根获得了谈判成功,并从中赚了大钱。

虽然"趁火打劫"是一个贬义词,但作为以胜利为目的的军事策略,就无所谓好坏了。尤其是该计策源自诸侯纷争的特定年代、特定环境,"乘人之危"也就无所谓正义与非正义之分。但是,在经济日趋全球化的今天,国家之间的纷争不再表现在国土的占领,而是表现在政治领域、意识形态上的冲突,表现在经济贸易上的摩擦。可以说,世界秩序不再是无秩序的抢夺战,而是在一定规则约束下的"你中有我,我中有你"的对立统一体。

在日常生活中,任何"趁火打劫"的行为都将受到道德的谴责,被人们所不齿,情节更严重的必将受到法律的惩罚。因此,我们应该以发展的眼光看待"趁火打劫"的计谋,根据特定的背景分析该计策,而不能全盘接受,把自己的思想和行为引向"反动"和"邪恶"。

第六计　声东击西

原文原典

敌志乱萃①，不虞②，坤下兑上③之象，利其不自主而取之。

按语

西汉，七国反④，周亚夫坚壁不战⑤。吴兵奔壁之东南陬⑥，亚夫便备西北；已而⑦吴王精兵果攻西北，遂不得入。此敌志不乱，能自去也。汉末，朱儁围黄巾于宛⑧，张围结垒⑨，起土山以临城内，鸣鼓攻其西南，黄巾悉众赴之，儁自将⑩精兵五千，掩⑪其东北，遂乘虚而入。此敌志乱萃，不虞也。然则声东击西之策，须视敌志乱否为定。乱，则胜；不乱，将自取败亡，险策也。

注释

①敌志乱萃：援引《易经·萃》卦中"象"辞："乃乱乃萃，其志乱也"之意。萃，悴、瘁，忧虑，焦虑。是说敌人情志混乱而且焦虑。

②不虞：未意料，未预料。

③坤下兑上：萃卦为异卦相叠（坤下兑上）。上卦为兑，兑为泽；下并为坤，坤为地。有泽水淹及大地，洪水横流之象。

④七国反：吴楚齐等七国造反。

⑤周亚夫坚壁不出：周亚夫（公元前199—前143年），西汉时期的

军事家、丞相。他军事才华卓越,在吴楚七国之乱中,他统帅军队,仅用了三个月就平定了叛军,拯救了汉室江山。坚壁,加固城墙和堡垒。

⑥陬:角落。

⑦已而:不久;后来。

⑧朱儁:朱儁(?—195年),东汉末年名将,曾任刺史、谏议大夫等职。与皇甫嵩镇压黄巾军时任右中郎将,后封为西乡侯。宛:今河南南阳市。

⑨张围结垒:围,围子,用土、石、荆棘等围成的防御设施。垒,古代军中作防守用的墙壁。张围结垒,意为修建防御设施。

⑩将:率领。

⑪掩:趁人不备而袭击或捉拿。

纪老师说

"声东击西"从字面上理解,声,即声称、宣扬的意思。词语的意思是,表面上声言攻打东面,其实是攻打西面。军事上使敌人产生错觉的一种战术。

语出《通典·兵六》:"声言击东,其实击西。"《通典》是唐代政治家、史学家杜佑所撰,是中国历史上第一部体例完备的政书。"声东击西"就是从该书论述兵法的语句中提炼而成,所以,该词最先是作为军事术语而出现的。宋代张纲《乞修战船札子》:"况虏情难测,左实右伪,声东击西。"《水浒传》第十八回:"这雷横亦有心要救晁盖,以此争先要来打后门;却被朱仝说开了,只得去打他前门,故意这等大惊小怪,声东击西,要催逼晁盖走了。"

后来,演变到现在,该词也用来形容动作、说话、行文等变化莫测，适用范围进一步扩大了。清代李渔《玉搔头·讲武》："一任他声东击西，藏头露尾，俺自有应八面的雄捍蔽。" 孙犁《澹定集·读作品记》："他的语言，采取了长段排比，上下骈偶，新旧词汇并用，有时寓庄于谐，有时寓谐于庄，声东击西，真假相伴，抑扬顿挫，变化无穷的手法。"

其被以计名用在《三十六计》中后，在现实生活中被提及的频率更高了。此计谋要成功实施，其前提必须保证成功"声东"，也就是虚张声势，虚晃一枪，以假动作，掩盖自己的真实意图，达到"以假乱真"的目的。所以，这条计策实施后，有两种可能，一种是被敌人识破，成功的概率就非常小了，甚至会把自己给"卖"了；另一种是成功迷惑敌人，假戏做得真，在第一时间击敌要害，达到了预期目的。所以，使用该计的关键是"假戏真做"，让敌人上当。要做到这一点，就必须充分估计敌方情况，比如敌人的军事部署、军队实力、将领性格及作战特点等，分析透彻，才能决定用计与否。敌方指挥确实可被扰乱，用此计会奏效，如"按语"中讲到的李隽攻打黄巾军的事例，他先佯攻西南方，然后率领精兵攻其东北角，遂克宛城。如果对方指挥官头脑冷静，识破计谋，此计就不可能发挥效力了。如"按语"中智破吴军之"声东击西"事，皆因周亚夫处变不惊，早识破敌计，所以吴军佯攻东南角时，周亚夫却加强西北防御，所以吴军并没有占到什么便宜。

聪明反被聪明误的例子，除了"按语"所举例子外，"三国"时期还有一例。蜀汉建兴七年，诸葛亮再次北伐，兵至祁山，扎下三个大寨，专候魏军。司马懿（字仲达）得知，率张郃、戴陵并十万军前往祁山迎敌。司马懿来到祁山，先搞调查研究，了解前线情况，然后指示前线部将郭淮和孙礼："明日我亲自领兵与孔明交战，你二人可快速从小路前往增援武都和阴平，并从背后偷袭蜀军，我军可胜。"意思很明白，就是他亲自带兵与诸葛亮正面作战，吸引敌人，另派一支队伍会同武都、阴平之兵，从背后包抄蜀军。按理说，这条计策非常高明，可对手是谁啊？那可是智多星孔明啊！这点雕虫小技早就瞒不过对司马懿用兵了如指掌的诸葛亮了。果不其然，郭淮、孙礼两人还没到预定地点呢，就有哨马来报："阴平已被王平打破了。武都已被姜维打破了。前离蜀兵不远。"孙礼说："蜀兵既已打破了城池，如何陈兵于外？必有诈也。不如速退。"郭淮从之。可传令下去，忽然一声炮响，山背后闪出一支部队来，旗上大书："汉丞相诸葛亮"，中央一辆四轮车，孔明端坐于上；左有关兴，右有张苞。孙、郭二人见之，大惊。孔明大笑曰："郭淮、孙礼休走！司马懿之计，安能瞒得过吾？他每日令人在前交战，却教汝等袭吾军后。武都、阴平吾已取了。汝二人不早来降，欲驱兵与吾决战耶？"郭淮、孙礼听毕，大慌。忽然背后喊杀连天，王平、姜维引兵从后杀来。兴、苞二将又引军从前面杀来。两下夹攻，魏兵大败。郭、孙二人弃马爬山而走。蜀军大胜。这一仗，司马懿本想给诸葛亮来个声东击西，打乱蜀军的大营，不料被孔明识破，反给司马懿来个声东击西。正所谓，强中自有强中手，能人背后有能人。

如果做到"知己知彼"，调配得当，那么"声东击西"计策确实能起到以少胜多、转危为安的效果。东汉明帝初年开始，北匈奴一再胁迫西域各国出兵，劫掠东汉的河西等地。班超出使西域，镇抚西域各国，联合对付匈奴。班超到西域后，必须先打通南北通道。地处大漠西缘的莎车国煽动周边小国归附匈奴，反对汉朝。擒贼先擒王，班超决定首先平定莎车，即率师攻打莎车。莎车国王急忙北向龟兹求援。龟兹王亲率五万人马，援救莎车。而班超呢，虽然联合了于阗等国，兵力也只有二万五千人，敌众我寡，硬碰硬的死战，势必会吃大亏，甚至有全军覆没的危险，所以只能智取。经过缜密谋划，班超先派人在军中散布对自己的不满言论，制造打不赢龟兹、有撤退的假象，并且特别让莎车俘虏听得一清二楚。这天黄昏，班超命于阗大军向东撤退，自己率部向西撤退，表面上故作仓皇撤走的样子，故意制造机会让俘虏趁机脱逃，让他们逃回莎车营中，报告汉军慌忙惊慌撤退的消息。龟兹王闻报大喜，认定班超惧怕自己而落荒而逃，决定趁此机会，追杀班超。机不可失，龟兹王立刻下令兵分两路，追击逃敌。他亲自率一万精兵向西追杀班超。班超胸有成竹，趁夜幕笼罩大漠，撤退仅十里地，部队即就地隐蔽。龟兹王求胜心切，没有丝毫怀疑和戒备，率领追兵从班超隐蔽处飞驰而过。班超等追兵走后，立即集合部队，与事先约定的东路于阗人马，迅速回师杀向莎车。班超的部队如从天而降，莎车猝不及防，迅速瓦解。莎车王惊魂未定，逃走不及，只得请降。龟兹王气势汹汹地追了一夜，未见班超部队的踪影，又听说莎车已被平定，见大势已去，只好收拾残部，悻悻地返回龟兹去了。这一仗，班超就是正确分析了敌我实力的悬殊，利用敌军的骄傲轻敌，巧用"声东击西"计策而取胜。

在军事上，可以利用"声东击西"之计，在商战中，也可以利用此计。1973年，苏联人在美国放风说，打算挑选美国的一家飞机制造公司为苏联建造一个世界上最大的喷气式客机制造厂，该厂建成后将年产100架巨型客机。如果美国公司的条件不合适，苏联就选择同英国或联邦德国的公司做这笔价值三亿美元的生意。美国波音飞机公司、洛克希德飞机公司和麦克唐纳—道格拉斯飞机公司三大飞机制造商闻讯后，都想抢到这笔"大生意"。所以，便背着美国政府，分别同苏联方面进行私下接触。苏联方面则在他们之间周旋，让他们竞争，以更多地满足苏方的条件。波音公司为了能够抢到这笔生意，首先同意苏联方面的要求：让20多名苏联专家到飞机制造厂参观、考察。在波音公司，苏联专家被视为上宾，他们不仅仔细参观了飞机装配线，而且钻到机密的实验室里"认真考察"，先后拍了成千上万张照片，得到了大量的资料，最后还带走了波音公司制造巨型客机的详细计划。波音公司热情地送走苏联专家后，满心欢喜地等待他们回来谈生意、签合同。岂料这些人有如肉包子打狗，有去无回。不久，美国人发现了苏联利用波音公司提供的技术资料设计制造了伊柳辛式巨型喷气运输机。这种飞机的引擎是美国喷气引擎的仿制品，而且有关制造飞机的合金材料也是从美国获得的。原来，苏联专家穿了一种特殊的皮鞋，其鞋底能吸引从飞机部件上切削下来的金属屑，他们把金属屑带回去分析，就得到了制造合金的秘密。这一招使得一向精明的波音公司人叫苦不迭，有苦难言。

苏联人为了获得美国飞机制造商制造巨型客机的详细材料，故意放风说要挑选美国的一家飞机制造公司为苏联建造喷气式客机制造厂，从而"声东击西"。瞒住了波音公司，获得了巨型客机的制造材料和有关制造飞机的合金材料的秘密。

敌战计

原文

敌战计,处于势均力敌态势①之计谋。或跃于渊②。

注释

①势均力敌:均,平。敌,相当。势均力敌指双方力量相等或相当,不分高低。

②或跃于渊:或,有时。渊,低渊、深渊。龙或跃上天空,或停留在深渊。该词出自《易·乾》:"九四,或跃在渊,无咎。"意思是说,龙或跃上天空,或停留在深渊,表示只要根据形势的需要而进退,就不会有错误。

纪老师说 ●●●

本组为《三十六计》第二套,包括无中生有、暗度陈仓、隔岸观火、笑里藏刀、李代桃僵、顺手牵羊六计。

敌战,敌对作战,正面作战。《国语·越语上》曰:"夫吴之与越也,仇雠敌战之国也。"《史记·李将军列传》:"李广才气,天下无双,自负其能,数与虏敌战,恐亡之。"

"敌战计",作者用在此处,解释为力量悬殊不大的双方作战时可以采用的计谋。因为力量相当,稍有不慎,就有可能被敌人打败,所以

纪连海谈

更应该谨慎对待。所以,作者在本组总说中就引用了《易·乾》中"或跃于渊"一句,明确地提醒读者,面对这两种对抗结果,作战就要慎重。其全句说:"潜龙勿用,或跃在渊,无咎。""潜龙勿用"隐喻事物在发展之初,虽然势头较好,但比较弱小,所以应该小心谨慎,不可轻举妄动。作者引用在此,虽然只有四个字,但寓意深刻,用心良苦。面对不弱于自己的敌人,就要采取恰当的计策,打破这一平衡,让自己占据优势,让敌人处于劣势,就能取胜,否则就会失利。

第七计　无中生有

原文原典

诳也，非诳也，实其所诳也①。少阴、太阴、太阳②。

按语

无而示有，诳也。诳不可久而易觉，故无不可以终无。无中生有，则由诳而真，由虚而实矣，无不可以败敌，生有则败敌矣。如：令狐潮③围雍丘④，张巡⑤缚藁为人千余，披黑夜，夜缒⑥城下；潮兵争射之，得箭数十万。其后复夜缒人，潮兵笑，不设备，乃以死士五百砍潮营，焚垒幕，追奔十余里。（新唐书一九二《张巡传》《战略考·唐》）

注释

①诳也，非诳也，实其所诳也：诳，欺诈、诳骗。实，实在，真实，此处作意动词。句意为：运用假象欺骗对方，但并非一假到底，而是让对方把受骗的假象当成真相。

②少阴，太阴，太阳："阴"指假象，"阳"指真相。原指《易经》里的兑卦（少阴）、巽卦（太阴）、震卦（太阳）。用在这里，"少阴"是指稍微隐蔽的军事行动；"太阴"指大的秘密军事行动；"太阳"则是指大的、公开的军事行动。全句意为：在稍微隐蔽的行动

纪连海谈

中隐藏着大的秘密行动；大的秘密行动，也许正是在非常公开的、大的行动掩护下进行。

③令狐潮：唐代安禄山的部将。原是雍丘县令，张巡的同学。安禄山、史思明叛乱时投降叛军。后率军围攻雍丘，被张巡打败。

④雍丘：古作地名，今河南省杞县，为杞国的都城。

⑤张巡：唐代南阳（今河南南阳）人，原为真源县令。安史之乱时，受到群众拥戴，率军坚守雍丘，与数倍于己的叛军激战，击败令狐潮。后移守睢阳（今河南商丘南）。坚持数月，张巡足智多谋。善于用计，打了很多漂亮仗，后因兵尽粮绝。壮烈牺牲，人们为他建祠以表纪念。

⑥缒：用绳子系住人或物，从上往下送，为古代防守时一种出城方法。

纪老师说

"无中生有"出自中国古代哲学家老子《道德经》第四十章："天下万物生于有，有生于无"。王弼注："有之所始，以无为本。将欲全有，必反於无也。"老子认为自然界的物质来自视而不见的空间，有与无相互依存、相互变化。后来，该词语的意思发展成了把没有的说成有，比喻毫无事实依据，凭空捏造。如《初刻拍案惊奇》卷三八："子息从来天数，原非人力所为。最是无中生有，堪令耳目新奇。""无中生有"的反义词就是"实事求是"。

中国古代军事家尉缭子把老子的辩证思想运用到军事上，进一步分析虚无与实有的关系。《尉缭子·战权》中说："战权在乎道之所极，有者无之，安所信之？"意思是说，机动权变的指挥在于灵活运用作战原则，有力量装作没有力量，没有力量却装作有力量，敌人怎么能摸清我们的真实情况呢？也就是说，以"无"的假象迷惑敌人，趁敌人对"无"习以为常之际，化无为有，以虚为实，出其不意，攻其不备。至明清时代的《三十六计》又继承并发展了这一理念，概括为一条行之有效的计名，至今已成为大众耳熟能详的策略了。

从张巡破敌的战例来看，"无中生有"计策可以分三步走。第一步，要让敌人确信自己的"无"，也就是制造一种假象，让敌人信以为真，这是第一步，也是最关键的一步，成败与否，直接关系到该计的使用效果。如"按语"中的张巡被敌人围困时，先以假人迷惑敌人，还获得了大量免费的箭矢。第二步，让敌方识破我方之假，掉以轻心。如张巡继续释放假人，被敌人识破，从而放松警惕，为以后放出敢死队员做准备。第三步，再把"无"变为"有"，把"虚"化为"实"，把"假"化为"真"，让人防不胜防，一击制胜。时机一旦成熟，张巡就派出真的作战队员（这时敌人还以为是假的），从而大破敌军。

可见，此计的关键在于真假要有变化，虚实必须结合，一假到底，易被敌人发觉，难以制敌。先假后真，先虚后实，无中必须生有。指挥者必须抓住敌人已被迷惑的有利时机，迅速地以"真"、以"实"、以"有"，也就是以出奇制胜的速度攻击敌方，等敌人头脑还来不及清醒时，已被击溃，这就是该计的要义。

说到这条计策，就自然而然地让人想到了《狼来了》的故事。从前，有个放羊娃，每天都去山上放羊，总是觉得一成不变的生活很无聊。一天，他忽然想起了一个捉弄大家寻开心的"好办法"，他扯着嗓子向着山下正在种田的农夫们大声喊："狼来了！狼来了！救命啊！"农夫们听到喊声，着急忙慌地拿着锄头、镰刀就往山上跑，边跑还边

喊:"不要怕,孩子,我们来帮你打恶狼!"可等农夫们气喘吁吁地赶到山上时,不但连狼的影子也没有,而且被小孩子大笑了一场。多么善良、多么善解人意的人们啊!这个恶作剧的孩子就是利用人们的美德取乐。一次搞怪也就罢了,第二天,放羊娃又故技重演了一番,善良的农夫们又冲上来救他,当然是又被耍了一次。"事不过三",大伙儿确实对放羊娃的行为非常生气,从此再也不相信他的话了。过了几天,狼真的来了,一下子闯进了羊群。放羊娃害怕极了,拼命地向农夫们喊:"狼来了!狼来了!快救命呀!狼真的来了!"农夫们听到他的喊声,以为他又在说谎,大家都不理睬他,没有人再去帮他,结果,放羊娃的许多羊都被狼咬死了。这孩子熟知"无中生有"计策,先示人们以假,无"狼"生"狼",一次次让人们上当。真来狼了,人们就麻痹了,他的"无中生有"计谋就成功了。很可惜,他害的是自己。

上面两例先虚后实,虚实结合,让人摸不着头脑,乱中取胜。还有种比较直接的"无中生有"计策,就是直接用假的让敌人当成真的,就是单纯地以"无"充当"有",以"假"充"真"。这种计谋,看似简单,实则也是指挥者斗智的最高境界,最关键的是让敌人信假为真,信无为有。下面这两个战例足以说明这种情况。

在第二次世界大战期间,苏联红军在袭击德国军运输车时也采用过"无中生有"之计。有一次,苏联红军上尉高策里泽率领的突击小分队接到一个任务:某公路是德军主力获得给养的重要运输通道,必须马上在那条公路上布雷。可是,突击小分队此刻恰好没有地雷了,如果要临时去弄雷,就无法按时完成任务。于是,高策里泽命令士兵们制作一些上面用德文写着"小心!地雷!"字样的木牌子。晚上,苏军小分队潜过敌军的防线,把这些牌子插在公路上。天亮后,苏军在观察哨里看见德军的运输车在公路上停下来，司机们小心翼翼地靠近牌子，胆战心惊地读着上面的字。由于害怕，谁也不敢首先"越雷池一步"。不一会儿，公路上就堵满了装载着各种军用物资的德军汽车。红军的炮兵抓住这一有利战机，立刻对德军的运输车发动了覆盖式炮击，打得德军运输军队惊慌失措，顷刻间就损失惨重。

在当代的商战中，"无中生有"常被用作骗术，欺骗顾客，这应当引起我们足够的警惕。也有用"无中生有"计达到双赢效果的，如美国的一家餐厅就歪打正着了一次。几年前，在美国肯塔基州的一个小镇上，有一家格调高雅的餐厅。店老板察觉到每逢星期二生意总是格外冷清。在一个冷清的星期二，店老板百无聊赖地随便翻阅起了当地的电话号码簿，他发现当地竟有一名叫约翰韦恩的人，与美国当时的大明星同名同姓。这个偶然的发现，使他的心里一动，立即打电话给这位约翰韦恩说，他的名字是在电话号码簿中随便抽样选出来的，他可以免费获得该餐厅的双份晚餐，时间是下星期二晚上8点，欢迎他偕夫人来享用，约翰韦恩欣然应邀。第二天，这家餐厅门口贴出了一幅巨型海报，上面写着"欢迎约翰韦恩下星期二光临本餐厅"，这张海报引起了当地居民的骚动和瞩目。

到了星期二，客人大增，创下了该餐厅有史以来的最高纪录。尤其是那个晚上，6点钟还不到就有人在等着被安排座位，7点钟队伍已排到大门外，8点钟店内已挤得水泄不通。大家都想一睹约翰韦恩这位"巨星"的风采。过了一会儿，店里的扩音器响起来了："各位女士，各位先生，约翰韦恩光临本店，让我们一起欢迎他和他的夫人。"霎时，餐厅里鸦雀无声，众人的目光一齐投向大门口，谁知那儿竟站着一位典型的肯塔基州老农民，身旁站着一位同他一样不起眼的夫人。原来这位矮

小的仁兄就是约翰。

店老板非常尴尬、惶恐，后悔这个安排太荒廖、离谱。但就在这时，人们像突然明白了这是怎么回事一样，寂静了一刻之后，爆发出一阵热烈的掌声，夹杂着欢笑声，客人们簇拥着约翰夫妇上座，并要求与他们合影留念。从此以后，店老板又继续从电话号码簿中寻找一些与名人同名的人，请他们星期二来晚餐，并出示海报，布告乡亲。于是，"猜猜谁来晚餐""将是什么人来晚餐"的话题为生意清淡的星期二带来了一次次的高潮。这个"无中生有"计策的成功，纯属"巧合"——正巧有与名人重名的顾客，正巧迎合人们的好奇心理，真是"弄巧成巧"。

生活中，"无中生有"与"实事求是""光明磊落"形成鲜明的对照，同"趁火打劫"一样，被一切正派人士所不齿。但在军事、政治和外交斗争中，"无中生有"则是敌我双方均可使用的一柄双刃剑，舞得好可以达到置对方于死地的目的，舞得不好则会伤及自己。因此，在现实生活中，我们也要警惕有人利用本计来制造冤案，陷害好人，弄虚作假，欺世盗名以及在商战中买空卖空，制作虚假广告，推销假冒伪劣产品，诈骗顾客钱财。

第八计　暗度陈仓

原文原典

示之以动①,利其静而有主②。"益动而巽"③。

按语

奇出于正,无正不能出奇。不明修栈道,则不能暗度陈仓④。昔邓艾屯白水之北⑤;姜维遥廖化⑥屯白水之南,而结营焉。艾谓诸将曰:"维令卒还,吾军少,法⑦当来渡,而不作桥,此维使化持⑧我,令不得还。必自东袭取洮城⑨矣。"艾即夜潜军,径⑩到洮城。维果来渡。而艾先至,据城,得以不破。此则是姜维不善用暗度陈仓之计;而邓艾察知其声东击西之谋也。

注释

①示之以动:示,给人看。动,此指军事上的正面佯攻、佯动等迷惑敌方的军事行动。

②利其静而有主:静,平静。主,主张。全句意为:利用敌人已决定固守的时机。

③益动而巽:语出《易经·益》卦。益,八卦名。此卦为异卦相叠(震下巽上)。上卦为巽,巽为风;下卦为震,震为雷。意即风雷激荡,其势愈增,故卦名为益,与损卦之义,互相对立,构成一个统一的组分。

《益卦》的《象》辞说:"益动而巽,日进无疆。"这是说益卦下震为雷为动,上巽为风为顺,那么,动而合理,是天生地长,好处无穷。

④栈道,是指在悬崖峭壁的险要地方凿孔支架,铺上木板而建成的通道,可以行军、运输粮草辎重,也可以供马帮商旅通行。陈仓,是古代县名(今陕西省宝鸡市陈仓区),是汉中通向关中的咽喉要道。

⑤邓艾(约197—264年),本名邓范,三国时期魏国杰出的军事家、将领。其人文武全才,深谙兵法,对内政也颇有建树。邓艾多年在曹魏西边战线防备蜀汉姜维。白水,即白水河,陕西省东北部的白水县,处于关中平原与陕北高原的过渡地带,是联结关中与陕北的咽喉要地。

⑥姜维(202—264年),三国时蜀汉名将,官至大将军。廖化,(?—264年),荆州襄阳郡中卢县(今湖北省襄阳市)人,三国时蜀汉将领。

⑦法:规则,常理,即按规则、循常理之意。

⑧持:相持、防守,引申为拖延、迟滞。

⑨洮城:《中国地名大词典》说:"在今山东濮县西南50里,有洮城。"所指方位是濮阳县徐镇一带。

⑩径:直接。

纪老师说

成语全词为"明修栈道,暗度陈仓",出自司马迁《史记淮阴侯列传》。

秦末农民起义发展到后来,项羽与刘邦争夺天下,进行了为期四年的"楚汉战争"。刘邦首先攻入咸阳,自立为关中王。项羽军事力量强大,刘邦把咸阳和关中让给了项羽,自己到了汉中。与刘邦的守地汉中相邻的是章邯。刘邦为了迷惑项羽，防止章邯入侵，把出入汉中的栈道烧毁了。后来，刘邦逐渐强大起来，命韩信为大将，出兵与项羽一决雌雄。为了迷惑敌人，韩信派了一万多人马去修复烧毁的栈道。栈道修复工程艰巨，进展缓慢，章邯便料定修复栈道需要耗费时日，就毫无戒备。其实，韩信的主力部队，已抄小路向陈仓进军，很快攻下咸阳，占领关中。韩信采用一明一暗、以明掩暗的计谋，取得了夺取关中的重大胜利。这就是"暗度陈仓"的由来。

从这个故事可以看出，作为《三十六计》之计谋，可分解为两部分，一部分是"修栈道"，是虚晃招数；另一部分是"度陈仓"，是实招。所以，这条计策的特点是，采用明暗两手，明的战术动作用来迷惑敌人，以掩盖真实的作战意图。从作战手段上看，明的为正，采用正面的、常规的战术动作；暗的为奇，一般采用奇特的、非常规的、迂回或隐蔽的攻击手段，让敌人防不胜防。

要想成功实施该计谋，必须首先确保"明的"能迷惑敌人，让敌人的精力集中在这里；如果明的欺敌失败，暗的也就失去了意义。从这一点上看，"暗度陈仓"与"声东击西"有着类似的地方：两者都是制造一种假象迷惑敌人，在假象的掩盖下，采取真实行动。但它们其实是不同的两个计谋："暗度陈仓"是同时采取真伪两个行动，表面上采取一个对敌方无大碍的行动或采取让敌方觉得愚蠢的行动，如"明修栈道"，以麻痹敌人，暗地里施行一个重大的打击敌人或扩张我方的行动，如韩信"暗度陈仓"；而"声东击西"是一个打击行动，真伪两个目标，先虚张声势，有意地把敌引开，然后攻其薄弱环节。如："按语"中姜维表面上是要用"暗度陈仓"之计，明里让廖化与邓艾隔江对峙，却没有渡江作战的行动，邓艾即明白姜维实际已经去"袭取洮城"

纪连海谈 三十六计

了，所以暗地里分兵直奔洮城，识破了姜维的"声东击西"计策。所以，这两种计策是有本质区别的。

《三国演义》第一百十七回"邓士载偷度阴平，诸葛瞻战死绵竹"讲的就是邓艾用"暗度陈仓"之计大破蜀国的故事。同一个人，一次是他破了姜维的"暗度陈仓"，一次是自己用此计，可见他熟知此兵法。公元263年，司马昭执政时，准备一举灭蜀。于是派出三路人马：邓艾和诸葛绪各统率三万大军，钟会带领十万大军，分路出击。魏军攻势凶猛，蜀国连丢多座城池。不久，钟会合并了诸葛绪的人马，直逼剑阁。蜀军统帅姜维带领将士依凭着剑阁险要的地势，顽强地抵挡住了钟会大军的进攻，加上军粮供应跟不上，久攻不下，就想退兵回去。

邓艾早已闻知钟会在剑阁受阻。他心里暗自盘算：剑阁过不去，能否找到别的通道可直通蜀国都城呢？于是，在阴平时，他就派出许多探马，让他们查明当地地形、环境，终于探得一条从阴平通往成都的小路。这条小路，四面都是奇山峻岭，很难行走。据说是汉武帝南征时开凿的，已有三四百年无人通行了。邓艾心中大喜，心想：真乃天助我也！此路既是有好几百年无人行走，那蜀军必定做梦也想不到我能率军从此路偷袭成都，更不会加以防范了。于是，他先赶到剑阁，把他的想法告诉了钟会。此时的钟会合并诸葛绪兵马，统领着十三万大军，自恃兵多将广，根本不把邓艾放在眼里。所以，听他讲出这条"暗度陈仓"的计策后，认为他是异想天开，不以为然。但他很想看邓艾出丑，所以也未加阻拦。

邓艾不知这些情况，一心想着完成自己的计划。他马上率人马回到阴平，集合队伍，给大家讲清了他的打算。众人士气很高，都表示愿听邓艾吩咐，为国立功。于是，邓艾派儿子邓忠率五千精兵，手执斧头、铁凿作开路先锋。他带领大军，备足了干粮、绳索，紧随其后。途中道

路非常艰险，但每个人都坚持下来了。大军每前进一百里，就留下几千士兵扎下一个营寨，以保证前进的军队能与后方保持联系。

最后，大军只剩下两千余人了。一天，邓忠匆匆来报，说前面碰到一座陡峭的悬崖，人马难以通过。邓艾亲往察看，果见那悬崖十分陡峭，崖下山谷深不见底。有些士兵胆怯了，心里直打退堂鼓。邓艾见状，严厉地说："我们已经克服了那么多困难，现在胜利在望，成功与否，就在此一举了。我们要坚持住，就算再难过去，也一定要设法通过。"忽然，他计上心来，转身下令让大家先把行装、兵器扔下悬崖，然后自己拿过一条毡毯，裹住身子，高喊一声："大家照我的样子，滚下悬崖！"话音未落，带头滚了下去。将士们深受感动，纷纷效仿，过了悬崖。邓艾重新集合队伍，未伤一兵一卒，轻而易举地拿下了江油城。接着又向绵竹进发，经过一番苦战，又顺利地占领了绵竹。邓艾大军迫近成都时，蜀国皇帝刘禅接到战报，想调回剑阁姜维的人马，已经来不及了，只得出城投降。邓艾一举灭亡了蜀国。此时的钟会，还在剑阁城外攻城呢！其实，邓艾"暗度陈仓"之计的成功，还幸亏有钟会"明修栈道"佐助，从正面拖住了姜维大军，否则也不会这么顺利。

第二次世界大战时期，盟军在欧洲西线战场发起一场大规模攻势。为了减少牺牲，盟军指挥部决定运用"暗度陈仓"的办法，制造假象，使希特勒错误地判断盟军的登陆地点是加莱而不是诺曼底，以确保在诺曼底登陆成功。为此，盟军实施了一系列疑兵之计。

第一，为了显示盟军将在加莱登陆，盟军在东海岸的肯特设置了一个假司令部，发出了大量电信，其空中无线电报务量多于其他真司令部的报务量，使希特勒判断盟军的总司令部就设在肯特。第二，巴顿是美国以勇猛著称的将领，他的英勇善战使德军上下闻风丧胆。因此，德军统帅部分析，巴顿在哪里出现，哪里就会有大的军事行动，而盟军要在欧洲西部登陆，担任主攻任务的司令官非巴顿莫属。因此，艾森豪威尔将军根据敌统帅部这一心理，故意让巴顿在肯特街头散步、亮相，让德国间谍向其统帅部报告这一重要"情报"。第三，英军参谋部用木料、篷布、汕漆等材料制造了成千上万门假大炮、假坦克和假登陆船，并把这些东西"部署"在英国东南部距法国在加莱海峡最近处。第四，盟军在肯特郡堆放了许多假造的滑翔机，故意派出一些贮备有大量军用物资的卡车在森林中供应加莱的登陆部队。第五，盟军经常派出一批轰炸机同时对加莱和诺曼底两个地区的德军军事目标实行战略轰炸，而有意识地使两地的投弹比例2∶1，以让德国人相信加莱是登陆地区，而轰炸诺曼底不过是掩人耳目。第六，进攻前夕，英军派出一大批飞机，在空中撒下了不计其数的锡箔片，使德军从海岸雷达上看来，好像是一支大船队正从第厄普向东驶出，开往加莱。事实证明，上述这些措施，完全达到了"明修栈道"的疑兵战略目的——致使德军统帅部认定盟军的登陆地就在加莱，而不是诺曼底。这样，德军根据这一判断在加莱部署了23个师，沿海岸修筑了一道纵深6公里的坚固的防御地带。如此，德军以为这样就可以粉碎盟军的西线进攻，从而可以抽出50个师的兵力来加强东线，阻止苏军的进攻，粉碎盟军和苏军联合夹击的战略构想，从根本上扭转德军的败局。

然而，狐狸再狡猾，也没有逃脱猎人布下的陷阱。1944年6月5日凌晨，是盟军预定进攻的时刻。然而此时英吉利海峡狂风大作、恶浪滔天，气候条件极端恶劣，不利于部队进攻。行动总指挥艾森豪威尔将军沉思良久，果断地下达命令："出发！"于是，盟军的千军万马从空中、海上争先恐后地向诺曼底挺进，并克服了恶劣的气候条件，顺利地在诺曼底登陆。此时，设在巴黎的德军司令部接到了盟军在诺曼底大举进攻的报告，而德国陆军元帅龙德施泰特却认为这不过是盟军"声东击西"的计谋，目的是掩护在加莱的登陆而已。西线德国海军部队从海岸雷达上看到一支庞大的舰队正向诺曼底开进，当他们将这一情况报告总司令时，总司令的参谋长回答说："是不是你们的技术员弄错了，也许是一群海鸥吧？"当前线将盟军进攻诺曼底的消息报告希特勒时，这位法西斯头子仍然对自己的错误判断深信不疑，气哼哼地训斥说："盟军进攻诺曼底，不过是牵制性的佯攻。"就这样，盟军按照"暗度陈仓"的计划，顺利地突破了希特勒大肆吹嘘的"大西洋壁垒"，并不断扩大对德军的攻势，向纵深发展，向德国本地进军，从而加速了第三帝国的灭亡。

这种计谋，不仅用于军事上，在生活舞台上，也不时地上演"明修栈道，暗度陈仓"的好戏。在现代经商赚钱的经营活动中，"暗度陈仓"更是商家常用的妙计。

在伊德里斯国王统治的年代，利比亚就像得克萨斯州当年最初发现石油时那样，吸引着众多石油资本家到来。当哈默的西方石油公司来到利比亚的时候，正值利比亚政府准备进行第二轮出让租借地的谈判，包括已经打出若干孔"干井"的土地，但也有若干块与产油区相邻的沙漠地。来自9个国家的40多家公司参加了这次投标。

哈默尽管曾于1961年受肯尼迪总统的委托到过利比亚，与伊德里斯国王建立了私人关系，这比别人稍稍有利。但在这一轮租借地的争夺战中哈默不但要同那些一举手就可以把他推翻的石油巨头们进行竞争，同时还要分析估量那些自称可以使国王言听计从的中间商们所说的话到底有多少真实性，这对哈默来说的确处境很不利。但这些都吓不住哈默，

他明白,为能在第二轮租借地的谈判中挫败实力雄厚的竞争对手,只能巧取,不能豪夺,而唯一可行的方案就是暗中向利比亚政府申请:如果西方石油公司能得到租借地,将给予政府诸多好处,也请利比亚政府给予西方石油公司比其他竞争对手更优惠的条件。

哈默在随后的投标上来了个"明修栈道"——采取了与众不同的方式:他的投标书采用羊皮证件的形式,卷成一卷后用代表利比亚国旗颜色的红、绿、黑三色缎带扎束。在投标书的正文中,哈默加上一条,西方石油公司愿从尚未扣除税款的毛利中取出5%供利比亚发展农业之用。此外,投标书还允诺在库夫拉图附近的沙漠绿洲中寻找水源,而库夫拉图恰巧就是国王和王后的诞生地,国王父亲陵墓也坐落在那里。挂在招标委员会鼻子前面的还有一根"胡萝卜",西方石油公司将进行一项可行性研究,一旦在利比亚采出石油,该公司将同利比亚政府联合兴建一座制氨厂。

1966年3月,哈默的暗度陈仓果然成功,同时得到两块租借地,其中一块四周都是产油的油井,并有17人投标竞争这块土地,且多是实力雄厚的知名公司,可结果个个名落孙山,唯有西方石油公司独占鳌头;另一块地也有7个人投标,但最终还是归在了西方石油公司名下。这第二轮谈判招标的结果使那些显赫一时的竞争者大为吃惊,不明其所以然,深深为哈默高超的谈判手段、技巧而叹服。

实力弱小的西方石油公司,之所以能在强手如林的众投标者中独占鳌头,一举夺得两块租借地,关键在于他在"明修栈道"、引人瞩目的大动作下,暗中用了"暗度陈仓"的小动作,致使利比亚政府在哈默提供的利益允诺的诱逼下,天平倾向于西方石油公司,哈默取得了招商谈判的巨大成功,招商竞标的结果大大出人意料。

第九计　隔岸观火

原文原典

阳乖序乱①，阴以待逆②。暴戾恣睢③，其势自毙。顺以动豫，豫顺以动④。

按语

乖气⑤浮张，逼则受击，退则远之，则乱自起。昔袁尚、袁熙⑥奔辽东，众尚有数千骑。初，辽东太守公孙康，恃远不服。及曹操破乌丸⑦，或说曹遂征之，尚兄弟可擒也。操曰："吾方使斩送尚、熙首来，不烦兵矣。"九月，操引兵自柳城还，康即斩尚、熙，传其首。诸将问其故，操曰："彼素畏尚等，吾急之，则并力；缓之，则相图，其势然也。"或曰：此兵书火攻之道也，按兵书《火攻篇》前段言火攻之法，后段言慎动之理，与隔岸观火之意，亦相吻合。

注释

①阳乖序乱：阳，指公开的。乖，违背，不协调。此指敌方内部矛盾激化，以致公开地表现出多方面秩序混乱、相互倾轧。

②阴以待逆：阴，暗地里的。逆，叛逆。此指暗中静观敌变，坐待敌方更进一步的局面恶化。

③暴戾恣睢：戾，凶暴，猛烈。睢，任意胡为。词语出自《史

记·伯夷列传》:"暴戾恣睢,聚党数千人,横行天下。"形容凶残横暴,想怎么干就怎么干。残暴凶狠,任意妄为。

④顺以动豫,豫顺以动:语出《易经·豫》卦。豫,卦名。本卦为异卦相叠(坤下震上)。本卦的下卦为坤为地,上卦为震为雷。是雷生于地,雷从地底而出,突破地面,在空中自在飞腾。《豫卦》的《彖》辞说"豫,刚应而志行,顺以动。"豫卦之意是顺时而动,所以天地就能随和其意,做事就顺当自然。此计正是运用本卦"顺时以动"的哲理,说坐观敌人的内部恶变,"坐山观虎斗",最后让敌人自残自杀,时机一到而我即坐收其利,一举成功。

⑤乖气浮张:乖气,邪恶之气或不祥之气,引申为敌人内部矛盾。乖气浮张意思是敌人矛盾浮现扩大。

⑥袁尚、袁熙:袁尚,汉末群雄之一袁绍的第三子,受到袁绍的偏爱,并于袁绍去世后继承了袁绍的官位和爵位,也因此招致长兄袁谭的怨恨,兄弟之间经常兵戈相向。袁熙,袁尚之二哥。

⑦乌丸:即"乌桓",中国古代民族之一。魏晋以后,乌桓与其他诸族错居杂处,民族成分发生了变化,形成所谓"杂胡"。

纪老师说

"隔岸观火"意指站在对岸看别人家着火。比喻对别人的危难不加帮助,而采取观望的态度。有时也表示不是身临其境,对情况了解不深。

本计名由唐代僧人乾康的诗"隔岸红尘忙似火,当轩青嶂冷如冰"(参胜雅律《智谋》一书)发展而来。而其作为一种作战思想,则早见于《战国策·燕二》,书中记述战国谋士苏代游说赵惠王时讲了一则寓言故事。当时赵王想要攻打燕国，苏代替燕王去游说赵王，说赵国和燕国争战不休，不过是"鹬蚌相争"而已，必定让秦国得"渔翁之利"。原文说："蚌方出曝，而鹬啄其肉，蚌合而箝其喙。鹬曰：'今日不雨，明日不雨，即有死蚌。'蚌亦谓鹬曰：'今日不出，明日不出，即有死鹬。'两者不肯相舍，渔者得而并禽（擒）之。"其大意是蚌张开壳晒太阳时，长嘴鸟（鹬）去啄它的肉，被蚌夹住了嘴，互相争持不下，结果一起被渔翁捉住了。

鹬和蚌之间的矛盾已经到了不可调和的地步，谁也不放过谁，正好被经过的渔人轻易就将它们统统捕获了。由这篇寓言看出，在实施该计时，"我方"应该作为敌人矛盾双方的局外人，非常清楚地认识到他们的内部矛盾后，再才采取"隔岸观火"，静观其变。

拿按语中的事例来说吧，袁绍兵败身亡后，袁氏兄弟也被曹操打败投奔公孙康了。曹操打败乌恒后，军队正士气高涨，正好顺势平服辽东，捉拿二袁。可是，曹操竟然没接着打，班师回许昌了。再说公孙康那里，听说二袁归降，但心有疑虑，因为袁家父子一向都有夺取辽东的野心，现在二袁兵败，如丧家之犬，无处存身，投奔辽东实为迫不得已。收留二袁，是不是养虎为患呢？再者，收留二袁，肯定得罪势力强大的曹操，岂不是要引狼入室？但他又想，如果曹操进攻辽东，收留二袁，共同抵御曹操，也是一举两得的事。但当他探听到曹操已经转回许昌，并无进攻辽东之意时，认为收留二袁有害无益了。于是预设伏兵，召见二袁，一举擒拿，割下首级，派人送到曹操营中。此事例中，曹操洞悉公孙康和袁氏之间的矛盾，也对公孙康的小九九估计得八九不离十，所以才班师回许昌，"隔岸观火"，就等着公孙康和二袁自相残杀，把首级送来，真是自信满满，料事如神啊。其实，这条妙计是他的

纪连海谈 三十六计

谋臣郭嘉临死时留下的。不管怎么说,成功了,就是好计谋,它的前提是,敌人有很深的矛盾,并被我方熟知并可以利用。

按语还认为孙子的"慎动"之理与"隔岸观火"之意是相吻合的。在《火攻篇》后段,孙子强调,战争是利益的争夺,如果打了胜仗而无实际利益,这是没有作用的。所以,"非利不动,非得(指取胜)不用,非危不战,主不可以怒而兴师,将不可以愠(指怨愤、恼怒)而致战。合于利而动,不合于利而止。"所以说,一定要慎用兵,慎言战,战必以"利"为目的。

"隔岸观火"之计,与我们刚读过的"趁火打劫"有相似之处,就是都利用了敌方内部力量的自我消耗,来达到某种目的。但两者也是有着本质区别的。首先,可利用的条件有差别:隔岸观火是指根据敌方正在发展着的矛盾冲突,采取静观其变的态度,甚至可以扇点风,让敌人矛盾继续向对抗性发展,以致出现自相残杀的局面,就会削弱敌人,坐收渔利,从而达到壮大自己的目的;而"趁火打劫"是趁敌人遭遇天灾、内乱或内忧外患交加的困境之际,及时抓住战机采取行动,从而捞取军事、政治、经济等方面的好处。其次,从所采取的行动来说,"隔岸观火"重在"观",静观其变,不要急于采取行动,只等条件成熟,坐收渔翁之利;而"趁火打劫"重在趁火之机,及时采取行动,达到预期目的。所以,"隔岸观火"利用得好,板上钉钉获得利益,利用不好,自己也并没有多大损失;而"趁火打劫",玩不好就会惹火上身,以致自焚,比如人家起"火",但完全可以从容应对,完全有能力、有精力应对你的"打劫",说不定打不着狐狸,惹一腚骚呢。

当然,"隔岸观火"并不是站在河岸上呆看,不是纯粹地看热闹,而是以静观变,随时捕捉战机,"合于利而动",该出手时就出手,出手就有利可图。公元263年，曹魏灭掉蜀国，这样，三国鼎立的局势瓦解而形成了魏、吴对战的局面。不久，魏国大将司马炎去魏称帝，改国号为晋。司马炎继续推行统一中国的战略，一方面，他下令在蜀地江岸大造战船、日夜训练水军，为日后同吴国决战作好充分准备；另一方面，他发现吴国军队还很强大，如果硬碰硬地去交战，只能造成两败俱伤。于是，晋国采取观望、等待的战略，待吴国的国力、军备有所削弱后再去进攻，就很容易了。这就是"隔岸观火""顺时而动"了。

再说吴国虽然富足，但孙权统治集团确实不争气，矛盾此起彼伏，不断激化，内部纷争激烈。朝廷大臣各树派系，各拥储君。孙权只得废太子孙和，新立太子孙亮，致使两派的怨恨更加深了。孙权死后，孙亮即位，孙林一系发动政变，废除了孙亮，立孙林即位。孙林死后，经过一番激烈的争斗，孙皓即位。孙皓上任后，大加报复，不惜采用"剥面皮、挖眼睛、灭三族"的残暴手段，把其过去的仇敌几乎灭绝。他又动用大量的人力、财力、物力，迁都于武昌。最后引起江南的民众起义，又被迫还都。吴国经过朝廷长期的内部斗争、国民的大举起义，其国力大大削弱，民心、军心十分低落。经过这段时间的"隔岸观火"，西晋发现吞并、灭亡吴国的时机已成熟，于是，大举进犯吴国。三个多月后，吴国灭亡，西晋统一了全国，中国又开始了一个新的王朝。可见，山上的虎多了必定要互相残杀，猎人只要耐得住性子，等他们损耗得差不多了，时机成熟了，不费吹灰之力就消灭虎害了，这叫"坐山观虎斗"，所谓"自作孽不可活"啊！

在现代的商业活动中，利用此计主要是在国内外市场激烈的竞争之中，采取静观其变的态度，等待有利的时机一举加入，趁机占领市场。可见，运用隔岸观火之计不应是消极等待、观望，而是要充分掌握竞争

纪连海谈 三十六计

对手的矛盾，抓住有利时机，取得成功。

1986年，珠海光纤公司在引进光导纤维成套设备中，为掌握国际市场行情，先后同几家国外公司进行摸底性谈判。在对价格、利益做了一番认真比较的基础上，最后选定与美国ITT公司进行实质性谈判。

ITT代表团的业务能力相当高明，特别是其主谈判手莫尔，谈判几乎不用语言，全用数字，所有计算无一差错，看来在谈判前是做了大量充分准备的。再看我方代表，并未被对方的盛气凌人所吓倒，没有表现出任何被动，为以最优惠的价格条件达成协议，他们巧妙地利用竞争者之间的矛盾来突破对方的叫价。珠海光纤公司在前一阶段调查摸底中发现，想同中国做光纤生意的外商很多，存在着一定程度的竞争，在短时间内完全是买方市场。于是他们决定利用这种竞争来压价，以实现自己的谈判初衷。

在确定与ITT公司谈判之后，还同时拉了英国的STC公司谈判。这两家是兄弟公司，其中STC是从ITT分离出去的，但为了各自的利益，手足相煎，形同水火。在一次谈判后，英国人故意把两页文件遗忘在现场，这是有意留给美国人的，因为两家公司一直在同一场所与中方谈判，英国人在文件上把价格压得很低，意在使美国人看后知难而退。美国人不知是计，拾到文件后如获至宝，在接下来的谈判中，最大限度地在价格上做出了让步，并很快与中方达成协议。1986年7月25日，珠海特区光纤公司与美国ITT公司正式在一份合同上签了字。根据这份合同，光纤公司引进的ITT型光纤成套设备及其购买的技术专利都达到了20世纪80年代世界先进水平。更为引人注目的是中方把美方的报价压下了186万美元，为国家节约了一大笔外汇开支，同时也降低了设备购进成本，为企业早日盈利创造了前提条件。

珠海光纤公司关于引进光纤成套设备进行商谈取得巨大成功的根源在于其较好地、适时地运用了"隔岸观火"之技巧，使美国ITT公司与英国STC公司手足相煎，竞相压价，为我方低价买进提供了可乘之机，最终得以坐收渔利。

反过来，我们国家在对外出口时吃得亏更多。在我国外贸体制不完善的条件下，由于各地区在对外进出口过程中，多头对外，竞相削价，互相拆台。甚至有的企业为挣得些许外汇，竟不惜血本地压价，而无视全局的利益，给国家和企业造成损失的事例屡见不鲜。

上海有家公司，以每公斤6.8美元的价格向欧共体市场出口糖钠，由于该产品质量可靠，价格合理，公司守合同、讲信誉，该公司出口糖钠在欧共体已经占有较稳定的市场，为相当部分客户所认同，为国家挣得不少外汇。后来天津和江苏两家公司见出口糖钠有利可图，也想趁机捞一把。于是两公司使出浑身解数，调动各种关系，争先恐后地去电致函外商，了解有关贸易信息，洽谈有关交易条件。先是天津某公司报价为每公斤5.4美元，江苏某公司也不甘示弱，为争得客户，不惜血本，进一步将价格压低到每公斤5.07美元。在这次内斗中，外商们悠然自得地"隔岸观火"，待时机一到，外商很快撇开上海与天津两家公司，与江苏某公司达成65吨的交易，轻而易举地从中渔利压价10万美元。

事情发展远没有这么简单就结束了——据欧共体市场反倾销法规定：如果每公斤糖钠售价低于6.8美元，将要向卖方征交一定数量的"反倾销税"，税率高得让人咋舌。为此，江苏省某公司"偷鸡不成蚀把米"，又被罚交了一大笔税金，教训惨痛。而且，本交易还有一个严重的后果，那就是使我们的竞争对手美国与韩国"趁火打劫"，占据了有利地位，大有"取而代之"的"英雄气概"。这个肥水流入外人田的悲惨教训告诉我们：同室操戈只能是两败俱伤，最终给共同的谈判对手提供坐收渔利的机会。兄弟同人应联手对外，不能急于相煎，为此各方应及时沟通信息，力求避免相互残杀。

同时，不得不说的是，"隔岸观火"计策在日常生活中要慎用，甚至不要用，毕竟，人家家里着火了，你却在观望，而不是伸出援助之手，抛开敌对状态的政治、军事个体不论，公司与公司、家庭与家庭、人与人之间，还有什么样的仇恨和利益冲突，让你如此袖手旁观，不是很不道德吗？

第十计　笑里藏刀

原文原典

信而安之①，阴以图之②。备而后动，勿使有变。刚中柔外③也。

按语

兵书云："辞卑④而益备⑤者，进也；……无约而请和者，谋也。"故凡敌人之巧言令色⑥，皆杀机之外露也。宋曹玮知⑦渭州，号令明肃，西夏人惮之。一日玮方对客弈棋，会有叛夸数千⑧，亡⑨奔夏境。堠骑（骑马的侦宿员）报至，诸将相顾失色，公言笑如平时。徐谓骑曰："吾命也，汝勿显言⑩。"西夏人闻之，以为袭己，尽杀之。此临机应变之用也。若勾践之事夫差⑪，则意使其久而安之⑫矣。

注释

①信而安之：信，使之信。安，使之安，安然，此指不生疑心。信而安之的意思是使敌人确信不疑。

②阴以图之：阴，暗地里。意思是暗地里却谋划攻取敌人。

③刚中柔外：表面柔顺，实质强硬尖利。

④辞卑：派来的使者措辞谦卑。

⑤益备：加紧战备。

⑥巧言令色：巧言，擅长外交辞令。令色，面目美好。巧言令色

纪连海谈

原指擅长辞令，面目姣好的人。先秦之时实行世袭制。除了血亲就是富人，美人，擅长交往辞令就可以当官。现在多形容花言巧语，虚伪讨好。

⑦知：主管事务。

⑧会：恰巧。夸：同"跨"，这里引申为骑兵。

⑨亡：逃。

⑩显言：明明白白地说出来。此处为声张的意思。

⑪事：侍奉，服侍。

⑫久而安之：时间久了就适应并放松警惕了。

纪老师说

"笑里藏刀"由唐白居易诗《天河度》的"笑中有刀潜杀人"诗句演变而来。该句是白居易对唐高宗宠臣李义府的评价。五代时期政治家、史学家刘昫的《旧唐书·李义府传》一书中记述："义府貌状温恭，与人语必嬉怡微笑，而褊忌阴贼。既处要权，欲人附己，微忤意者，辄加倾陷。故时人言义府笑中有刀。"意思是说，李义府外表看上去温和恭敬，与人说话必定和颜悦色，面带微笑，却是一个气量狭小暗中使坏的人。等他身居要职时，想拉拢人，只要有违背的，就加以陷害。所以当时人们说，义府笑里有刀。《资治通鉴》评李林甫"口有蜜，腹有剑"，也与此义相近。所以，这个词语常用来形容对人外表和气，内心却阴险毒辣，与口蜜腹剑、两面三刀、表里不一等词语的意思相近。也就是俗语说的那些"口里喊哥哥，手里摸家伙""台上握手言欢，台下互相踢脚"的做法，所以常用作贬义词。

"笑里藏刀"是三十六计之一，最大特点就是运用广泛，而且可以无师自通，汉语词库中的近义词也是最多的词语之一。一般做法是，先运用政治外交上的伪装手段，派遣使者欺骗麻痹、稳住对方，来掩盖己方的军事行动，比如暗地里的积极备战、大搞突然袭击等。这是一种表面友善而暗藏杀机的谋略，常让对手防不胜防。笑容本是人类一种表示友好的表情，俗话说"拳头不打笑脸人"，"笑里藏刀"之所以能够成为一个百试不爽的计谋，就是因为他击中了人性中最常见的弱点。

其实，作为一条计谋，"笑里藏刀"一般不会直接用于军事行动上，而是常常用在外交谋略上，是国家与国家、军队与军队之间的政治斗争手段，或是政治和军事并用，相辅相成。"笑"，是表面的，是给人看的，是裹着"糖衣的炮弹"，让你麻痹，让人失去警惕；"刀"是隐匿的，是要害人的，是别有用心的，但却是真实的、最终的意图。对此，孙子在兵法上早就做过"友情提示"，即"辞卑而益备者，进也"，说得多直白、多清楚啊！

吴国公子姬光对吴王僚十分不满，虽然表面上对他毕恭毕敬、唯命是从的，但心里却无时不在想着篡夺王位。伍子胥从楚国逃到吴国，姬光见他勇猛侠气、智勇双全，便把他纳为自己身边之人。伍子胥又将他的朋友——吴国勇士专诸推荐给姬光，姬光很器重他。三人密谋：待时机成熟，就刺杀僚王。姬光探知，吴王僚最喜爱吃炙烤出来的鱼肉，便让专诸专心学习炙鱼的烹饪方法。吴王僚十二年，楚平王去世，吴王派公子盖余、烛庸领兵欲趁楚国国丧时去攻打楚国，反而被楚军围困。这时，吴公子庆忌正出使卫、郑二国，姬光见王僚身边的大将都不在国内，认为时机成熟，急忙与伍子胥、专诸商议如何刺杀僚。有天，姬光假惺惺地邀请王僚前来吃炙鱼。王僚为防万一，身上穿了三层甲衣，一路上布满警卫，并带上一百名贴身警卫进入姬光家。姬光满面笑容地同

纪连海谈 三十六计

王僚入座就席。席间,姬光假称脚痛而离席,专诸在王僚警卫的重重夹带下,手捧一碟香美的炙鱼来到王僚面前,突然,专诸飞快地从鱼肚里抽出"鱼肠"短剑,使劲地刺入王僚的怀里,短剑穿过三层甲衣后,从王僚的背部刺出,僚当场死亡,专诸也被王僚的警卫乱刀砍死。姬光、伍子胥率数百名伏兵从两侧杀出,迅速解决了王僚的卫队。于是,姬光就坐上了吴的王位,名号阖闾(庐)。

在争夺王位的时候,姬光可谓无所不用其极。为了达到不可告人的目的,他长期对吴王僚苦作笑颜,一味地去迎合僚;而一旦时机成熟,不到胜利的最后一刻,姬光仍然能摆出一副毕恭毕敬的模样,麻痹王僚;直到专诸刺杀成功,他又率众把王僚的卫队斩草除根。其实,吴王僚也多少感到了姬光的伪装,在去姬光家的时候,还穿了三层甲衣,并带了贴身警卫。只可惜,姬光的"笑"隐蔽得太深,"刀"太锋利,用了死士专诸以死相搏,真是阴险歹毒,这也是"笑里藏刀"的玄机所在。

争夺王位,同室操戈,尚且如此,更何况国与国之间的征战了。战国时期,秦国为了对外扩张,必须夺取地势险要的黄河崤山一带,就派公孙鞅为大将,率兵攻打魏国。公孙鞅大军直抵魏国吴城城下。这吴城原是魏国名将吴起苦心经营之地,地势险要,工事坚固,正面进攻恐难奏效。公孙鞅苦苦思索攻城之计。不久,他探听到魏国守将是与自己曾经有过交往的公子行,心中大喜。他马上修书一封,主动与公子行套近乎,说道,虽然我们俩各为其主,但考虑到我们以前的交情,还是两国罢兵,订立和约为好。心中,公孙鞅言辞恳切,念旧之情,溢于言表。他还在信中约定时间会谈,商议议和大事。信送出后,公孙鞅还摆出主动撤兵的姿态,命令秦军前锋立即撤回。公子行看罢来信,又见秦军退

兵，非常高兴，确信无疑，马上回信约定会谈日期。公孙鞅见公子行已上了套，就精心布置了会场，暗地在会谈之地设下埋伏。会谈那天，公子行带了三百名随从到达约定地点，见公孙鞅带的随从更少，而且全部没带兵器，更加相信对方的诚意。会谈气氛十分融洽，两人重叙昔日友情，表达双方交好的诚意。公孙鞅还摆宴款待公子行。公子行兴冲冲入席，还未坐定，忽听一声号令，伏兵从四面包围过来，公子行和三百随从还没反应过来，全部被擒。公孙鞅并不是捉了公孙行就罢手了，而是继续利用被俘的随从，骗开吴城城门，占领吴城。魏国只得割让西河一带，向秦求和，这才是公孙鞅所要的，他熟练地唱了一出"笑里藏刀"计，轻易地谋取了崤山一带。

　　反过来，在现代商战中，并不是非要用"笑里藏刀"这种手段才能战胜对手。俗话说，"精诚所至，金石为开"，在经商过程中，即使是最挑剔的顾客，最刁钻的对手，也可以靠发自内心的真诚去打动他。日本有一家地方性报纸——《佐贺报》，它在邻近的福冈县大报社的竞争夹缝中历经110年而没有被挤垮，靠的就是处处为用户打算的真心诚意。因为佐贺北临日本海，南接太平洋，是典型的海洋性气候，多雨潮湿的气候，给报纸的传递带来了很大的困难。《佐贺报》的董事长想到："下雨天给顾客送去湿漉漉的报纸实在说不过去。"所以凡是阴雨连绵的早晨，每一位《佐贺报》的读者，都会收到一份用塑料袋细心包裹着的报纸。《佐贺报》对读者的这份真诚和温馨是它历经百年而不倒的经营秘诀。我国台湾的一些企业也注意到日本厂商靠精诚服务为企业赚了大钱，于是也纷纷适时开展精诚服务，令企业经营的业绩不断增长。

　　我们国家的市场经济发展也越来越健康，市场主导的经济模式，一方面造成了越来越激烈的竞争，计划经济下的国营模式被打破了，高

高在上,冷冰冰的、毫无诚意的销售面孔不见了,风雨无忧的经营状况远去了,竞争状态下需要最大限度地争取顾客已是大势所趋;另一方面,良性发展给大家提供了公平、健康的发展环境,给市场带来了更大的活力。因此,所有经商个体都应该珍惜这样的环境,以诚待人,相互尊重,互惠互利,公平竞争。如果搞阴谋,耍诡计,两面三刀搞恶性竞争,不但不会长久,而且会受到法律的严惩。

当然,生活中,也常见个人之间在争斗之时,也有当面友好相对,背后搞突然"绝杀"之手段者。如,某单位领导突发奇想,要搞个民意测验,或者通过无记名投票形式,让大家选出人气最佳员工,颁发证书,搞点物质奖励啥的。张三和李四是好朋友,事先张三笑着对李四说,"我一定选你,咱俩是什么关系";李四笑着对张三也这样说。可投票结果出来后,张三和李四都各得了一票,他们各自心里明白,这一票还都是自己投的。于是,他们明白了,在荣誉和利益面前,他们的"友谊"是多么的不堪一击。王五胜出,张三和李四都笑着向他表示祝贺,并嘻哈着让他请酒,说他们都投他了。其实,张三和李四根本就对王五当选很不平,背后没少嘀咕,他凭什么能当选?论工作能力,都不如咱们俩,论人缘,王五这么老实、木讷,根本不如咱们俩会来事,不就是有个小舅子当什么领导嘛。越说越来气,二人就找领导去汇报思想,不但说了心里的不平,还把王五目无领导、干了哪些见不得人的事都一五一十、添油加醋地说了,还是打着为领导负责、为工作负责的幌子如实汇报的。如果不是他们的领导在某次喝酒的时候,向王五透露了这个细节,王五对二人告他黑状的事还蒙在鼓里呢。

你看,生活中,有多少"笑里藏刀"的人和事呢,虽然没有你死我活的争斗,但我们也要小心提防啊!所谓"害人之心不可有,防人之心不可无"，我们提倡职场要以诚相待，但是也不能因此而让你的诚信成了被他人利用的工具。生活教会了我们，一定要擦亮我们的双眼，认清伤害我们的"笑里藏刀"者以后做到"亲贤臣"而"远小人"，防止再上当受骗。怎样揪出"笑里藏刀"的人？俗话说，日久见人心，经历得多了，你就懂得这些人实际上并不高明，谎言总是有被戳穿的时候。而且，这样虚假阴险的人，都有共同特点：心怀鬼胎者，他们的神态表情终究有异样，言语会闪烁其词，眼光会漂移不定；他们总喜欢跟你保持一致，总是给你造成"同是天涯沦落人"的感觉；他们总是表现得过分热心，没来由地拉拢你，依赖你……也许，这些都是为了掩饰他们不可告人的目的。

  不过，只要我们"不做亏心事"，就不怕"半夜鬼敲门"；只要我们身子正，具有较强的拒腐防变的能力，活在阳光中，也就没必要草木皆兵，与人交往时，就不需要处处设防。

第十一计 李代桃僵

原文原典

势必有损,损阴以益阳①。

按语

我敌之情,各有长短。战争之事,难得全胜,而胜负之诀,即在长短之相较;而长短之相较,乃有以短胜长之秘诀。以下驷②敌上驷,以上驷敌中驷,以中驷敌下驷之类,则诚③兵家独具之诡谋,非常理之可测也。

注释

①损阴以益阳:阴,此指事物的细微的、局部的部分。阳,此指事物带整体意义的、全局性的部分。损阴以益阳是说在军事谋略上,如果暂时要以某种损失、失利为代价才能最终取胜,指挥者应当机立断,作出某些局部或暂时的牺牲,去保全或者争取全局的、整体性的胜利。这是运用我国古代阴阳学说的阴阳相生相克、相互转化的启发而制定的军事谋略。

②下驷:劣等马。

③诚:实在,的确。

说到这个成语的由来,还有一个令人深思的故事。汉朝,社会太平,一片繁荣昌盛。但社会上却出现一种怪现象,出身卑微的人一旦得了势,就马上成为显赫一时的皇亲国戚。但是他们作威作福,最后不得不沦为刀下亡魂。

传说有兄弟五人,均为好逸恶劳、游手好闲的浪荡子,偶然他们得到了皇帝的常识,当上了侍中郎。从此他们的生活发生了翻天覆地的变化,荣华富贵享之不尽,成了钟鸣鼎食之家。住着极尽奢华的楼阁,夜夜笙歌,锦衣玉食,就像神仙般的生活。后来,五兄弟中有个人犯了罪,沦为阶下囚,不得不受刑。这时其他兄弟各扫自家门前雪,毫不惦念手足之情,互相倾轧,丑态百出。为此,百姓间流传着一首歌谣:"兄弟五人,皆为侍中郎,五日一时来,观者满路旁。黄金络马头,颎颎何煌煌。桃生露井上,李树生桃旁。虫来啮桃僵。树木身相代,兄弟还相忘!"人们借此叹息:井边的桃树与李树相依为伴,虫蛀桃树,往往李树代桃树受蛀而枯萎僵死。树尚能如此,他们兄弟之情谊连李树不如呢!

僵,是枯死的意思,"李代桃僵"从字面上可解释为李树代替桃树而死,比喻兄弟互相爱护互相帮助。也就是以桃李能共患难,喻弟兄应能同甘苦。清朝的黄遵宪《感事》诗中,就有"芝焚蕙叹嗟僚友,李代桃僵泣弟兄"。的诗句,即有此意。除此之外,还可比喻以此代彼或代人受过。如清钱谦益《嘉兴高氏家传》:"寝殿圮,君代用(黄用)抵罪,李代桃僵。"

在军事上,作为"三十六计"之一,是指在敌我双方势均力敌,或者敌优我劣的情况下,可以用较小的代价,换取最大的胜利,或是以牺牲次要的，保住主要的。这种谋略很像象棋中的"舍车保帅"或"丢卒保车"战术。

据《史记·孙子吴起列传》记述，齐威王喜好赌赛马，每次与大将军田忌比赛马，田忌都输给了威王，因此也输掉了许多赌金。田忌的客卿孙膑得知情况后，给田忌出了一计策："今以君之下驷与彼上驷，取君上驷与彼中驷，取君中驷与彼下驷。" 即让田忌的下等马先与威王的上等马比赛，再让田忌的中、上等马与威王的下、中等马分别比赛。"既驰三辈毕，而田忌一不胜而再胜，卒得王千金。"因此，赛完三局以后，田忌首先输一局，而能赢最后两局，最终能赢取整场比赛，得了齐威王千金。威王得知是由于孙膑的妙计而使田忌获得了胜利，很赞赏他的才华，后来封孙膑为军师，辅佐田忌作战。

孙膑的赌马计谋，先是主动放弃第一局，以最弱马对齐威王最厉害的马，以较小的代价输给了齐威王；后两局则以自己优势的马，对齐威王相对劣势的马，保证了后两局以优势对劣势而获取胜利，从而获得了全局的胜利。孙膑以主动失掉第一局较小的代价而赢得全局胜利，充分诠释了"李代桃僵"的内涵。

大难当前，主动站出来代人受苦受难是一种"代僵"法。这里有一个感人的故事，与这种"代僵"法相吻合。春秋时期，晋国的大奸臣屠岸贾鼓动晋景公灭掉对晋国有大功的赵氏家族，赵家全家老小被杀殆尽。幸亏赵朔之妻庄姬公主在事发之前已被秘密送进晋国王宫中。屠岸贾闻讯后，意欲赶尽杀绝，要晋景公杀掉公主。晋景公念在姑侄情分上，不肯杀庄姬公主。此时庄姬公主已身怀有孕，屠岸贾见晋景公不杀她，就设下斩草除根之计，准备杀掉婴儿。公主生下一男婴后，屠岸贾亲自带人入宫搜查，但晋国忠臣韩厥让自己的一个心腹假扮医生，入宫给公主看病，用药箱偷偷把婴儿带出宫外躲过了搜查。屠岸贾估计婴儿已被偷送出宫，立即悬赏缉拿。赵家忠实门客公孙杵臼与程婴商量救孤之计：如能将一婴儿与赵氏孤儿对换，我带这一婴儿逃到首阳山，你便去告密，让屠贼搜到那个假赵氏遗孤，方才会停止搜捕，赵氏嫡脉才能保全。程婴的妻子此时正生一男婴，他决定用亲子替代赵氏孤儿。他以大义说服妻子忍着悲痛让公孙杵臼把儿子带走。程婴依计，向屠岸贾告密。屠岸贾迅速带兵追到首阳山，在公孙杵臼居住的茅屋，搜出一个用锦被包裹的男婴。于是屠贼摔死了婴儿。他认为已经斩草除很，便放松了警戒。程婴已经听说自己的儿子被屠贼摔死，强忍悲痛，带着孤儿逃往外地。十五年后，孤儿长大成人，知道自己的身世后，在韩厥的帮助下，兵戈讨贼，杀了奸臣屠岸贾，报了大仇。程婴见赵氏大仇已报，沉冤已雪，于是他不肯独享富贵，拔剑自刎，死后与公孙杵臼合葬一墓，后人称"二义冢"。程婴用自己的孩子作"李"代替赵氏孤儿"桃"被奸臣害死，他们的美名千古流传。

也有牺牲自己以保全他人的壮举，如《三国演义》第六回讲了曹洪救曹操的故事。追赶董卓的曹操中了徐荣的埋伏，大败而逃。曹操被徐荣射了一箭，又被两个小兵刺下马来。正好曹洪赶到，杀了两个小兵，操视之，乃曹洪也。操曰："吾死于此矣，贤弟可速去！"洪曰："公急上马！洪愿步行。"操曰："贼兵赶上，汝将奈何？"洪曰："天下可无洪，不可无公。"操曰："吾若再生，汝之力也。"操上马，洪脱去衣甲，拖刀跟马而走。

这是曹洪的李代桃僵之计。值此大败逃命的当口，两个人一匹马，必须牺牲一个人才能保住另一个人的命。曹洪颇有自知之明，也有顾全大局的眼光，还有自我牺牲的气概，他知道，如果一定只能一个人活下

纪连海谈 三十六计

来，曹操活着的价值显然要比自己高得多。因此，曹洪说出了"天下可无洪，不可无公"这样的名言，并毫不犹豫地让出了自己的战马，冒死保卫曹操逃命。

两军对峙，敌优我劣或势均力敌的情况是很多的。俗话说，"舍不得孩子（鞋子）套不住狼"，如果有利于战局，需要做出些牺牲时，指挥者要毫不犹豫，正确指导，常可变劣势为优势。战国后期，赵国北部经常受到匈奴蟾褴国及东胡、林胡等部骚扰，边境不宁。赵王派大将李牧镇守北部门户雁门。李牧上任后，日日杀牛宰羊，犒赏将士，只许坚壁自守，不许与敌交锋。匈奴摸不清底细，也不敢贸然进犯。李牧加紧训练部队，养精蓄锐，几年后，兵强马壮，士气高昂。公元前250年，李牧准备出击匈奴。他派少数士兵保护边寨百姓出去放牧。匈奴人见状，派出小股骑兵前去劫掠，李牧的士兵与敌骑交手，假装败退，丢下一些人和牲畜。匈奴人占得便宜，得胜而归。匈奴单于心想，李牧从来不敢出城征战，果然是一个不堪一击的胆小之徒。于是亲率大军直逼雁门。李牧已料到骄兵之计已经奏效，于是严阵以待，兵分三路，给匈奴单于准备了一个大口袋。匈奴军轻敌冒进，被李牧分割几处，逐个围歼。单于兵败，落荒而逃，蟾褴国灭亡。李牧用小小的损失，换得了全局的胜利。

"李代桃僵"还有以此代彼的意思，用在作战中，运用恰当，也会收到奇效。岳钟琪是将门之子，他父亲岳升龙曾任四川提督，他自幼习读兵书，武艺过人。有次，岳钟琪随康熙皇帝十四子允禵征讨西藏叛乱。岳钟琪率领四千人马先到察木多。他先通过密探事先得知，此地各部落都已经叛乱，准噶尔叛军已派重兵驻扎三巴桥。三巴桥是进藏的第一个要隘。叛军一旦要毁了桥，清军入关就比登天还难。而大将军允禵所率领的清军大队人马，尚在千里之外，岳钟琪只有几千人马在此，死拼硬打肯定是不行的。怎么办呢？经过思索，他决定用"李代桃僵"的计策，乔装打扮，混入敌营。这个计策很大胆，也很危险，搞不好有去无回。岳钟琪亲自在军营中挑选了三十名精兵，练习藏语，身穿藏服，扮成藏兵。一切准备停当，他亲自率兵，快马加鞭地向准噶尔使者的驻地治隆疾驰而去。由于装扮得逼真，这支奇兵顺利通过了叛军的哨卡，潜入了使者的住处，一举将准噶尔叛军使者擒获。岳钟琪历数准噶尔首领的叛国罪行，下令将使者斩首，并派人把叛将使者的人头送到叛将那里。警告他们，如果投降，既往不咎；如果顽抗，也是同等下场。那叛将头目，一个个吓得目瞪口呆，以为神兵自天而降，纷纷表示愿意归顺。岳钟琪成功地运用了"李代桃僵"的奇谋，不仅保住了进军西藏的咽喉要道三巴桥，而且兵不血刃地使叛军降伏了，可谓出奇制胜。

该计还经常用在商业活动中。日本的古都奈良，偎于青山环抱之中，这里既有金碧辉煌的名胜古迹，又有小白长红、迎春摇曳的樱花，加上现代化的娱乐设施与世界上的一流旅店，周到殷勤的服务，使每年春夏两季的各国游客接踵而至。4月以后，燕子又争相飞来，纷纷在宾馆饭店筑巢栖息，繁衍后代，它给奈良平添了一种温馨怡人的自然景观。可是，招人喜爱的小燕子却有个随便排泄的毛病，刚出壳的雏燕更是把粪便溅在明净的玻璃窗上、雅洁的走廊里。旅店的服务员尽管不停地擦洗，但燕子们的我行我素总使旅店留下污渍。这使游客非常扫兴，服务员也开始抱怨了，宾馆饭店的经理们锁紧了眉头。有一天，奈良饭店的经理在接待我国台湾的一个旅行团时，偶尔听到了一个中国的成语"李代桃僵"。请教之后才知道大意是代人受过，他马上想起了无法对付的小燕子的粪便污渍，不由得心中一亮，为什么不能让小燕子代本店受过呢？于是，他绞尽脑汁，以小燕子的名义拟了一则奇特的启示：

女士们、先生们：

我们是刚从南方赶到这儿来陪伴你们过春天的小燕子，没有征得主人的同意，在这儿筑了窝，还要生儿育女。我们的小宝贝年幼无知很不懂事，我们的习惯也很不好，常常弄脏你们的玻璃和走廊，使你们不愉快，我们很过意不去，请女士们、先生们多多原谅。

还有一件事恳求女士们和先生们，请你们千万不要埋怨服务员小姐，她们是很辛苦的，只是擦不胜擦，这完全是我们的过错，请你们稍等一会儿。她们就来。

你们的朋友——小燕子

小燕子这天真烂漫的道歉，把寻找欢乐的游客们逗得前仰后合，他们肚子里的那股怨气也在笑声中悄然散去。每当他们再看到窗上、走廊里的点滴粪便污渍，就会自然而然地想起小燕子那亲昵风趣的话语，又会忍俊不禁地笑起来。

其实，大凡旅游者都有一个心理特点，就是一旦获得愉悦的感受，便会很快淡忘旅行中的那些不快，奈良饭店经理的妙方，正是抓住了旅游者的心理特征，巧妙地化解了他们的不满情绪，使他们带着美好的回忆，告别了迷人的古都奈良。

第十二计 顺手牵羊

原文原典

微隙在所必乘①，微利在所必得。少阴，少阳②。

按语

大军动处，其隙甚多就，乘间取利③，不必以战。胜固可用，败亦可用。

注释

①微隙在所必乘：微隙，微小的空隙，指敌方的某些漏洞、疏忽。乘，这里是"抓住"的意思。

②少阴，少阳：少阴，此指敌方小的疏漏。少阳，指我方小的得利。此句意为我方要善于捕捉时机，伺隙捣虚，变敌方小的疏漏而为我方小的得利。

③间：隙，敌人的漏洞。

纪老师说

本计语出《礼记·曲礼上》："效马效羊者右牵之。"郑玄注："用右手便。效，犹呈见。"本意是进献马羊的人，都随手用右手牵着。因为右手方便、顺手，后来就有了"顺手牵羊"的成语，比喻顺便行事，毫不费力。后来，意思又发展了，顺手把人家的羊牵走，比喻趁势将敌手捉住或趁机利用别人。现比喻趁机拿走别人的东西据为己有。

作为兵法策略，其实早有其意。《草庐经略·游失》："伺敌之隙，乘间取胜。"意思是趁敌人有漏洞，抓住战机，及时采取行动取得胜利。《登坛必究·叙战》中也有类似的语句："见利宜疾，未利则止。取利乘时，间不容息。"还有《鬼谷子·谋卷》也说："察其天地，伺其空隙。"《李卫公问对·卷中》："伺隙捣虚。"这些对兵法进行的阐释，都与"顺手牵羊"计谋一致。其后，在关汉卿的《尉迟恭单鞭夺槊》台词中，就出现了本计计名。《水浒传》第九十九回也写道："前面马灵正在飞行，却撞着一个胖大和尚，劈面抢来，把马灵一禅杖打翻，顺手牵羊，早把马灵擒住。"直到作为计名选编到《三十六计》中。

"顺手牵羊"作为一种军事计谋，这个"顺手"不是靠幸运等来的，而是指挥者善于观察，善于捕捉战机。因为战机稍纵即逝，所以"牵羊"常常不是等"羊"自动找上门来，而是着意寻找敌方的空子，或诱使敌方出现漏洞，从而利用漏洞，达到"顺手牵羊"的目的。古人所说的"善战者，见利不失，遇时不疑"就是这个意思。

公元383年，前秦统一了黄河流域地区，势力逐渐强大。前秦王苻坚坐镇项城，调集九十万大军，打算一举歼灭东晋。他派其弟苻融为先锋攻下寿阳，初战告捷，苻融判断东晋兵力不多，并且严重缺粮，建议苻坚迅速进攻东晋。苻坚闻讯，不等大军齐集，立即率几千骑兵赶到寿阳。东晋将领谢石得知前秦百万大军尚未齐集，抓住时机，先派勇将刘牢之率精兵五万，强渡洛涧，杀了前秦守将梁成，并乘胜追击，重创前秦军，挫敌锐气。谢石率师渡过洛涧，顺淮河而上，抵达淝水一线，驻扎在八公山边，与驻扎在寿阳的前秦军隔岸对峙。苻坚见东晋阵势严整，立即命令坚守河岸，等待后续部队。谢石看到敌众我寡，只能速战速决。于是，他决定用激将法激怒骄狂的苻坚。他派人送去一封信，说道，我要与你决一雌雄，如果你不敢决战，还是趁早投降为好。如果你有胆量与我决战，你就暂退一箭之地，放我渡河与你比个输赢。苻坚大怒，决定暂退一箭之地，等东晋部队"半渡"，再回兵出击，将晋兵全歼水中。他哪里料到自己的军队是多民族拼凑而来，本来就不想打仗，撤军令一下，顿时大乱，人马冲撞，乱成一团，指挥彻底失灵，已成溃败之势。谢石趁机指挥兵马迅速渡河，乘敌人大乱，奋力追杀。前秦先锋苻融被东晋军在乱军中杀死，苻坚也中箭受伤，慌忙逃回洛阳。淝水之战，本来前秦兵多势强，谢石先打了一下他的先锋挫其锐气，又利用苻坚骄狂的特点，激他后退，诱使敌人产生"隙"，东晋军来了个"顺手牵羊"，趁乱击敌，创造了古代战争史上以弱胜强的著名战例。

"顺手牵羊"跟"趁火打劫"也是有区别的。"顺手牵羊"是敌方有漏洞、疏忽让我方抓住战机，"趁火打劫"是趁敌方无暇顾及，不能防范时采取军事行动。"顺手牵"有偶然撞见之意，被动意味多些，"趁火打"是蓄意采取行动，更主动些。公元1640年7月，张献忠率领农民起义军攻入四川，明朝主力大军全部入四川围剿，河南一带的防务变得十分脆弱。农民起义军领袖李自成趁此机会迅速壮大了自己的力量，并且连续攻克豫西重镇洛阳的外围城池宜阳、偃师、新安等。明朝福王朱常洵就住在洛阳。朱常洵的母亲是神宗朱翊钧的爱姬，朱翊钧爱屋及乌，对朱常洵也格外宠爱，把大量金银财物赏赐给朱常洵。朱常洵金银无数，却异常吝啬，不但洛阳城的百姓怨恨他，就是他府中的兵丁也时有不满。公元1641年正月，李自成率起义军兵临洛阳城下，拉开了攻城

的序幕。生死关头，福王朱常洵竟只顾自己，调集亲兵保护府库，对于城头上的战事不闻不问。守城将领一再要求朱常洵发放银两，犒赏守城士卒，朱常洵狠狠心才拨出了三千两白银，可是，区区三千两白银还被总兵王绍禹等人吞没了。朱常洵忍痛又拨出一千两，士兵们因分配不均而争斗不止，最后竟发展成兵变。如果这时候，李自成来攻城，可谓"趁火打劫"。事情还没有结束，洛阳城士兵们将兵备道王允昌捆绑起来，将城楼烧毁，又大开北门，迎接起义军入城。总兵王绍禹见大势已去，仓皇跳城逃命，福王也企图缒城逃跑，但没跑多远，就被起义军抓获。起义军打开福王粮仓赈济城内老百姓，举城一片欢腾。看来，李自成夺取洛阳城，好像只做了个顺水人情，不占都对不住人家了。可见，"趁火打劫"和"顺手牵羊"是相似又有区别的。

"顺手牵羊"也喻指意外获得某种便宜，或毫不费力地获得某种平常要花大气力才能获得的东西。在战争史上，这样的"顺手牵羊"不乏其例。1702年的一个晴朗的夏日，一支英国舰队突然出现在西班牙的加的斯港，意欲夺取加的斯港，以控制地中海的入海口。指挥这支英国舰队的是奥蒙德公爵。当他的舰队临近港口时，由于敌情不明，没有立刻下达进攻的命令。事实上，港口的西班牙守军并没有坚固的防御，如果英国舰队发动突然进攻，就会很顺利地占据这个港口。但当奥蒙德公爵下令登陆时，港口的西班牙守军已经做好了战斗的准备，结果攻打了一个月之久，港口仍牢牢地掌握在西班牙人的手里。乔治爵士向奥蒙德公爵建议说："再打下去我们可支撑不住了，不如收兵回国吧！保存一些兵力也好向国王交代。"奥蒙德公爵此时的情绪很低落，喃喃地说："事到如今，只有这样了。让各舰清点人数和食品、淡水储备量，计算好每天的消耗，马上起程回国。"英国舰队正准备返航，有人向奥蒙德公爵报告：一批西班牙的运宝船，刚刚停靠在离加的斯港不远的比戈湾。奥蒙德公爵一听顿时来了精神，心想：这次远征兴师动众却一无所获，如果抢了这批宝物，大家发财不说，回去在国王面前也好交代。于是，他命令舰队向比戈湾全速前进。英国水兵在发财欲望的刺激下，对西班牙运宝船进行了疯狂的洗劫。奥蒙德公爵将劫得的100万英镑的宝物献给英国国王威廉三世，并添油加醋地描绘一番。由于奥蒙德公爵顺手牵了一头"大羊"，国王不仅没有责怪他督战不利，反而大大表扬他一番。这真是有意栽花花不开，无心插柳柳成荫啊！

在现代经商赚钱的经营活动中，此计常常用在市场广告竞争中，高明的经销商还会不动声色地加以利用。比如经营者为了突出本企业产品的优点，在宣传本企业产品优点的同时，往往顺手牵羊，与竞争产品进行比较，间接贬低对方、提高自己。这种比较性的宣传广告，在中国乃至世界的电视上、报纸上频频出现，是达到自己经营目的切实可行的好方法。

但即便是好法子，如果操作不当，也容易适得其反。如，在军事斗争中，有的往往为一点小利而影响大局，致使因小失大，得不偿失，这样的战例也非常多。某次大型演练中，沈阳军区某装甲团组织对阵地防御之敌进攻战斗对抗演练。坦克三连作为穿插迂回分队，担负"夺占敌纵深要点、阻敌退路"的作战任务。为了密切协同，指挥所对他们出发时间、开进路线和进攻时机作了详细部署。战斗打响后，主攻战斗群与当面之敌展开激烈搏杀，一时间难分胜负。在炮火的掩护下，三连抵达待机地域，官兵发现：敌在主攻战斗群猛烈攻击下节节败退，正好退到了他们的攻击范围内。可此时，距离规定攻击时间还差一刻钟。"再不打，他们就跑得没影了！"连队战士议论纷纷。可电台受到电磁干扰，

无法与上级沟通联络。危急关头,张连长来不及细想,当即带领官兵投入战斗,击毁敌四辆坦克。战果颇丰,三连官兵兴奋不已。可让大家没想到的是,演练刚结束,团里竟然发来了批评通报。为什么"顺手牵羊"地收拾了进入自己口袋的敌人,反而挨了批评呢?面对官兵的不理解,该团专门进行演练复盘:原来,指挥所计划由主攻分队牵制敌前沿主力,然后在纵深攻击群、穿插迂回战斗群和特种战斗群包围下全歼敌军。可由于三连提前出击,暴露了作战意图。敌坚定了撤退决心,突出了重围。可见,信息化战场瞬息万变,每一个节点都可能影响全局,体系作战尤其需要强化战场协同意识。贪小利,失大局,提前行动看似抓住了战机,实则影响了战斗全局。

除了军事上的应用,在生活中,顺手牵羊也是除了科学技术中不期而然的发现发明外,在大多数情况下都有贪小便宜之嫌,都不那么正人君子气。所以,我们一定要加强自我修养,不要滋生贪念,做出为人所不齿的事情来。桐城法院曾审结一起盗窃案件,被告人张某在应聘过程中顺手牵羊盗窃手机一部,一时的贪念将自己送进了看守所。2015年9月11日10时许,被害人蒋某将其使用的金色苹果6plus手机放在位于桐城市经济开发区某集团生产部办公室的桌子上后离开,被告人张某至此找公司姚经理应聘工作,趁人不备将蒋某放在办公桌上的手机盗走。被盗手机经鉴定价值为4408元。法院认为:被告人张某以非法占有为目的,秘密窃取他人财物,数额较大,其行为构成盗窃罪。结合案件情况对被告人张某判处拘役三个月,并处罚金人民币五千元。贪小便宜,顺手牵羊,好像做得天衣无缝,神不知鬼不觉,殊不知,要想人不知,除非己莫为啊!

攻战计

原文

处于进攻态势之计谋。飞龙在天①。

注释

①《周易·乾》:"九五,飞龙在天,利见大人。"孔颖达疏:"谓有圣德之人得居王位。"

纪老师说

该组攻战计,作为《三十六计》第三套,共有打草惊蛇、借尸还魂、调虎离山、欲擒故纵、抛砖引玉、擒贼擒王六计。

这套计策,与前两套一起,都是说处于优势时所采用的计策的。任何敌对双方,作为矛盾的对立面,不可能长久处于对峙状态。就像物体永远处于运动状态一样,相对的静止只是未达到一种临界点,一旦量变达到临界点,或打破这一平衡,就会出现不平衡,就会爆发战争。

一方要攻击作战,就必定谋划好,才能采取行动。因为,即便攻击方实力占绝对优势,如果谋划不当,也不可能一帆风顺,百战百胜。"多算胜,少算不胜,而况于无算乎!"自古无常胜将军,伤敌一千,自损八百,所以,进攻作战必须谋划得当,才能减少伤亡,减少损失,才能有必胜的把握。

  兵之道存乎一心,三国时期孙吴政权的奠基者之一,他作战迅捷彪悍,战法灵活多变。由于当时江东势力众多,情况复杂,所以一味猛攻的效果差。所以,他往往注重迂回,出敌两翼,或迎头痛击,击敌半渡、中途拦截等,灵活运用战略战术,创造了许多攻战计的典范,成为占据江东的一代枭雄。

第十三计 打草惊蛇

原文原典

疑以叩实①，察而后动。复者，阴之媒也②。

按语

敌力不露，阴谋深沉，未可轻进，应遍探其锋。兵书云："军旁有险阻、潢井、葭苇、山林、翳荟者，必谨复索之，此伏奸所藏也。"（《孙子兵法·行军篇》）

注释

①疑以叩实：叩，问，查究。意为发现了疑点就应当考查究清楚。

②复者，阴之媒也：复者，反复去做，即反复去叩实而后动。阴，此指某些隐藏着的、暂时尚不明显或未暴露的事物、情况。媒，媒介。全句意为反复扣实查究，是发现隐藏之敌的重要手段。

纪老师说

说起"打草惊蛇"这一成语，就有一个很令人警醒的故事。南唐时候，当涂县(现安徽省马鞍山市下辖的一个县）的县令叫王鲁。这个县令贪得无厌，财迷心窍，见钱眼开，只要有钱、有利可图，他就可以不顾是非曲直，颠倒黑白。在他当涂县令期间，干了许多贪赃枉法的坏事。

常言说，上梁不正下梁歪。这王鲁属下的那些大小官吏，见上司贪赃枉法，便也一个个明目张胆干坏事，他们变着法子敲诈勒索、贪污受贿，巧立名目搜刮民财，这样的大小贪官竟占了当涂县官吏的十之八九。因此，当涂县的老百姓真是苦不堪言，一个个从心里恨透了这批狗官，总希望能有个机会好好惩治他们，出出心中怨气。

一次，适逢朝廷派员下来巡察地方官员情况，当涂县老百姓一看，机会来了。于是大家联名写了状子，控告县衙里的主簿等人营私舞弊、贪污受贿的种种不法行为。状子首先递送到了县令王鲁手上。王鲁把状子从头到尾只是粗略看了一遍，就吓得心惊肉跳，浑身上下直打哆嗦，直冒冷汗。原来，老百姓在状子中所列举的种种犯罪事实，全都和王鲁自己曾经干过的坏事相类似，而且其中还有许多坏事都和自己有牵连。状子虽是告主簿几个人的，但王鲁觉得就跟告自己一样。他越想越感到事态严重，越想越觉得害怕，如果老百姓再继续控告下去，马上就会控告到自己头上了，这样一来，朝廷知道了实情，查清了自己在当涂县的胡作非为，自己岂不是要大祸临头？王鲁想着想着，惊恐的心怎么也安静不下来，他不由自主地用颤抖的手拿笔在案卷上写下了他此刻内心的真实感受："汝虽打草，吾已惊蛇。"写罢，他手一松，瘫坐在椅子上，笔都掉到地上去了。

这个故事来自宋代郑文宝的《南唐近事》："王鲁为当涂宰，颇以资产为务，会部民连状诉主簿贪贿于县尹。鲁乃判曰：汝虽打草，吾已惊蛇。"这便是"打草惊蛇"成语的来历。从字面上来看，就是打草惊了草里面的蛇，用来比喻惩罚了甲而使乙有所警觉，犹如"敲山震虎"，对他人有警示、震慑作用。后来，多比喻做法不谨慎，不谨慎，反使对方有所警觉而戒备。

而作为"三十六计"之一，作为谋略时，意思是指敌方兵力没有暴露，行踪诡秘，意向不明时，必然隐藏着更大的阴谋，切不可轻敌冒进，应当查清敌方主力配置、运动状况再说。怎么查？可以像击打草丛惊起草丛里的蛇一样，通过佯攻等手段，逼迫敌人有所行动，发现敌人，或侦知敌人动向，以便做出恰当的应对。所以，"打草"只是为了"惊蛇"，而不是真正的作战意图。这就像人们行走在一些山村小路上一样，我们不知道蛇会藏在哪里，如果不谨慎一些，就会冷不防地被毒蛇咬伤。所以，为了防止被蛇咬伤，为了找到蛇而捉拿、打击它，就要边走边用手里的竹棍子敲打草丛。草丛里的蛇受到惊吓，会知趣地逃窜，人们就安全了。再者，只要蛇一动，人们就会发现他们的行踪，或捉或杀，就随人们了。

因此，"打草惊蛇"有两层含义，一层是有意而为，目的就是"惊蛇"。另一层是无意而为，不小心"惊蛇"。一个是主动，一个是被动，结果都是惊蛇，但实际作战效果却大相径庭。

斯大林格勒保卫战正在激烈进行。德军几乎调集了东线所有兵力围攻斯大林格勒，大有不拿下该城誓不收兵之架势。这时，处在距斯大林格勒400公里之外的著名红军将领瓦杜丁的部队，在外围顽强地阻止了德军进攻后，却赢来了暂时休整时机。德军未能突破瓦杜丁的防线，原地驻扎，开始整修工事，丝毫没有继续进攻的意思。和斯大林格勒相比，这里的战斗远不是那么激烈。这种不正常的反差，很快引起了瓦杜丁将军的注意，他意识到这可能是德国的缓兵之计，目的是拖住他的部队，不能去支援斯大林格勒。瓦杜丁将军觉得问题十分严重。如果调集部队去救斯大林格勒，那么，对面的德军势必从背后追击，这样反而等于把敌人引到了斯大林格勒。如果自己按兵不动，只看住眼前的敌人，那

纪连海谈 三十六计

又正中德军的诡计。怎么办才好呢？眼看德军成批成批往斯大林格勒调动，该城危在旦夕。瓦杜丁将军果断采取了"打草惊蛇"的战术，迫使进攻斯大林格勒的德军抽调了兵力。

他先派飞机每天夜里向德军扔炸弹，白天在德军上空盘旋，进行骚扰，开始没有引起德军多大的反应。几天后，德军被搅得惶惶不安。晚上睡不好，白天也不敢出来晒太阳，整天缩在掩体里不敢动弹。但是，德军还是没有大规模的兵力调动。瓦杜丁一看德军不见棺材不掉泪，索性组织了一次真正的进攻。他派部队绕到德军后方，在一个晚上突然向敌发起了进攻，并占领了德军的后方阵地。德军摸不清苏军的战略意图，加上连日来红军不断进行轰炸，以为红军要从他们的后方阵地实施战略总攻，立即报告前线总指挥部说："红军要从后方实施反攻，请火速调兵增援。"总指挥部根据"种种迹象"判定，红军真的要从背后反攻，于是急忙从斯大林格勒抽调大量兵力前来应战。守卫斯大林格勒的部队趁机发起了真正的反攻，从而取得了斯大林格勒保卫战的胜利。打了蛇尾巴，惊得蛇头回来防护，这也是一种"打草惊蛇"的一招。

还有一种是被动"惊蛇"，反而暴露了自己的行踪，吃了大亏的。公元前627年，秦穆公要发兵攻打郑国，他打算和安插在郑国的奸细里应外合，夺取郑国都城。大夫蹇叔以为秦国离郑国路途遥远，兴师动众，长途跋涉赶到，郑国肯定会做好迎战准备。秦穆公不听，派孟明视等人率部出征。蹇叔在部队出发时，痛哭流涕地警告说："恐怕你们这次袭郑不成，反会遭到晋国的埋伏，只有到崤山去给士兵收尸了。"果然不出蹇叔所料，郑国得到了秦国袭郑的情报，逼走了秦国安插的奸细，做好了迎敌准备。秦军见袭郑不成，只得回师，但部队经过崤山时，把蹇叔的警告当作耳旁风，仍然不做防备。他们以为秦国曾对晋国刚死不久的晋文公有恩，晋国不会攻打秦军。谁曾想，晋国早在崤山险峰峡谷中埋伏了重兵。一个炎热的中午，秦军发现晋军小股部队，孟明十分恼怒，也不想想是否是诱敌之计，就盲目下令追击。追到山隘险要处，晋军突然不见踪影。孟明一见此地山高路窄，草深林密，情知不妙。这时鼓声震天，杀声四起，晋军伏兵蜂拥而上，秦军长途跋涉，十分疲惫，加上地形不利，又毫无防备，被打得大败，孟明等三帅被生擒。秦军长途跋涉去攻打郑国，已"打草惊蛇"，让郑国早做了准备；回程经过崤山时，又不善于用"打草惊蛇"之计，侦查敌情，轻举妄动，终于遭伏击而惨败。

还有一种"惊蛇"是为了打蛇，只要蛇一动，就步入了猎人的口袋。齐国公子郊师，为了与在任的齐宣王争夺王位，躲在魏国边城，时常带领手下人骚扰齐国。他还招募死士，准备卷土重来。郊师手下死士曹扬，夜入王宫，刺伤了齐王，要不是钟离春相救，否则齐王性命不保。被钟离春刺伤的曹扬逃入太后寝宫。曹扬一日不除，齐王一日不得安睡。齐王命田忌立即抓获曹扬。田忌手下查遍全城，也不见曹扬的踪影。钟离春怀疑曹扬藏在太后宫内。太后是齐宣王和郊师的母亲，不便强行进宫捉人。钟离春就采用孙膑"打草惊蛇"之计，对太后说，"有人曾看到曹扬躲入太后宫中，意欲搜查"。太后否认，大闹一场。曹扬的确藏在太后宫中，听说此事后，怕钟离春真的搜查太后住处，就逃出后宫，被埋伏在宫外的钟离春抓获。

2017年4月8日，美国太平洋司令部司令哈里·哈里斯下令刚刚驶离新加坡的"卡尔·文森"号航母即刻前往朝鲜半岛。但一周之后，"卡尔·文森"号航母却被发现仍位于印度尼西亚附近海域。由此，这一乌龙事件成为各国媒体关注与解读的焦点，有分析称这表明特朗普政府与

军队沟通不畅。但5月18日，《日本经济新闻》的高坂哲郎从多位安全方面人士处获悉，美国"航母乌龙事件"可能是美国故意演的一出"打草惊蛇"：美军就是要制造一个要把航母打击群派往朝鲜半岛海域的假象，从而使朝鲜得出"美朝军事冲突一触即发"的判断，使其军队进入临战状态。只有在这种情况下，朝鲜才会将完全不同于通常演习的物资和要员送到地下设施，并出现大量只有在"非常时刻"才使用的无线电通信。而美军要做的，就是利用这个时机仔细观察，按照不同地下设施的出入等情况，锁定真正该打击的目标。

此计不光用在军事上，还可以用在人与人交往上。比如，我们可以用"打草惊蛇"的办法试探他人的为人之道，可以让他人暴露自己的意图。徐庶是东汉末年有名的谋士。他听说刘备是一个为人宽厚仁慈的贤明之主，很想投靠他，但不知刘备是否像人们所说的那样。于是，徐庶想试探一下刘备的虚实。一天，徐庶见刘备专心致志地欣赏坐下的战马，便上前对刘备说："我以前学过一点相马术，让我来看看您的马。"刘备叫人把战马绕徐庶转了几圈，徐庶突然故作惊讶地说："主公的马虽是一匹好马，但终究要伤害一人。主公可以先把这匹马送给您所痛恨的人，等伤害他之后，您再骑它就平安无事了。"刘备一听这话，很不高兴地说："我希望先生告诉我做善事的道理，不要教我害人的办法。"徐庶在旁哈哈大笑："主公，得罪了！我一直听人说主公仁德，今日特用这番话试探您，果然名不虚传。"从此，徐庶尽心辅佐刘备，以后又为刘备推荐了旷世之才诸葛亮。徐庶采用试探手法，诱使刘备暴露其真实品性，这是"打草惊蛇"的策略。

此计谋在商战中，经常用到。比如，一种新产品出来后，为了让人们熟悉它，认可它，商家往往采用免费发放，使用体验等办法，制造声势，引起潜在人群的关注，从而扩大产品的影响面。还有，直接用在产品推销竞争上，一方的打草惊蛇，会给另一方可乘之机。比如某医院彩超室准备购置一台新心脏超声诊断设备，甲公司销售员小张得知后，先来到医院科室拜访，因为他先前和科室医生比较熟，所以，鼓动科室主任购买他们公司最先进的高档产品。小张这时候还不知道他犯了销售中的大忌，他没有深入和医院的其他关键人接触，如院长或者设备科长，不了解医院的投资状况和医院的战略规划和投资重点。结果是不但没有获得成功，反而惊动了他的对手公司，亮出了自己的底牌。乙公司也得知了这个消息，并了解了甲公司参加竞争的设备型号，及投标底价，就反其道而行，从其他部门开始公关，例如设备科以及医院领导那里，极力推荐乙公司的中档设备并游说，根据医院现在的经营状况，该医院没有必要购买最好的设备，一个中档的心超已经可以满足要求了。而这个时候，甲公司已经没有退路了，最终选用了乙公司的产品。甲公司失败的原因很简单，他走错了路子，不但打草惊了蛇，还把自己的底牌亮给了对方，让对手捡了个大便宜。

社会生活里，充满了阴谋诡计，像草丛中潜伏下来的毒蛇，时不时地有无辜者被伤害。只有把阴谋事先探明，予以揭露，或者让阴谋者自己知难而退。探明与揭露阴谋的最好方式往往是打草惊蛇。大多数搞阴谋的人，和做贼一样，心是虚的，只要我方一方面虚张声势，另一方面谨慎防范，对方的阴谋就不会得逞。

第十四计　借尸还魂

原文原典

　　有用者，不可借①；不能用者，求借②。借不能用者而用之。匪我求童蒙，童蒙求我。

按语

　　换代④之际，纷立亡国之后⑤者，固⑥借尸还魂之意也。凡一切寄兵权于人⑦，而代其攻守者，皆此用也。

注释

　　①有用者，不可借：意为世间许多看上去很有用处的东西，往往不容易去驾驭而为己用。

　　②不能用者，求借：此句意与①句相对言之。即有些看上去无什用途的东西，往往有时我还可以借助它而为己发挥作用。犹如我欲"还魂"还必得借助看似无用的"尸体"的道理。此言兵法，是说兵家要善于抓住一切机会，甚至是看上去无什用处的东西，也要努力争取主动，壮大自己，即时利用而转不利为有利，乃至转败为胜。

　　③我求童蒙，童蒙求我：语出《易经·蒙》卦。蒙，卦名。本卦是异卦相叠（下坎上艮）。本卦上卦为艮为山，下卦为坎为水为险。山下有险，草木丛生，故说"蒙"。这是蒙卦卦象。这里"童蒙"是指幼稚

无知、求师教诲的儿童。匪，同非。此句意为不是我求助于愚昧之人，而是愚昧之人有求于我了。

④换代：改朝换代。

⑤亡国之后：亡国之君的后代。

⑥固：原来，本来。

⑦寄兵权于人：寄，依托。此语意为手中实际握有兵权，却在名义上依托在别人门其，寄兵权于人的人。此，指"借尸还魂"。

纪老师说

一看到"借尸还魂"这个词语，就让人想到封建迷信。不错，这里面确实蕴含着一个神话故事。

铁拐李又称李铁拐，原名李凝阳，又有李洪水、李玄等名，是中国民间传说及道教中的八仙之首。本乃一眉清目秀、文质彬彬、身材魁梧的读书人，是个体面的伟丈夫。他在石笋山修炼期间，传称应太上老君与宛丘先生之约，魂游华山。临行，他嘱咐其徒看护他的躯体七日，如果过了七天还不还阳，就可以烧掉了。无奈其徒弟杨子的母亲突然得了急病，捎信让他赶快回家，加上看到师傅一直没有苏醒，没有生命迹象了，就在第六天的时候，将师傅的尸体火化了。李凝阳游魂于第七日回归时，发现已没有躯壳可依附。恰好在附近路旁有一饿死的乞丐，尸体还算新鲜，于慌忙之中，便将自己的魂魄附在了这具乞丐尸体之上。借尸还魂后的李凝阳，已面目全非，蓬头垢面，袒胸露臂，而且一条腿还瘸着。为支撑身体行走，李玄对着原乞丐用的一根竹竿喷了一口仙水，竹竿立即变为铁杖，借尸还魂后的李凝阳也因此被称为铁拐李，而原来的名字却反被人忘却了。

纪连海谈 三十六计

　　铁拐李借尸还魂的故事还见于元代岳伯川所写杂剧《吕洞宾度铁拐李岳》，后《东游记》也有记载，只是情节不尽相同罢了。借尸还魂这一带有迷信色彩的民间传说，后来被人们喻指某些已经死亡的东西又借助某种形式得以复活的现象，这种比喻更贴近词语原来的意思；有时也可以用来喻指某些新的事物或新的力量借助某种旧的事物或旧的形式求得发展的现象，这种用法，把原来的词语更加抽象化了。

　　1958年，第二次台湾海峡危机时，国共双方以隔海炮击为主要战术行动，即金门炮战，台湾称八二三炮战。不少人要搭船逃离金门，而十八岁少女朱秀华的父母亲朱清、朱蔡蕊带着女儿也欲搭船离开。朱秀华的父母不幸被炮弹击中而身亡，朱秀华逃到一艘渔船，但渔船行驶不久也被炮弹击毁，就这样载浮载沉三四天，漂流到台湾云林县的台西乡外海的海丰岛（今外伞顶洲）。被几位渔民发现，船上的人几乎已死亡，只剩朱秀华奄奄一息。数位渔民眼见她身上戴有黄金首饰，于是起贪念，抢完财物后便不顾朱秀华的死活，合力将渔船推离岸边。有一位名唤"林清岛"的渔民打算搭救，劝阻众人，众人羞辱打骂林清岛一番，林只好放弃救人。朱秀华溺毙，灵魂飘到台西乡，遇见当地的五条港安西府所供奉的张尊王、李邺侯、莫将军三位王爷神，朱向王爷们哭诉后，王爷们大怒，命朱秀华居住于海丰岛三年，等待报仇。朱秀华心地善良，并未报仇，只每日暗助林清岛捕鱼。当时有一群无主孤魂，为朱秀华被害打抱不平，竟然主动找到当时劫财杀人的渔民们并加以附身，逢人就自白"我当年劫财伤人"，说完便跳海自杀。林清岛深知这件事情经过，立刻为朱秀华修建小庙奉祀，并请法师连作功德七日，超度朱秀华。三年后，朱秀华的灵魂来到五条港安西府，地藏王菩萨降临，认为其阳寿未尽，可以设法再返人间。于是三位王爷神便与当地的玄天上帝沟通一番，认为当时的麦寮地区需要信仰来加强善良民风，而且朱秀华日后可在该地兴建台湾民间信仰的庙宇。之后因麦寮乡的建材行老板吴秋得的太太林罔腰离开人世，便借她的肉身还魂后，向大家说明自己的灵魂是金门少女"朱秀华"，只是借尸还魂。

当然，这些都是传说而已。在军事上，作为"三十六计"之一就是指利用、支配那些没有作为的势力来达到我方目的的策略。敌我双方都可利用的势力往往难以驾驭，很难为我所利用。而那些没有什么作为的势力被人看作"行尸走肉"的势力，往往需要寻求靠山。这个时候，利用和控制这部分势力往往可以达到意想不到的效果。

秦朝实行暴政，天下百姓"欲为乱者，十室有五"。大家都有反秦的愿望，但是如果没有强有力的领导者和组织者，也就难成大事。秦二世元年，陈胜、吴广被征发到渔阳戍边。当这些戍卒走到大泽乡时，连降大雨，道路被水淹没，眼看无法按时到达渔阳了。秦朝法律规定，凡是不能按时到达指定地点的戍卒，一律处斩。陈胜、吴广知道，即使到达渔阳，也会误期被杀，不如一拼，寻求一条活路。他们知道同去的戍卒也都有这种思想，正是举兵起义的大好时机。

陈胜又想到，自己地位低下，恐怕没有号召力。当时有两位名人深受人们尊敬，一位是秦始皇的大儿子扶苏，温良贤明，已被阴险狠毒的秦二世暗中杀害，老百姓却不知情；另一位是楚将项燕，功勋卓著，爱护将士，威望极高，在秦灭六国之后不知去向。于是陈胜公开打出他们的旗号，以期能够得到大家的拥护。除此之外，他们还利用当时人们的迷信心理，巧妙地作了其他安排。有一天，士兵做饭时，在鱼腹中发现一块丝帛，上写"陈胜王"（这个王字是称王的意思），士兵大惊，暗中传开。吴广又趁夜深人静之时，在旷野荒庙中学狐狸叫，士兵们还隐隐约约地听到空中有"大楚兴，陈胜王"的口号。于是，一传十，十传百，这些早有反心的戍卒们，都以为陈胜不是一般的人，肯定是"天意"让他来领导大家的。陈胜、吴广见时机已到，率领戍卒杀死朝廷派来的将尉。陈胜登高一呼，揭竿而起。他说："公等遇雨，皆已失期，失期当斩。藉第令毋斩，而戍死者固十六七。且壮士不死即已，死即举大名耳，王侯将相宁有种乎！"遇雨延期，按律当斩；即便侥幸免死，而戍守边关战死的也有六七成。大丈夫要死，也要死出个样儿来。于是，陈胜自号为将军，吴广为都尉，攻占大泽乡，天下云集响应，节节胜利，所向披靡。后来，部下拥立陈胜为王，国号"张楚"。

历史上著名的陈胜、吴广起义，就是打着已如"尸"不存的扶苏和项燕的旗号，赋予他们新的历史使命而"还魂"，以达到号令众人，实现反秦建楚的目的。事实证明，这个"借尸还魂"的计谋确实很有效。在一些政治斗争中，也常用"借尸还魂"计谋，达到某些政治目的的，比如田子春就非常了解刘邦驾崩之后吕后急于安排自己的势力而又心虚的心理特点，借张石庆之嘴，为刘泽谋到兵权，这就是很好的例子。

汉高祖驾崩后，吕后独揽国家大权，排除异己，大封吕氏一族。所以，刘邦的后裔不是被杀，就是被削去了兵权。就在大家惶惶不可终日、无计可施时，齐王刘泽的一个部下田子春却自告奋勇，要替他出头要回兵权。他要了两匹快马，飞速赶到汉都长安，田子春把两匹良马送给吕后的心腹——张石庆，从而套取了张的信任，二人自此来往密切。一天，田子春对张石庆说："你如果能让吕后封吕氏三人为王，吕后肯定很高兴，说不定你也能晋升为上大夫的。"果然，张石庆的奏折正中吕后下怀，吕后马上封吕超为东平王、吕禄为西平王、吕产为中平王，张石庆也被封了个末厅宰相。事后，田子春又故作惊讶地对张石庆说：

"糟了,那是我酒后失言,刘氏在外的三个王听到这个事后,肯定要造反的。你不如再跟吕后说说,给刘氏王一些兵权,这样,他们就不会造反了。"张石庆本来就是个没主见的庸才,他赶忙给吕后进谏,吕后又召见宰相陈平商议,陈平本来就暗中支持刘泽三人,也唆使吕后恢复他们的兵符。刘泽如愿获得兵权,与田子春会合,赶紧拔寨起程,率二十五万大军,浩浩荡荡地回山东去了。张石庆此时才知道,田子春是刘泽的谋臣,而吕后得知实情后,严厉地查办了他。这就是田子春利用庸才张石庆这一"活尸"为刘泽谋取兵权的故事。

在商业竞争中,一些不景气的企业,因为很好地利用了借助"明星效应"而做大做强的,比如健力宝就是其中之一。在洛杉矶奥运会上,李宁一人独得3块金牌,威震体坛。而健力宝饮料也在奥运会上初试锋芒,赢得"中国魔水"之美称,这个中国的饮料新星和中国体育明星一道为祖国赢得了荣誉,也赢得了信誉。从此,健力宝与体育结下了不解之缘。"没有中国体育的振兴,就没有健力宝的发展",公司董事长兼总经理李经纬说。

回顾几年来健力宝从一个默默无闻的小酒厂发展成今天的初具规模、现代化、多元化的外向型集团化企业所走过的历程,处处都留下了艰苦拼搏的痕迹,同时又时时闪现出体坛精英矫健的身影。在多少次重大的中外体育赛事活动中,由于健力宝的巧妙参与,其企业和产品的美好形象越来越鲜明地嵌刻在竞技者和观众们的记忆里。从产品的孕育期、分娩期到成长期,他们都紧紧抓住了改革开放带来的一切机遇,努力争取社会各界尤其是体育界、新闻界的充分支持。鉴于产品属于国内首创的运动员保健型饮料,他们从健力宝呱呱坠地之日开始,就很有远见地选定了体育作为提高企业和产品知名度,以及开拓国内外市场的突

破口。产品研制成功不久便被摆上了亚运足联的会议桌上,顿时引起中外体育界的关注,为进军奥运会打下了牢固的信誉基础。果然,在第23届奥运会上,健力宝与中国健儿不负重望,大扬国威。"中国魔水"的桂冠与熠熠闪光的奖牌结伴凯旋,新闻媒介又助了健力宝一臂之力,迅即把信息传遍了海内外。从此之后,健力宝便一直成为体育活动的"宠物",令健儿们倍加钟爱,新闻界津津乐道,各界人士慕名选购。而健力宝人则因势利导,充分借助体育、新闻的媒体作用,全面掀起宣传攻势。真是一鸣惊人,万箭齐发。健力宝人的营销目标,很大程度上是通过体育活动来瞄准并命中的。

分析健力宝的成功之路,除了保证自己产品的质量过硬外,在销售上,就是唱活了"借尸还魂"这一计。当然,这个"尸"绝不是死的,而是以"创新"为灵魂的;绝不是旧的,而是以"创新"为主线的。"健力宝"——健康、活力之宝,名字接地气,迎合人们心理;借助体育事业、新闻界,大打宣传战;舍得利用各种媒体,包括现在的网络轰炸式宣传,仅2013年就斥资近3亿元用于广告,这就是明星企业的魄力。

"借尸还魂"之计告诉我们,生活中即便有些挫折,甚至失败后,也不要气馁,只要善于抓住机会,利用一切可以利用的力量,努力争取主动,就会达到"起死回生""东山再起"的目的。

第十五计　调虎离山

原文原典

待天以困之①，用人以诱之②，往蹇来连③。

按语

兵书曰："下政攻城"。若攻坚，则自取败亡矣。敌既得地利，则不可争其地。且敌有主④而势大：有主，则非利不来趋；势大，则非天人合用不能胜。汉末，羌率众数千，遮虞诩⑤于陈仓、崤谷。诩即停军不进，而宣言上书请兵，须到乃发。羌闻之，乃分抄旁县。翔因其兵散，日夜进道，兼行百余里，令军士各作两灶，日倍增⑥之，羌不敢逼，遂大破之。兵到乃发者，利诱之也；日夜兼进者，用天时以困之也；倍增其灶者，惑之以人事也。（《后汉书·虞诩》《战略考·东汉》）

注释

①待天以困之：天，指自然的各种条件或情况。此句意为在战场上，要等待利用有利的自然条件去围困敌人。

②用人以诱之：用人为的假象去诱惑他（指敌人），使他向我就范。

③往蹇来连：语出《易经·蹇》卦。蹇，卦名。本卦为异卦相叠

（艮下坎上）。上卦为坎为水，下卦为艮为山。山上有水流，山石多险，水流曲折，言行道之不容易，这是本卦的卦象。蹇，困难；连，负车，即商人出门时拉的小车。比喻步履艰难。这句意为：往来皆难，行路困难重重。

④主：对事物有决定权力，即战据主动地位。

⑤遮虞诩：遮，阻挡。虞诩，东汉时期名将。

⑥倍增：成倍地增加。

纪老师说

常言道：龙游浅水遭虾戏，虎卧平阳被犬欺。叱咤风云的巨龙，出了深潭大渊到浅水里，纵有天大的本事也无法施展，连虾蟹都可以戏弄它；而威震山林的百兽之王，离了大山森林到平原大川里，便威风尽失，连家犬之类的小家伙都可以欺负它。反过来，虾入龙潭斗龙，犬入虎穴擒虎，岂不是白白送死？所以，在军事较量、政治斗争以及社会生活的其他方面，实力悬殊很大的时候，以弱斗强必然是自取灭亡，想办法把老虎调出山林，把龙引入浅水，不就可以以弱胜强、以少胜多吗？这就是"调虎离山"之计的妙用啊！意思是说，战场上若遇强敌，要善用谋，用假象使敌人离开驻地，诱使他离开老巢，丧失他的天然优势，使他处处皆难，寸步难行，由主动变被动，而我则出其不意而致胜。

"调虎离山"这个词语最早出现在《西游记》第五十三回：唐三藏一行人西行取经时，经过子母河，唐三藏、猪八戒因误饮子母河照胎泉的水，腹痛成胎。孙悟空经由当地老婆婆指点，想要寻求落胎泉水救治两人。但落胎泉被妖道如意真仙占据，要收礼才给水。且如意真仙是牛魔王的兄弟，与唐僧一行人有冤仇，不愿意让他取水。孙悟空于是叫沙和尚当他的助手，再一次来到聚仙庵。孙悟空想出办法，先把如意真仙引出聚仙庵与之交战，让沙和尚趁机进去，探井取水。这个方法果然奏效，沙和尚取了水，告诉孙悟空事已成功。孙悟空一听，就教训如意真仙："你听老孙说，我本欲斩尽杀绝，怎奈你不曾犯法，二来看你令兄牛魔王的情分上。先头来，我被钩了两下，未得水去。才然来，我是个调虎离山计，哄你出来争战，却着我师弟取水去了。老孙若肯拿出本事来打你，莫说你是一个什么如意真仙，就是再有几个，也打死了。正是打死不如放生，且饶你活几年耳，以后再有取水者，切不可勒掯他。"

虽然"调虎离山"一词最早出现在《西游记》中，但其寓意早在《管子·形势解》中有论述："虎豹，兽之猛者也，居深林广泽之中则人畏其威而载之。人主，天下之有势者也，深居则人畏其势。故虎豹去其幽而近于人，则人得之而易其威。人主去其门而迫于民，则民轻之而傲其势。"意思是说，虎豹是兽类中最威猛的。当它们居住在深山大泽中时，人们就会因惧怕其威猛得以发挥而敬畏它们。君主是天下最有势力的人，如果深居简出，人们便会害怕他的势力。虎豹若是离开它们居住的深山大泽而走近人类居住的地方，人们就会将它捕捉起来而使它失去原来的威风。做君主的若是离开王宫的门而与普通的人混在一起，人们就会轻视他而看不起他的势力。这里虽然尚未使用"调虎离山"一语，但已经包含只有将老虎调离深山，才能将其制服的意思。

作为"三十六计"之一的"调虎离山"是一种"致人而不致于人"（《孙子兵法·虚实篇》）的谋略。它的核心在一个"调"字。"虎"和"山"都是形象化的表达方式。"虎"指敌方；"山"指敌方占据的有利地势，如坚固的城池等。如果敌方占据了有利地势，并且兵力众多，防范严密，就如龙在潭、虎在穴，威力可得到最大的发挥。此时我方不可硬

纪连海谈 三十六计

攻，犹如虾入龙潭、犬进山林，必自取灭亡。所以，让敌人失去它的优势依靠，让他们有威力发挥不出来，"调虎离山"是最好的办法。

分析按语中提到的战例会发现，虞诩平羌时，先是用"调虎离山"之计分散羌之兵力，然后趁此机会急行军，"示形"用增加灶台的办法迷惑震慑敌人，然后寻找战机与敌作战，最终取得平羌的胜利。

三国时期，孙策取卢江时就巧妙地运用了"调虎离山"之计，几乎不费吹灰之力就占了刘勋的老巢。公元199年，孙策欲向北推进，准备夺取江北卢江郡。卢江郡南有长江之险，北有淮水阻隔，易守难攻。占据卢江的军阀刘勋势力强大，野心勃勃。孙策知道，如果硬攻，取胜的机会很小。他和众将商议后，定出了一条调虎离山的妙计。因为刘勋极其贪财，孙策就投其所好，派人给他送去一份厚礼，并在信中把刘勋大肆吹捧一番。信中说刘勋功名远播，令人仰慕，并表示要与刘勋交好。孙策还有意示弱，向刘勋求救说："上缭经常派兵侵扰我们，我们力弱，不能远征，请求将军发兵降服上缭，我们感激不尽。"刘勋本来就自恃不凡，哪经得住孙策送了"糖衣炮弹"，还极力讨好、示弱，把自己的虚荣心鼓得满满的。又加上上缭一带，十分富庶，刘勋早想夺取，今见孙策软弱无能，免去了后顾之忧，决定发兵上缭。部将刘晔极力劝阻，刘勋哪里听得进去？他已经被孙策的厚礼、甜言迷惑住了。于是，刘勋亲自率领几万兵马去攻上缭，城内空虚。孙策时刻监视刘勋的行动，见刘勋已上当，心中大喜，说："老虎已被我调出山了，我们赶快去占据它的老窝吧！"于是立即率领人马，水陆并进，袭击卢江，几乎没遇到顽强的抵抗，就顺利地控制了卢江。刘勋猛攻上缭，一直不能取胜。突然得报，孙策已取卢江，情知中计，后悔已经来不及了，只得灰溜溜地投奔曹操。

在冷兵器时代，"调虎离山"有效，在现代战争中也是行之有效的好谋略。戈兰高地位于叙利亚的最南端，属于叙利亚领土，其西南边为以色列。在第三次中东战争中，戈兰高地被以色列占领。戈兰高地对于以色列来说具有重要的战略意义，其地势较高，上有淡水湖泊，是以色列的重要水源，其北边是叙利亚盆地，居高临下可以威胁叙利亚及黎巴嫩。1973年10月6日，阿拉伯国家埃及和叙利亚分别从西、北两面同时对以色列发起突然进攻，拉开了第四次中东战争的序幕。在北线，装备着800辆苏制T—62新式坦克的3个叙利亚装甲旅引导着3个叙利亚步兵师，直奔戈兰高地掩杀过来。这种T—62坦克装备着当时世界上口径最大的坦克炮和最新型的红外观测仪，装甲防护也是当时世界上一流的。面对滚滚而来的铁甲洪流，防守戈兰高地的以色列军队仅拥有60辆美军在第二次世界大战中用过的"谢尔曼"型坦克。以军在援军未到的情况下，边打边退，最后退到一个不利于坦克作战的地区。以军在阵地前开挖了一条口宽6米、深9米的壕沟，并把挖出的土堆放在以色列阵地的一边。叙利亚部队赶到后，被面前的壕沟拦住，坦克无法越过壕沟，又没有别的路可走，且堆放的土在壕沟的对面，周围又找不到松土来填筑壕沟。无奈，叙军指挥官只得命令用坦克填沟。填了十几辆坦克，好不容易填出了一条路，于是，叙军坦克一辆辆开过壕沟向以军阵地发起攻击。当叙军坦克爬上堆土的土坡到达坡顶时，则大面积露出了坦克的腹部；当坦克从堆土的坡顶向下下坡时，则大面积露出了坦克的背部。无疑坦克露出了自己的最脆弱部位，一辆辆坦克成了活靶子。以军集中重炮和反坦克武器，将叙军开过壕沟的坦克一辆辆击毁。最后，叙军损失了二百多辆坦克，被迫撤出战斗。至此，以军取得了保卫戈兰高地的胜利。以军利用叙军急于求胜的心理，调动了"坦克"这只虎，离开有利于它作战

的地形，而引入不利于它作战的地势，然后削弱它的战斗力，找到它的弱点，各个击破。

调虎离山计，不仅常用于军事，而且有时也用于政治斗争以及社会生活的其他方面。某楼房自出租后，就不断地接到房客的投诉要求，都说电梯上下速度太慢，等待时间太长，要求房主迅速更换电梯，否则他们将搬走。房子刚刚进行了一次大的装修，如果再更换电梯，成本显然太高了。如果不换，万一房子租不出去，更是损失惨重。聪明的房主想出了一个好办法。几天后，房主并没有更换电梯，可再也没有接到过有关电梯慢的投诉要求，而且剩下的空房也被很快租出去了。房主用了什么招数呢？原来，房主在每一层的电梯间外的墙上都安装了很大的穿衣镜，大家站在那里等电梯的时候，都有意无意地照照镜子，把注意力都集中到自己的仪表上，自然感觉不出电梯的上下速度是快还是慢了。这是一种相对"消极"的危机营销方法，即用安装穿衣镜的方式，转移大家在等电梯时的注意力，让大家忽略了电梯慢这个事实。其实质正是"调虎离山"的谋略，调的只是房客的注意力而已。看来，只要有心，善于动脑，办法总比困难多了。

"三十六计"中有好些计谋看似相似，但计谋是根据随时变化的形势所采取的对应之策，所以没有相同的计谋。比如调虎离山与声东击西都有调动敌人的意思，但声东击西采用的手段是示之以假，比如用佯攻等手段以达到使对方判断错误的目的。而调虎离山则可真可假，可以利而诱之、示之以弱等手段诱使对方离开有利地形，也可攻其所必救，让对方陷入不得不动的境地，与声东击西是不同的。但我们作为非专业解读，是没必要区别得这么准确的，只作为了解，在生活中别被人骗了就好。

第十六计　欲擒故纵

原文原典

　　逼则反兵，走则减势①。紧随勿迫，累其气力，消其斗志，散而后擒，兵不血刃②。需，有孚，光③。

按语

　　所谓纵着④，非放之也，随之，而稍松之耳。"穷寇勿追"，亦即此意，盖不追者，非不随也，不追之而已。武侯之七纵七擒⑤，即纵而随之，故蹑展转推进，至于不毛之地。武侯之七纵，其意在拓地⑥，在借孟获以服诸蛮⑦，非兵法也。故论战，则擒者不可复纵。

注释

　　①逼则反兵，走则减势：走，跑。逼迫敌人太紧，他可能因此拼死反扑，若让他逃跑则可减削他的气势。

　　②兵不血刃：血刃，血染刀刃。此句意为兵器上不沾血，意思是说不需要大战。

　　③需，有孚，光：语出《易经·需》卦。需，卦名。本卦为异卦相叠（乾下坎上）。需的下卦为乾为天，上卦为坎为水，是降雨在即之象。也象征着一种危险存在着（因为"坎"有险义），必得去突破它，但突破危险又要善于等待。需，等待。孚，诚心。光，通"广"。句意

为：要善于等待，要有诚心（包含耐性），就会有大吉大利。

④纵着：释放、纵容之招数。

⑤武侯之七纵七擒：武侯，诸葛亮，三国时期著名军事家、政治家。七擒七纵，三国时，诸葛亮出兵南中，将当地酋长孟获捉住七次，放了七次，使他真正服输，不再与蜀汉为敌。

⑥拓地：拓展疆土。

⑦诸蛮：古代对我国西南少数民族的总称。

纪老师说

我们平时经常说兔子急了还咬人呢！就是说，再温顺的动物，逼急了，也会对人有伤害，更何况是作为号称能征服万物的人了。所以，孙子他老人家早就说过"归师勿遏，围师遗阙，穷寇勿迫"（《孙子兵法·军争篇》），就是告诫我们，凡事要有个度，要掌握住事物的火候，不要把敌人逼急了，一旦逼急了，他们会集中全力拼命反击，就会与你来个鱼死网破，来个同归于尽，那就麻烦大了，损失就大了。怎么办？"欲擒故纵"就是个好法子。

"欲擒故纵"中的"欲"是"想要"的意思，此句的意思是想擒住敌人，却又故意放走敌人。"擒"和"纵"是一对矛盾，既然要"擒"，为什么还要"纵"呢？实际上，不是不追，而是看怎样去追。我们研究计法，当然要拿出最好的方案，既能抓住敌人，又能减少自己的损失，这是需要用智谋，而不是凭蛮力了。打个比方说，我们用手抓沙子，你越是用力，抓在手里的沙子就越容易散落。打仗也是如此，对敌人穷追不舍，不如暂时放松一步，使敌人丧失警惕，斗志松懈，然后再伺机而动，歼灭敌人。这样做既可以防止敌人逃脱，又可以减少自己的伤亡。

诸葛亮七擒孟获，就是军事史上一个"欲擒故纵"的绝妙战例。蜀汉建立之后，定下北伐大计。当时西南夷酋长孟获率十万大军侵犯蜀国。诸葛亮为了解决北伐的后顾之忧，决定亲自率兵先平孟获。蜀军主力到达泸水（今金沙江）附近，诱敌出战，事先在山谷中埋下伏兵，孟获被诱入伏击圈内，兵败被擒。

按说，擒拿敌军主帅的目的已经达到，敌军一时也不会有很强战斗力了，乘胜追击，自可大破敌军。但是诸葛亮考虑到孟获在西南夷中威望很高，影响很大，如果让他心悦诚服，主动请降，就能实现南方的真正稳定。不然的话，南方夷各个部落心不服，仍不会停止侵扰，后方难以安定。诸葛亮决定对孟获采取"攻心"战，断然释放孟获。孟获表示下次定能击败你，诸葛亮笑而不答。孟获回营，拖走所有船只，据守泸水南岸，阻止蜀军渡河。诸葛亮趁敌不备，从敌人不设防的下流偷渡过河，并袭击了孟获的粮仓。孟获暴怒，要严惩将士，激起将士的反抗，于是相约投降，趁孟获不备，将孟获绑赴蜀营。诸葛亮见孟获仍不服，再次释放。之后孟获又施了许多计策，都被诸葛亮识破，四次被擒，四次被释放。一直到第六次，孟获被释后又去投奔了乌戈国，这乌戈国国王兀突骨拥有一支英勇善战的藤甲兵，所装备的藤甲刀枪不入，让蜀军吃了不少的亏。后来，孔明用火攻的办法将乌戈国兵士皆烧死于一山谷中。孟获第七次被擒，孔明故意要再放了他，孟获急忙跪下起誓："公，天威也，南人不复反矣。"孔明见他已心悦诚服，觉得可以利用，于是便委派他掌管南蛮之地，孟获等听后不禁深受感动。从此孔明便不再为南蛮担心而专心对付魏国去了。

孟获不是一般人，他是西南少数民族中最有实力、威望最高的一

纪连海谈 三十六计

位。杀了一个孟获，会有另一个孟获出现，照样不服从蜀国管辖，还会继续与蜀国为敌。诸葛亮是谁啊？他可是著名的政治家、军事家，是有名的智多星，他很清楚，如果能把孟获收服，为我所用，即便不臣服于蜀国，至少不再是敌人，彼此互不侵犯，他就可以安心北伐了，就已经达到目的了。这样，捉而杀之，就不如攻心为上，在武力上征服不如在心理上征服，让他心甘情愿地为蜀国所用。于是，诸葛亮就采用了"欲擒故纵"的策略，七擒七纵，彻底让孟获心服口服，在行动上也服了。当然，诸葛亮这样做也是有风险的，正因为孟获在南夷中有较高的威望和地位，正因为他威震四方，所以放了他也有如纵虎归山的危险。但是，他也有人性上的弱点，就是性格粗犷，较自负，重情义，一旦心服口服后，一定不会再有反心。诸葛亮正是利用了他这一点，一方面出于对孟获的了解，另一方面出于对自己的自信，就有胆量放虎归山，捉了放，放了捉，如此七擒七纵，终成正果。这是需要有政治家的胸怀，军事家的谋略，博学家的智慧，其胆量和气度、谋略非一般人所能及的。

所以，"欲擒故纵"计谋，"纵"不是目的，而是手段，"擒"是最终目的，而不是放在眼前的目标。两晋末年，幽州都督王浚企图谋反篡位。晋朝名将石勒闻讯后，打算消灭王浚的部队。王浚势力强大，石勒恐一时难以取胜。他决定采用"欲擒故纵"之计，先派门客王子春带了大量珍珠宝物，敬献王浚，并写信向王浚表示拥戴他为天子。信中说：现在社稷衰败，中原无主，只有你威震天下，有资格称帝。王子春又在一旁添油加醋，说得王浚心里美滋滋的，信以为真。正在这时，王浚有个部下名叫游统的，伺机谋叛王浚，找到石勒做靠山，石勒却杀了游统，将游统首级送给王浚。这一送一捧一杀，使王浚对石勒彻底放弃了戒备之心，完全被麻痹了。公元314年，石勒探听到幽州遭受水灾，老百姓没有粮食，王浚不顾百姓生死，苛捐杂税，有增无减，民怨沸腾，军心浮动。石勒认为时机已经成熟，天时、地利、人和都已齐备，就亲自率领部队去攻打幽州。这年4月，石勒的部队到了幽州城，王浚还蒙在鼓里，以为石勒来拥戴他称帝，根本没有准备应战。等到他突然被石勒将士捉拿时，才如梦初醒。于是，王浚中了石勒"欲擒故纵"之计，身首异处，美梦成了泡影。

在军事斗争中，采用"欲擒故纵"的计策，可以达到某种克敌制胜的目的。苏无名捉盗贼时，明明已觉察到蛛丝马迹，却还是采用了这个计策，终于人赃俱获，巧妙破案，这不光需要智慧，而且还需要有足够的耐心和细心。

武则天执政时，曾赏给太平公主细玩宝物两食盒，价值百镒黄金。太平公主收下后藏在了府库中，不久却被人全部偷走。公主把这事告诉了武则天，武则天大怒，命令洛州令限期查出盗贼。这样，命令被层层下达，落到了吏卒和巡捕头上，限令他们一天之内抓住盗贼，否则判为死罪。吏卒、巡捕们很害怕，但又商量不出什么好办法。他们在路上遇到了湖州别驾（唐初改郡丞为别驾，高宗又改别驾为长史，官职名）苏无名。他们久闻苏无名才智过人，就请他到县里帮忙。县令一看来了救星，就向他请教如何抓贼。苏无名让县令和他一块儿去见武则天。武则天问道："你有什么办法抓到贼人？"苏无名说："若让我抓盗贼，那就不要限定日期，不要再追究州府县令们的责任，把县里的捕盗和吏卒都归我指挥，我就能给您追回宝物，请您静候佳音。"为此，苏无名还立下了军令状，吏卒们都为他捏了一把汗，但他却不慌不忙，反而叫他们先等一个月左右。到了清明节那一天，苏无名才把吏卒们全部召来，给他们布置任务，让他们五个人或十个人为一伙，在东门、北门等候。

如果发现有十几个穿着葬服的胡人,出城到北邙山扫墓,就跟随在他们后边,随时来报告他们的行动。吏卒们在东门、北门等候,果然遇到了苏无名所说的那种情况。只见十几个穿着葬服的胡人,来到一座新坟前祭奠,他们象征性地哭了几声,眼里竟然连一滴泪水都没有。撤下祭品后,他们沿着坟墓巡视了一圈后,就不禁相视而笑。苏无名一看情况果如所料,就高兴地说道:"找到盗贼了。"随即派吏卒把那些胡人全抓起来,掘开坟墓,劈开棺材一看,哪里有什么死人,而是晶莹夺目的稀世珍宝!于是上奏武则天。武则天惊奇地问道:"你怎么这样料事如神?"苏无名解释说:"我到洛州之时,正巧碰见那些胡人出葬。他们哭的声音很大,但从脸上的表情来看并不伤心,并且反而有些惊慌。我一看便猜是盗贼往城外转移赃物,但不知他们把偷的东西埋在什么地方了。寒食节扫墓,估计他们要出城查看赃物是否安然无恙。他们祭奠而哭声不哀痛,可知里面埋的不是死人;又巡行坟墓相视而笑,是庆幸坟墓没有损坏。他一开始不让官府抓贼,是害怕打草惊蛇,贼人一急,必定取出宝物逃走。官府不查,他们就放了心,因此才没把宝物取走。"这就是"欲擒故纵",给贼人一定的活动时间和空间,才能人赃俱获,顺利破案。

在政治、军事斗争中使用"欲擒故纵"计策比较频繁,在商战中也经常会用到该计。目前,美国的可口可乐是全球最大的饮料生产商,在中国可以说是家喻户晓,几乎全面占领中国的市场。当初,为了打开中国市场,他们不是一开始就向中国倾销商品,而是采取"欲将取之,必先予之"的办法。先无偿向中国提供价值400万美元的可乐灌装设备,花大力量在电视上做广告,提供低价浓缩饮料,吊起你的胃口,使你乐于生产和推销美国的可乐。而一旦市场打开后,再要进口设备和原料,他就要根据你的需要情况来调整价格，抬价收钱了。十几年来，美国的可口可乐风行中国，生产企业由一家发展到四十三家，销量、价格也成倍增长。美国商人赚足了钱，无偿给中国设备的投资早已不知收回几倍，这就是先让你尝到些甜头割舍不掉，然后再实施自己的计划。这种"欲擒故纵"放长线钓大鱼的经营方式，在商场中比比皆是。如果是公平合理、合法经营，则是无可厚非的，毕竟追求利润是商家的目标，但我们要擦亮眼睛，谨防贪小利吃大亏，谨防上当受骗，进入别人设置的陷坑里不能自拔。比如，前段时间大兴其道的非法传销活动，大多是先许以小利，再附以"洗脑"，采用不算高明的"欲擒故纵"伎俩，让许多人上了贼船，欲罢不能。

　　在日常生活中，也有很多"欲擒故纵"的事例，你、我、他，说不定是谁、在什么时候和什么地点，就会自然而然地用到了这一计策，只是我们没有注意而已。如一桩不起眼的买卖中，买者或卖者，有可能都要用到这一计策：想买的，却一个劲地贬低货物，说这儿不好，那儿不合适，聪明的卖者，自然知道"褒贬是买主"的道理，自然就看出、听出买者的话外话，只不过是价钱的问题了。于是，他也会用"欲擒故纵"之计，说什么这个价位不舍得卖，说什么大亏本了，说什么干帮忙，不够路费；等等，实际早就满足了自己心中的算盘了，这样说实际就是为了进一步拴住客人，促成买卖而已。所以，该计在生活中也是应用很广泛的计策，我们既要择机使用，也要注意辨别他人的"欲擒故纵"之计，谨防中招哦！

第十七计　抛砖引玉

原文

类以诱之①，击蒙也②。

按语

诱敌之法甚多，最妙之法，不在疑似之间，而在类同，以固其惑③。以旌旗金鼓诱敌者，疑似也；以老弱粮草诱敌者，则类同也。如：楚伐绞④，军其南门，屈瑕曰："绞小而轻，轻则寡谋，请勿捍采樵者⑤以诱之。"从之，绞人获利。明日绞人争出，驱楚役徒⑥于山中。楚人坐守⑦其北门，而伏诸山下，大败之，为城下之盟而还。又如孙膑减灶而诱杀庞涓。

注释

①类以诱之：出示某种类似的东西并去诱惑他。

②击蒙也：语出《易经·蒙》卦。蒙，卦名。本卦是异卦相叠（下坎上艮）。本卦上卦为艮为山，下卦为坎为水为险。山下有险，草木丛生，故说"蒙"。这是蒙卦卦象。击，撞击，打击。句意为：诱惑敌人，便可打击这种受我诱惑的愚蒙之人了。

③固其惑：固，加固，巩固，引申为加强。固其惑是加强他们的迷惑。

④绞：春秋时期诸侯国之一，位于今湖北郧县西北。

⑤请勿捍采樵者：马本及唐本皆作"请无行采樵者"；王本及汪本则作"请行采樵者"，都与原义不符，故据史校改。此句意思是：请派出不设保卫的砍柴人。捍，保卫；采樵者，砍柴人。

⑥楚役徙：楚役，楚国的劳工，指楚国樵夫。徙，迁徙。

⑦坐守：固守，死守。

纪老师说

"抛砖引玉"这个成语出自宋·释道原《景德传灯录·卷十·赵州东院从稔禅师》："大众晚参，师云：'今夜答话去也，有解问者出来。'时有一僧便出，礼拜。稔曰：'比来抛砖引玉，却引得个墼[jī]子（未烧的砖坯）。'"

唐朝时有一个叫赵嘏[gǔ]的人，他的诗写得很好，曾因一句"长笛一声人倚楼"，人送雅号"赵倚楼"。诗人常建与他同时代，诗写得也很好，但是他总认为自己没有赵嘏写得好。有一次，常建听说赵嘏要到苏州游玩，十分高兴。心想这可是一个学习切磋的好机会，千万不能错过。用什么办法才能让他留下诗句呢？反复琢磨后，他想赵嘏既然到苏州，肯定会去灵岩寺的，如果我先在寺庙里留下半首诗，他看到以后会补全的。游玩时题诗，这可是儒雅之士的习惯，于是他就在墙上题下了半首诗。不久，赵嘏真的来到了灵岩寺，在他看见墙上的那半首诗后，便禁不住技痒，提笔在后面补上了两句。常建用自己不是很好的半首诗，换来了赵嘏精彩的诗句。后来人们说，常建的这个办法，真可谓"抛砖引玉"了。

"砖"，喻指那些不值钱的事物，粗浅的意见或见解；"玉"，喻

纪连海谈 三十六计

指好的事物，有价值的见解或文章等。"抛砖引玉"一般是说，用自己粗浅的意见引出别人高明的见解。或者是先把自己不是很好的、不成熟的观点或文章介绍给大家，目的是引出别人的高论或佳作。这个词语经常被某些领导人发言时用到，是一个表示自谦的说法，好像成了一种客套话，有点冠冕堂皇的味道。

但如果用于军事，是指用相类似的事物去迷惑、诱骗敌人，使其懵懂上当，中我圈套，然后趁机击败敌人的计谋。"砖"和"玉"是一种形象的比喻。"砖"指的是小利，是诱饵；"玉"指的是作战的目的，即大的胜利。"引玉"才是目的，"抛砖"是为了达到目的的手段。钓鱼需用钓饵，先让鱼儿尝到一点甜头，它才会上钩；敌人占了一点便宜，才会误入圈套，吃大亏。

咱们再来温习一下按语中举的例子吧。公元前700年，楚国发兵攻打绞国（今湖北郧县西北），大军行动迅速，直逼绞国城下，气势逼人。绞国自知出城迎战，凶多吉少，决定坚守城池，闭门不战。绞城地势险要，易守难攻，楚军多次进攻，均未奏效，两军相持一个多月。楚国大夫仔细分析了敌我双方的情况，认为绞城只可智取，不可力克。他向楚王献上一条计谋。他说："攻城不下，不如利而诱之。"楚王向他问诱敌之法。屈瑕建议："趁绞城被围月余，城中缺少薪柴之时，派些士兵装扮成樵夫上山打柴运回来，敌军一定会出城劫夺柴草。头几天，让他们先得一些小利，等他们麻痹大意，大批士兵出城劫夺柴草之时，先设伏兵断其后路，然后聚而歼之，乘势夺城。"楚王担心绞国不会轻易上当，屈瑕说："大王放心，绞国虽小而轻躁，轻躁则少谋略。有这样香甜的钓饵，不愁它不上钩。"楚王于是依计而行，命一些士兵装扮成樵夫上山打柴。绞侯听探子报告有挑夫进山的情况，忙问这些樵夫有无楚军保护。探子说，"他们三三两两进出，并无兵士跟随。"绞候马上布置人马，待"樵夫"背着柴禾出山之机，突然袭击，果然顺利得手，抓了三十多个"樵夫"，夺得不少柴草。一连几天，果然收获不小。见有利可图，绞国士兵出城劫夺柴草的越来越多。楚王见敌人已经吞下钓饵，便决定迅速逮大鱼。第六天，绞国士兵像前几天一样出城劫掠，"樵夫"们见绞军又来劫掠，吓得没命地逃奔，绞国士兵紧紧追赶，不知不觉被引入楚军的埋伏圈内。只见伏兵四起，杀声震天，绞国士兵哪里抵挡得住，慌忙败退，又遇伏兵断了归路，死伤无数。楚王此时趁机攻城，绞候自知中计，已无力抵抗，只得请降。

绞人被围困，正缺柴草呢，楚国即"送"柴草，引得绞国士兵频频出来抢夺，抛出一些"砖"，引出敌人这块"玉"，达到了"诱敌"出动的目的，以小利赚换大利，这就是"抛砖引玉"的计谋。另外一个战例，就是孙膑马陵道伏击庞涓时，采用了减灶的办法迷惑敌人（见《以逸待劳》注释），也是这类计策，在此不再赘述。

还有"以老弱粮草诱敌者"，比如孙万荣大败唐军的战例。公元690年，契丹攻占营州。武则天派曹仁师、张玄遇、李多祚、麻仁节四员大将西征，想夺回营州，平定契丹。契丹先锋孙万荣熟读兵书，颇有机谋。他想到唐军声势浩大，正面交锋，占不到便宜。于是，他先在营州制造缺粮的舆论，并故意让被俘的唐军逃跑，唐军统帅曹仁师见一路上逃回的唐兵面黄肌瘦，并从他们那里得知营州严重缺粮，营州城内契丹将士军心不稳。曹仁师心中大喜，认为契丹不堪一击，攻占营州指日可待。张玄遇和麻仁节部担任唐军先头部队，立功心切，向营州火速前进。一路上，不断见到从营州逃出的契丹老弱士卒，他们自称营州严重缺粮，士兵们饿得纷纷逃跑，并表示愿意归降唐军。张、麻二将更加相

信营州缺粮、契丹军心不稳了。他们率部日夜兼程，赶到西硖石谷，只见道路狭窄，两边悬崖绝壁。按照用兵之法，这里正是设埋伏的险地。可是，张、麻二人误以为契丹士卒早已饿得不堪一击了，加上夺取头功的心情驱使，毫无戒备之心，还下令部队继续前进。等唐军源源不断地进入谷中后，行军更加艰难了。黄昏时分，只听一声炮响，绝壁之上，箭如雨下，唐军人马践踏，死伤无数。孙万荣亲自率领人马从四面八方进击唐军。唐军陷入峡谷中，前有伏兵，后有骑兵截杀，施展不开，不战自乱，相互践踏。张、麻二人也被契丹军生擒。孙万荣利用搜出的将印，立即冒名写信报告曹仁师，谎报已经攻克营州，要曹仁师迅速到营州处理契丹头人。曹仁师早就轻视契丹，接信后，深信不疑，马上率部奔往营州。大部队急速前进，准备穿过峡谷，赶往营州。不用说，这支目无敌情的部队重蹈覆辙，在西峡石谷，遭到契丹伏兵围追堵截，全军覆没。这就是"抛砖引玉"计谋的威力，用好了胜过千军万马。

综合分析上面这两个"抛砖引玉"的战例可以看出，用此计而不让敌人察觉是计，必须具备两个条件：一是用计者须会"抛"，抛得有艺术，做到抛得不留痕迹，也就是假戏要做真，不要被敌人识破，否则容易被敌人利用。比如，楚国让士兵扮樵夫进山砍柴，那是真砍，背柴下山，让绞国人有柴可夺，不断尝到"甜头"，才会不断出动兵马截柴。二是被算计者必须有上当受骗的条件。比如，绞国人如果不是被围困这么久缺柴了，他们也不会贪楚国的"砖"；孙万荣抛出"老弱士卒"引诱唐军时，如果唐军将领不立功心切，莽撞轻敌，也不会被牵着鼻子走。所以，"抛砖引玉"计谋的成功需要多方面的条件共同作用才能奏效。所以，将领定计时，既要了解敌人当前的处境，又要了解敌方将领的心智、性格等特点，看人下菜，因人而异，不可机械照搬。

"抛砖引玉"之计，经常被用在现今的商场争战中，不舍小利，难以赚大利，这已经是经商者最熟练的生意经了。1955年，刘天就创办香港妙丽集团，并自任董事长。初创时，妙丽集团只有6个人，经营品种很少的小百货零售店。经过20多年的努力，妙丽集团发展成为以百货批发业为主，兼营百货零售、地产、工业加工、旅馆、学校、旅游业等多种经营的综合性集团。经营地域从香港扩展到美国、加拿大、新加坡、日本、内地的深圳等地。特别是1976年以来，妙丽集团的发展更为迅速，每年都要增设一两个门市部，1984年的营业额近4亿港元。

妙丽集团之所以取得今天这样的成就，主要是靠刘天就那"晤（不）平赔五倍"的竞争妙诀。所谓"晤平赔5倍"，就是妙丽集团出售的商品，如果不比其他商店的价格便宜，他愿意按价格的五倍给予赔偿。刘天就懂得，顾客除了购买小商品之外，一般是首先考虑同类商品中哪家商店售价最便宜。于是，他就想消费者之所想，紧紧抓住顾客的心理来扩大销售。在此理念的指导下，他大张旗鼓地以批发价为号召，零售的商品一律按批发价出售，同时把"晤平赔五倍"的口号写成标语到处张贴，写成巨大的横幅挂在商场三楼外面，和商店的大牌号放在一起。

刘天就这一招果然灵验，妙丽集团从此门庭若市，生意兴隆。为了保证多销以降低成本，刘天就严把进货关。他指导采购部门保证只进那些既适销对路又物美价廉的商品，这样，资金周转快，成本低，积压耗损少。刘天就还实行了"妙丽会员制度"，以维持老顾客，吸引新顾客。在妙丽超市，你会看到他的商品价签上往往标着会员价和非会员价两种，会员价比非会员价要低些，而且越高档的商品差价越大，比如一套近2000港元的真皮沙发，会员价要便宜400港元。

"妙丽会员制度"规定：对香港常住居民设有长期会员制度，每人交80港元会费，即可享受一年会员待遇；一个单位中凑足规定人数集体入会的，每人每年交50港元会费；对香港上百万的在校学生，会费按以上标准减半；实行一种星期会员制度，每逢星期日，租用多辆公共汽车，从几条线路把顾客接到妙丽商场来，每人只需要花5角钱就可获得一天期会员证。据测算，"妙丽"的星期天会员通常维持在1万名左右；而"妙丽"的长期会员，则高达20万人。

先是打价格战，保证物美价廉，接着又用会员制度，吸引顾客。刘天就以多种形式的"砖"，"引"来客流量，引来利润，引来每年数千万港元会员费，也就是更多、更好的"玉"，刘天就这生意经念得确实到家。

也不要把这个计策看得玄之又玄，其实，在生活中，就连小孩子都会。"爸爸，这些日子我表现怎样？"小家伙问。"嗯，表现不错。"爸爸随意答应了一下，因为正在忙着刷手机呢。"你说过我表现好了要给我买一个大玩具，你什么时候给我买？"你看，先抛出"表现好"这块砖，让你不知不觉中入了套，"买玩具"才是人家要的"玉"，这样的情况下，你忍心拒绝吗？

第十八计　擒贼擒王

原文原典

摧其坚，夺其魁①，以解其体。龙战于野，其道穷也②。

按语

攻胜则利不胜取。取小遗③大，卒之利、将之累、帅之害、功之亏也。全？胜而不摧坚摘王，是纵虎归山也。擒王之法，不可图辨旌旗，而当察其阵中之首动。昔张巡与尹子奇战，直冲敌营，至子奇麾下，营中大乱，斩贼将五十余人，杀士卒五千余人。巡欲射子奇而不识，剡蒿为矢，中者喜谓巡矢尽，走白子奇，乃得其状，使霁云射之，中其左目，几获之，子奇乃收军退还。（《新唐书》一九二《张巡》《战略考》）

注释

①魁：居首位，第一。

②龙战于野，其道穷也：语出《易经·坤》卦。坤，八卦名。本卦是同卦相叠（坤下坤上），为纯阴之卦。

引本卦上六，《象辞》："龙战于野，其道穷也。"是说即使强龙争斗在田野大地之上，也是走入了困顿的绝境。比喻战斗中擒贼擒王谋略的威力。

纪连海谈

③遗：漏掉。

纪老师说

"擒贼擒王"一词，现今可见的最早且影响较大的文字记录，是唐代诗人杜甫的五言古诗《前出塞》："挽弓当挽强，用箭当用长。射人先射马，擒贼先擒王。杀人亦有限，立国亦有疆。苟能制侵陵，岂在多杀伤？"《杜诗详注》云："为当时黩武而叹也。"意思是从当时历史背景看，此诗原本蕴含对唐玄宗李隆基无节制地对外用兵的讽谏之意。

玄宗开元18年（公元730年），西域吐蕃在数败于唐军之后，遣使求和，在玄宗李隆基勉强允准后，吐蕃人撤走了边境的驻兵，双方恢复了和平。七年后，玄宗利用吐蕃人没有防备之际，派兵入侵吐蕃，重创吐蕃军，深入敌境两千里。公元739年（玄宗开元27年），金城公主（中宗景龙4年，即公元710年，奉命与吐蕃赞普弃隶缩缵联姻）去世，吐蕃遣使报丧，并乘便求和，玄宗不允。一年后，吐蕃军攻占唐边境重镇石堡（今青海省会西宁西南）。玄宗天宝七年（公元748年），唐遣陇右节度使、大将哥舒翰统军三万三千人与吐蕃军激战。石堡收回了，此役唐军战死者数以万计。杜甫的《前出塞》诗，大约是针对这一情况有感而发的，意思是说，只要能够制服敌国的首领，保住本国的疆土，防止异国的入侵就可以了，何必杀人太多。

杜甫在他的诗句中，高屋建瓴地阐述了他对战争的理解，用直白的语言告诫封建统治者，战争的目的不是多杀人，而在于保卫和平。不仅如此，诗中的"射人先射马""擒贼先擒王"等警句，概括了中国古代某种军事经验，和他个人的斗争智慧，因而成为后世脍炙人口的名言，常为众多军事家、政治家以及各色人物所引用。

作为一种军事谋略，"擒贼擒王"，就是以消灭敌方中坚力量为行动手段，比如敌人的指挥部、最高指挥人员，以迅速歼灭敌军的指挥系统和有生力量为目的，可以迅速致敌瘫痪状态，控制敌人。只要一国之君还在，一军之将还在，一方的中坚还在，他们就还会重整旗鼓，伺机卷土重来的。所以，擒贼要擒王，是快速达到目的的手段之一。

明英宗九岁登基，太监王振恃宠专权，在朝中作威作福，大臣们多半仰他鼻息，天下侧目，敢怒不敢言。正统十四年七月，北方番王绰罗斯·乜先驱使蒙古诸部，分几路大举入侵明朝。他亲自领兵进攻明朝边防重镇大同。王振擅作主张，自命为统帅，还逼英宗御驾亲征。动员令只下了两日便仓促启程，五十万大军，浩浩荡荡向北进发。过了居庸关，又遭遇狂风暴雨，军心浮动，前锋部队的败报不断传来，随驾大臣等奏请皇帝留驾，王振不准，还兼道急行军。还没等到大同，便遇到兵无粮、马无草的窘况，军士纷纷饿死，满路死尸。乜先了解到这些情形后，满怀欢喜，故意避开，诱王振深入。八月间，王振大军到了大同，驻扎未定即下令进军攻击。不久，前军已全军覆没了，王振最后答应班师回京。但他不听劝告，下令后军作前部，照原路退却。行至雉鸣山，乜先率兵追到了，王振吓得手足无措，急派武将朱勇率兵三万御敌。敌军即展开两翼夹攻，很快把朱勇的三万兵马吃掉。次日，行军到土木（地方名），已是傍晚时分了，离怀来城不过二十里，诸臣都想赶入城去，王振却说尚有千多辆辎重在后未至，不能轻易丢弃，必须在此地相待，群臣力争不果，只好在土木扎营。次日清早，敌军已经四面八方拥至，团团把土木包围住，因此军心大乱，王振仓惶出走，连皇帝都不要了，只身逃亡。此时兵无主帅，士兵互相踩踏，争先奔逸，挤死的挤死，投降的投降。英宗左右只有几名亲兵相随，几番突围未果，只有束

手就擒。王振在慌乱中只顾逃命，也被部将攀忠用铁锤打死。五十万大军，逃回京都不过二百人。乜先捉到英宗，如获至宝，竟利用此俘虏向明朝讨便宜，把英宗捉到大同，声言要一万两黄金取赎，钱到即放人。朝廷派员往敌营准备迎驾，献上黄金，乜先约明晨送还英宗，到期，使臣苦等不至，前往探问。始知乜先已于半夜挟英宗跑了，白白被骗万两黄金。土木之变的消息传回京城，明朝举国震动，吏部尚书王直等拥立朱祁钰即位为帝，遥尊朱祁镇为太上皇。乜先挟持着朱祁镇继续进攻，由大同、阳和抵达紫荆关，从紫荆关攻入明长城，直逼京师。明朝兵部尚书于谦率领武清伯石亨、都督孙镗等人抵御瓦剌的进犯。乜先请明朝大臣出迎明英宗祁镇，没有动静。石亨等人与乜先的大军激战，多次打败乜先。乜先见难以攻破北京就在夜里撤走了，从良乡撤到了紫荆关，大肆劫掠之后出了长城。明朝都督杨洪又在居庸关大败乜先的军队，乜先仍旧挟持着明英宗北行。兵部尚书于谦对乜先态度强硬，因此，经过几番波折后，乜先才把英宗送归明朝。

先是王振专权，纲纪混乱，加上他不懂作战，一意孤行，土木堡一战，明军几乎全军覆没，明朝君主被乜先挟持，真成了"擒王"了。一段时间，他屡犯边疆，明朝军队确实投鼠忌器，占了不少便宜。当明朝再立新君后，"挟天子"才失去了意义。

三国时期，上演过一出"擒王"和反"擒王"的斗争。刘备通过鲁肃"借得"荆州却不肯归还，派关羽镇守荆州。东吴这边，周瑜死后，鲁肃继任大都督，向关羽索讨荆州不成，于是，打算骗关羽过江，先好言相劝，若关羽执意不肯，便拿下关羽，然后攻打失去主将的荆州，这就是"擒贼擒王"的谋略。这天，鲁肃摆下酒宴，假意款待关羽，暗中令吕蒙等设下伏兵。关羽早就知道鲁肃的用意，故意只带着周仓等少数人马过江赴宴。席间，鲁肃几次或明或暗地向关羽索讨荆州，但是关羽以酒宴谈公务伤感情等理由敷衍鲁肃，明摆着就是继续赖账，占着荆州不还。酒过三巡，关羽见时间差不多了，就要告别。此时，鲁肃也认为是时候捉拿关羽了。但是关羽却一把挽住鲁肃的手，拉着他一起到江边。鲁肃怕事情败露，不敢推辞。而吕蒙等人怕伤害鲁肃，不敢动手，就这样，关羽安全到了江边，上了自己的船回到荆州。这就是关羽反"擒王"，挟持鲁肃，让吕蒙等不敢轻举妄动，反"擒"成功。

"擒贼擒王"的道理，不讲谁也明白；不学兵法，也都会用。不说古代有"挟天子以令诸侯"的大智慧，就是现代军事上西方国家也演绎了一出又一出这样的精彩大作。现代战争中的"斩首"概念是由英国的军事理论家富勒提出的。第一次世界大战后期，他提出攻击敌方指挥系统为首要目标的"瘫痪攻击"，亦称"斩首攻击"。美国的一些信息战专家认为，信息作战时，尤其是美国在与发展中国家进行信息作战时，应遵循"斩首"原则。所谓"斩首"，就是打击"敌方的头部，而不是他的躯体"。这一原则的要求：战争要首先攻击敌国家指挥当局、联合参谋部、战区总部及各级部队司令部；破坏敌方所有信息传媒——电话、无线电频谱、电缆和其他传输手段；制止敌方使用第三方的通信系统，包括通信卫星。在这一思想的指导下，可使用巡航导弹和精确制导导弹对敌方进行军事打击，通过精准打击，首先消灭对方的首脑和首脑机关，彻底摧毁对方的抵抗意志。海湾战争中，美军就是按照这样的程序对伊军发动攻击的，先摧毁了伊军指挥机构和地面防空系统，再摧毁其电力、能源、通信、桥梁、公路、机场等基础设施，最后才与伊军作战部队开始地面作战，对作战人员进行杀伤。科索沃战争中这一特点体现得更加充分，南联盟军队基本上没有重大毁伤，北约就结束了战争。

纪连海谈 三十六计

在企业经营中,"擒贼擒王"之计也可以广泛应用。如,可以紧紧抓住生产环节,严把质量关,以质量赢得信誉,以信誉引领各种客户,获取更大更多利润,这便是紧紧抓住了事物发展的关键或把握问题的重点。还可以在开发新产品时,面对强手如林的产品市场,应着力研制生产集众人之长于一身、技冠群雄的王牌产品,以增强产品的竞争力,也是发挥了"王"牌产品的市场引领作用。再比如在销售产品时,应善于抓住主要的消费群体,摸透他们的消费心理和需求,改进产品的质量、功能、式样和包装,以吸引顾客。

世界著名企业家的成功之路,无不是重点经营某一产业而起家的。如美国的石油大王洛克菲勒、钢铁大王卡内基、新加坡的玻璃大王陈家和我国香港的船王包玉刚等,这些企业巨子,无不重点以生产或经营某种产品而著名。企业经营者,特别是中小企业,更应该运用"擒贼擒王"之计,集中有限的人力、财力、物力,实施重点经营,然后以点带面。如果不考虑企业实力,东一榔头西一棒槌,哪里赚钱,资金流向哪里,或盲目扩大经营规模,往往会因分身力薄而难以成功。至于大企业,要搞多种经营或多角经营,经营的每一项,也要谨慎研究,集中力量,抓住重点。

1969年,柳州农机厂开始转产2.5吨"柳江"牌汽车。但企业经营策略并没有做相应改革,继续沿用原来的小生产经营方式,除发动机外,其余零部件几乎都由自己生产。结果就出现了,"柳江"牌汽车生产成本高、质量差,企业效益自然就低,到1980年出现亏损,企业陷入了困境。厂领导经过研究,苦思对策,决定加入东风汽车工业企业联营公司,生产"东风"车。并改变了过去"小而全"的生产格局,走专业化生产之路,结果成本大大降低,效益显著提高。以此为起点,柳汽又改汽油车为柴油车，从而适合大批个体运输户的需要，投放市场后，甚为走俏。1991年生产1万辆后销售一空；1992年生产1.5万辆仍供不应求，这一创举，正是集中力量、重点经营的结果。

混战计

原文

处于不分敌友、军阀①混战态势之计谋。见龙在田②。

注释

①军阀：指在正常的国家体系内，由自成派系的军人组成的军事集团，对国家地域划分势力范围，使用军事手段割据一方，并管理一切事物。军阀是国家中央政府和中央集权衰弱的产物。

②见龙在田：天象术语，出自《周易·乾》卦，九二，见龙在田，利见大人。意思是龙出现在田间，有利于大德之人出来治事。中国古时天象家为了便于观测，将主要星座分为28星宿，其中又以7个一组，分为东西南北四象，分别称为青龙（东）、白虎（西）、玄武（北）、朱雀（南）。青龙七星又称为龙星。每年春季，龙星从田间地平线升起，此称为"见龙在田"，夏季运行至中天，称为"飞龙在天"，秋季下坠，称为"亢龙有悔"。

纪老师说

本组为三十六计之第四组，六大组中的后三组，是处于劣势所用之计。主要有釜底抽薪、浑水摸鱼、金蝉脱壳、关门捉贼、远交近攻、假道伐虢六计。

俗话说，乱世出英雄，天下大势，分久必合，合则需要德才兼备之人。诸侯争霸、军阀混战的时期，确实需要文能定国、武能安邦之人才，所以，会有杰出人才应时应运而生。正如《周易·乾》卦中预言："见龙在田，利见大人，一个胸怀大志的人，已经崭露头角，日后必成大器。"

龙出现在地表之上，故为"见龙在田"。什么样的人堪当大事？千里马遇见伯乐才会身价百倍，潜藏的"龙"，先要向具有龙德的人学习真本事。因此，善于学习，善于钻研的人，善于修德养性的人。

据《史记》记载，张良刺杀秦始皇未遂后，"潜龙勿用"，隐藏在下邳（即今天江苏省睢宁县古邳镇，下邳别称邳国、下邳郡）。有一天他从一座桥上过，一个老人（黄石公）走到他面前，把鞋扔到桥下，让他去捡。张良吃惊不小，又见这人很老了，终于忍住心中的不满和怨气，去桥下捡起鞋，拿到桥上。老人又很过分地让张良为他穿鞋，张良默默照做了。老人大笑而去，一会儿回来，夸他"孺子可教"，告诉他五天后的大清早，在桥上等着他。五天后，张良一去，见老人早在桥上了。老人大怒，让他过五天再来。又过了五天，张良又比老人来得晚，老人又怒，约他再过五天来。过了五天，张良半夜赶往，终于赶在了老人的前面。老人见他先到，高兴了，于是传了他一部《太公兵法》。张良就因为这次奇遇，成为后来汉高祖刘邦首席军师与汉王朝的开国元勋之一。

一个好汉都需要三个帮，更何况平凡如你我的人了。在现代社会，一个人单打独斗的情况不多见了，尤其是在工作岗位上，你满腹才干，要想崭露头角，也需要有领导"赏识"，有"贵人"相助，就像张良遇到黄石公一样。反过来说，当你遇到"黄石公"了，有的人却不识货，

与机会擦肩而过，白白失去发展的机会。比如，你没有足够的爱心，不懂得尊重老人，不懂得感恩，"黄石公"自然不会青睐于你。这些品质有了，做事情又很浮躁，没有持之以恒的"任性"，也不会成功。因此，一个人要施展自己的才华，有德，有才，德才兼备，方可大有作为。

因此，我们研究"三十六计"，一是要有事业心，确立自己的人生目标，实现自己的人生价值。二是要加强自身修养，要成就德业，德业是成就事业的必备条件，要想成大业，有大功，必定要修自己的大德。只要你心胸豁达，能容人容事，人缘好、人脉好则人气旺，事业中自会有"贵人"相助，肯定会顺利、发达。

第十九计　釜底抽薪

原文原典

不敌其力①，而消其势②，兑下乾上之象③。

按语

水沸者，力也，火之力也，阳中之阳④也，锐不可当；薪者，火之魄也，即力之势也，阴中之阴也，近而无害，故力不可当而势犹可消。《尉缭子》⑤曰："气实则斗，气夺则走。"而夺气之法，则在攻心。昔吴汉⑥为大司马，有寇夜攻汉营，军中惊扰，汉坚卧不动，军中闻汉不动，有顷乃定。乃选精兵反击，大破之，此即不直当其力而扑消其势也。宋薛长儒为汉、湖、滑三州通判⑦，驻汉州。州兵数百叛，开营门，谋杀知州、兵马监押，烧营以为乱。有来告者，知州、监押皆不敢出。长儒挺身徒步，自坏垣入其营中，以福祸语乱卒曰："汝辈皆有父母妻子，何故作此？叛者立于左，胁从者立于右！"于是，不与谋者数百人立于右；独主谋者十三人突门而出，散于诸村野，寻捕获。时谓非长儒，则一城涂炭矣！此即攻心夺气之用也。或曰：敌与敌对，捣强敌之虚以败其将成之功也。

注释

①不敌其力：敌，动词，攻打。力，最坚强的部位。不敌其力的意

思是不去攻打敌人最强的部位。

②消其势：势，气势。消其势的意思是削弱对方的气势。

③兑下乾上之象：《周易·履》卦为"兑下乾上"，上卦为乾为天，下卦为兑为泽。又，兑为阴卦，为柔；乾为阳卦，为刚。兑在下，从循环关系和规律上说，下必冲上，于是出现"柔克刚"之象。此计正是运用此象推理衍之，喻我取此计可胜强敌。

④阳中之阳：指阳的事物中又分属于阳的一方面。如胃在脏腑的相对关系中属阳，但胃本身又分胃阳和胃阴，则胃阳（胃气）在这种意义上称阳中之阳。下文中的"阴中之阴"则相反。

⑤《尉缭子》：是中国古代一部重要的兵书，中国古典军事文化遗产的重要组成部分。过去疑古派一直认为《尉缭子》是伪书，自1972年银雀山汉墓出土文献证明《尉缭子》并非伪书。

⑥吴汉：南阳宛县（今河南省南阳市）人，东汉开国名将、军事家，云台二十八将第二位。

⑦通判：官名。在州府的长官下掌管粮运、家田、水利和诉讼等事项，对州府的长官有监察的责任。

纪老师说

"釜底抽薪"之意，早在秦国丞相吕不韦主编的《吕氏春秋·尽数》中已有表述："夫以汤止沸，沸愈不止，去其火则止矣。"西汉《淮南子·精神训》中也有类似表述："故以汤止沸，沸乃不止，诚知其本，则去火而已矣。"东汉董卓《上何进书》中也说："臣闻扬汤止沸，莫若去薪。"

至南北朝时期，北齐的魏收写了《为侯景叛移梁朝文》一文，其中也有"抽薪止沸，斩草除根"的语句。其中的"抽薪止沸"演化为"釜底抽薪"的成语。

公元534年，北魏分裂成东魏和西魏，东魏的大权掌握在丞相高欢手中，侯景是高欢手下最得力的助手，他向高欢吹牛说，只要给他3万兵马，他就可以打过长江去，把梁武帝萧衍活捉过来。高欢便交给他十万军队，让他镇守河南。尽管侯景受到高欢重用，但他仍然瞧不起高欢的儿子高澄。公元546年，高欢患了重病，高澄知道侯景不把自己放在眼里，想赶在父死之前夺回侯景的兵权，便用父亲的名义写信召他回来。没想到的是，侯景临走之前，曾与高欢私下有密约，如高欢写信给侯景时，就在信上加个小点，便于识别真伪，以防意外。因为高澄没在信上加小点，所以侯景接到信后，心里就产生了疑惑，便找个借口不回朝。次年，高欢病死，侯景知道高澄必定会杀他，便下决心反叛东魏。他先将河南13个州的土地献给西魏，但不肯交出军队，只是伺机行事。

高澄发现侯景公开反叛，便命慕容绍宗率军向侯景进逼。与此同时，又命中书侍郎魏收写一篇文告，谴责侯景的反叛罪状，才思敏捷的魏收很快写好，高澄命人迅速张贴出去。此时的侯景已经骑虎难下，无奈只得向梁武帝投降，梁武帝则立即派兵北上支援。高澄见梁武帝出兵援助侯景，便命魏收写了一篇《为侯景叛移梁朝文》。文中有一段写道："梁朝如果不援助侯景并且把他交出来，那就好像'抽薪止沸，斩草除根'一样，从根本上解决了问题。但梁武帝看了不以为然，照样出兵援助侯景。于是，慕容绍宗率领的东魏军继续南下，与支援侯景的梁军交锋，结果梁军大败。接着，东魏军又去攻击侯景的军队，将它击溃，侯景带领少数部队投奔梁朝。第二年，侯景又举兵叛变，攻破梁朝京都建康。不久，梁武帝愤恨而死。侯景则自立为帝，不久就被部下杀死。"

侯景先是背叛了东魏，送地给西魏，又投奔梁，后来又反击梁，如此反复无常又野心勃勃的小人，的确像"釜"中的沸水，正如魏收所言，只有"抽薪止沸，斩草除根"才能解决根本问题。结果梁武帝不听好人言，最终引狼入室，自取灭亡了。

釜，古代的一种锅；薪，柴。把柴火从锅底抽掉，水还能开吗？后来，这个词语逐渐引申为从根本上解决问题。其他的比如沸水中加入凉水，只是让水暂时不沸，只要釜底有火，过一会儿又沸腾了，而且较前更甚，因为水更多了嘛！此计用于军事，是指对强敌不可用正面强攻，而应该避其锋芒，找准切入点，对准敌人的要害，一击致命，防止死灰复燃。所以，本计最关键的就是善于在错综复杂的矛盾冲突中找出主要矛盾，找出敌人最薄弱的地方，瞅准时机，就像找到蛇的七寸，采取果断措施取胜。这个道理如此浅显，但真正应用起来，不见得人人得其真谛，而运用自如。

南宋时，名将韩世忠，与岳飞、张俊、刘光世合称"中兴四将"。有一次，他奉命去讨伐占据蕲阳白面山的刘忠。韩世忠率部赶到白面山下，并不急于发起进攻，而是先下棋饮酒，坚壁不动。暗地里却派出侦察员侦察，掌握了敌人的大量情报。一天夜里，韩世忠令部将率精兵二百人埋伏在白面山下，约定待刘军与官兵大部队交战时，攻进敌中军，夺下敌观察台。伏兵开拔出去后，韩世忠即率全军向刘忠军队发起了进攻。由于战前官军没有透露出一点儿将进攻的迹象，刘忠遭到官军的突然袭击，如惊弓之鸟，饥不择食一般，将他的全部人马都调出去，准备与韩世忠大战一番。这真是千载难逢的好时机，伏兵见刘忠后方空虚，立即攻入中军，迅速控制观察台，插上了官军的旗帜，并齐声呐喊。与官军正战得激烈的刘忠士兵，听到观察台官军的喊叫，误认为大势已去，无心恋战，一齐逃散，各奔生路去了。刘军大败，刘忠本人投奔了刘豫。

在这场征伐中，并不是刘忠所部弱到不堪一击，而是因为韩世忠谋划得当，巧用"釜底抽薪"之计，直接击中了敌人的要害部位。两军形成对峙以后，韩世忠并不着急攻打敌军，而是不断侦察。这样做的好处是，可以消磨敌军的锐气，震慑敌军，并摸排敌军的情况。然后突然对敌发起攻击，让敌人措手不及。而更成功的一招，是奇正结合，正面遇敌作战，又安排奇兵攻入敌军空虚的中军，来了一个"釜底抽薪"，让敌人的斗志瞬间就"崩溃"了，达到了迅速瓦解敌军的目的。

除了军事斗争中可用到"釜底抽薪"之计外，在政治外交上，也可以运用此计，切中肯綮，常收到奇效。访美即将结束时，赫鲁晓夫在苏联驻华盛顿的大使馆举行的告别宴会上，时任副总统尼克松与艾森豪威尔总统一起，代表美国出席告别宴会。宴会上，尼克松为了拉近与赫鲁晓夫的距离，在记者面前显示他们的亲昵关系，特意走到赫鲁晓夫的面前，热情地对赫鲁晓夫说："我相信您对美国的这次访问一定非常成功、非常顺利。您在美国受到了非常有礼貌和非常热情的接待和欢迎。"尼克松这句恭维的话，对一般的人，在一般的场合，也就客套几句就过去了，然而，谁也没有想到，赫鲁晓夫听完这话后，忽然勃然大怒。他气咻咻地对尼克松说："如果我的访问真的顺利，那决不是因为你想要让它顺利。据我得到的报告，你非常希望这次访问失败。"

尼克松像当头挨了一棒，一时显得手足无措，脸涨得通红。在场的记者们也目瞪口呆，继而把这件事作为头条新闻发了出去。事后，尼克松慢慢怀疑到，赫鲁晓夫对自己的这种不友好态度，肯定别有用意。是

的，尼克松并没得罪赫鲁晓夫，赫鲁晓夫就是再恨他，再没有修养，作为一个大国的首脑，一个政治家，也会懂得控制自己的情绪。但赫鲁晓夫好像根本不想掩饰自己，而且在很多场合，他几乎是故意、夸张地表现出自己的愤怒和对尼克松的怨气，越是人多的时候，越是有记者在场的时候，情况越糟糕。这毫无疑问是有目的的。

尼克松猜测得不错，赫鲁晓夫正是在实行着他的一个政治、外交战略。1960年是美国大选年，艾森豪威尔两次任期已满，作为副总统的尼克松肯定要参加竞选。尼克松与赫鲁晓夫在苏联的"厨房辩论"（1959年7月24日，当时的美国副总统尼克松到苏联访问，在莫斯科索科尔尼基公园，主持美国国家博览会的开幕。苏共中央第一书记赫鲁晓夫来这里参观，并在展厅内与尼克松就共产主义与资本主义的优越性问题进行辩论。辩论是在展览会美国的厨房用具展台前进行的，所以被称为"厨房辩论"）在美国传开后，他的威望日益升高，当选总统很有希望。而这，正是赫鲁晓夫不愿看到的。于是，赫鲁晓夫制定了战略：在他访美期间，故意时时流露出对尼克松的强烈愤慨。赫鲁晓夫知道，新闻界会迅速地把这些情况传播出去，美国人不久就会全知道"赫鲁晓夫不喜欢尼克松"。赫鲁晓夫心里也清楚，如果美国人看到尼克松无法在与苏联的关系上取得进展，那么他们就会觉得尼克松无能，从而抛弃他。

赫鲁晓夫的策略抓住了问题的根本，也就是把手段用在关键的时间、关键的场合，所以就起到了关键的作用，许多美国人都在谈论投票给民主党的总统候选人肯尼迪，因为肯尼迪"与赫鲁晓夫合得来"。尼克松虽然清楚地看到这种形势，也想在与苏联、与赫鲁晓夫的关系上做点补救工作，但为时已晚，且赫鲁晓夫也根本不买他的账。1960年11月，尼克松在大选中输给了肯尼迪，为此他遗恨了八年之久。选举结果出来后，赫鲁晓夫兴高采烈地向各国新闻记者吹嘘，说他曾竭尽全力让尼克松选不上。几年后，赫鲁晓夫见到了美国新总统约翰·肯尼迪，还表功似的告诉他："我们使你当上了总统。"

在商战中，也可以运用"釜底抽薪"之计。1985年之前，以低价格、低油耗的日本汽车向美国市场的冲击，使得美国克莱斯勒汽车公司亏损巨大，丧失了大面积的市场占有，公司经营每况愈下。

日本的产品之所以能够进入美国市场，是因为日本企业独具慧眼，他们看准了美国竞争者比较薄弱、比较自满或根本忽视其他区域市场。日本人就抓住美国人忽略的区域市场——小型机器为目标，大量生产小型机器并打入美国市场，与哈雷、BSA、胜利等强大的竞争者以及英国的诺顿等价格较高的大型机车抗衡。面对这种情况，克莱斯勒的领导人艾柯卡带领部属，对市场作了广泛调查与分析。最终，他们了解到外国经济实力日渐强盛的趋势，在美国民众心中滋生了一种潜在的恐惧与危机感，随之而来的情绪上的逆反，并转而发展为对本国产品的喜爱。艾柯卡决定充分利用美国民众持续高涨的"爱国情绪"，进行疯狂反扑，以夺取丢失的美国市场。

"战争"开始了，克莱斯勒公司自1985年开始，推出了"美国公民，感谢您"的系列宣传。根据该计划，任何一位自1979年以来买过克莱斯勒公司在美国本土制造的汽车的消费者，只要再买该公司的新车，就可获得500美元的折扣。结果，美国人很为这种"爱国车"所陶醉，购车者一时如潮。1986年，克莱斯勒又进而推出了"美国公民，再次感谢您"的系列宣传。为强化"爱国意识"，它寄出600万份代用券给美国的潜在用户，每券抵500美元，明码实价地表明"爱国"的好处。通过这两次的"爱国宣传"攻势，克莱斯勒迅速恢复了过去丧失的市场占有率，

纪连海谈

再居全美第三汽车制造公司的地位。仅1985年当年,公司已经走出负债的泥潭,而且盈余25600万美元。

通过这件事我们看出,虽然克莱斯勒的再度崛起离不开质量的提高和新颖的设计,但在销售环节上,善于利用国民的爱国情绪,可谓抓住了时代的脉搏、国人的心,对日系车实行了"釜底抽薪"式的大反击,成效显著,让日本企业几乎毫无还手之力。

在日常生活中,"釜底抽薪"就是找准问题的关键,才能使之彻底解决。如,在孩子网瘾这个问题上,需要认真查找原因,是对学习失去信心,还是缺少关爱,抑或是有同学诱使,只有找准根本原因,才能来个"釜底抽薪",帮孩子彻底戒除网瘾。

第二十计　浑水摸鱼

原文原典

乘其阴乱①，利其弱而无主。随，以向晦入宴息②。

按语

动荡之际，数力冲撞，弱者依违无主，散蔽而不察，我随而取之。《六韬》③曰："三军数惊，士卒不齐，相恐以敌强，相语以不利，耳目相属④，妖言不止，众口相惑，不畏法令，不重其，此弱征也。"是鱼，混战之际，择此而取之。如：刘备之得荆州，取西川，皆此计也。

注释

①乘其阴乱：阴，内部。意为趁敌人内部发生混乱。

②随，以向晦入宴息：语出《易经·随》卦。随，卦名。本卦为异卦相叠（震下兑上）。本卦上卦为兑为泽；下卦为震为雷。言雷入泽中，大地寒凝，万物蛰伏，故如象名"随"。随，顺从之意。"象"辞说："泽中有雷，随，君子以向晦入宴息。"意为人要随应天时去作息，向晚就当入室休息。

③《六韬》：又称《太公六韬》《太公兵法》，是中国古代先秦时期著名的黄老道家典籍《太公》的兵法部分。中国古典军事文化遗产的

纪连海谈

重要组成部分,其内容博大精深,思想精邃富赡,逻辑缜密严谨,是中国古代军事思想精华的集中体现。

④耳目相属:属,连接。耳目相属意即交头接耳状。

纪老师说 • • •

"浑水摸鱼"一词,起初可能是渔民们从捕鱼实践中摸索、总结出来的一句俗语。本意是,把水弄混浊,然后去捉惊慌失措、会晕头转向,在浑水中失去清晰视线、并挣扎着吸气,此时趁机捕捉,往往易于得手。

公元前6世纪,希腊寓言家伊索在《伊索寓言·渔夫》中就讲到一个"浑水摸鱼"的故事:一位渔夫在河里捕鱼时,先拦河张网,然后用绳子拴上石块,面向渔网击打水底,鱼吓得到处乱游,有些撞进网里。当地有人见渔夫这样做,责怪他把水搅浑了,使人不能喝到清水。渔夫说:"若不是把水搅浑,我就捕不到鱼,捕不到鱼,我就得饿死。"

有人把这个故事作为"浑水摸鱼"的来源,但寓言译介到中国来的时间不确定,《三十六计》的成书时间也不确定,所以这一说法也无从考证。但到目前,该词已逐渐被移植到社会生活的各个领域,以至被兵家和军事指挥员们用来作为表述军事谋略的军事术语。其意是指有意给对方制造混乱,或趁敌方混乱之际,消灭敌人,夺取胜利。在战场上,冒充敌人而蒙混过关是此计常用的手法。在政治、经济领域,日常生活中,也常用这个词语,"鱼"就比喻趁混乱之际谋取某种意外的利益。

《三国演义》中,经过赤壁大战,周瑜大败曹操。为了防止孙权北进,曹操派大将曹仁驻守南郡(今湖北公安县)。这时,孙权、刘备都在打南郡的主意。周瑜因赤壁大战,气势如虹,下令进兵,要谋取南郡。刘备也把部队调到油江口驻扎,眼睛死死地盯住南郡。周瑜说:"为了攻打南郡，我东吴花多大的代价，南郡垂手可得。刘备休想做夺取南郡的美梦！"刘备为了稳住周瑜，首先派人到周瑜营中祝贺赤壁大捷。第二天，周瑜亲自到刘备营中回谢，在酒席之中，周瑜单刀直入问刘备驻扎油江口，是否意欲取南郡。刘备说："听说都督要攻打南郡，特来相助。如果都督不取，那我就去占领。"周瑜大笑说："南郡指日可下，如何不取？"刘备说："都督不可轻敌，曹仁勇不可当，能不能攻下南郡，话还不敢说。"周瑜一贯骄傲自负，听刘备这么一说，很不高兴，他脱口而出："我若攻不下南郡，就听任豫州（即刘备）去取。"刘备本来用的是激将法，盼的就是这句话，一听到周瑜的话，马上说："都督说得好，子敬（即鲁肃）、孔明都在场作证。我先让你去取南郡，如果取不下，我就去取。你可千万不能反悔啊。"周瑜一笑，哪里会把刘备放在心上？

周瑜走后，诸葛亮建议按兵不动，让周瑜先去与曹兵厮杀，然后见机行事。周瑜发兵，首先攻下彝陵（今湖北宜昌），然后乘胜攻打南郡，却中了曹仁诱敌之计，自己被毒箭射中，无功而返。曹仁见周瑜受伤，非常高兴，每日派人到周瑜营前叫战。周瑜只是坚守营门，不肯出战。一天，曹仁亲自带领大军，前来挑战。周瑜带领数百骑兵冲出营门大战曹军。开战不多时，忽听周瑜大叫一声，口吐鲜血，坠于马下，被众将救回营中。不久就传出周瑜箭疮大发而死的消息，且周瑜营中大奏哀乐，士兵们都戴了孝。曹仁闻讯，大喜过望，决定趁周瑜刚死，东吴没有准备的时机前去劫营，准备割下周瑜的首级，到曹操那里去领赏。当天晚上，曹仁亲率大军劫营，城中只留下陈矫带少数士兵护城。曹仁大军趁着黑夜冲进周瑜大营，只见营中寂静无声，空无一人。曹仁情知中计，急忙退兵，但是已经来不及了。只听一声炮响，周瑜率兵从四面八方杀出。原来，这是周瑜定下的诈死欺骗敌人的计谋，目的是引诱曹

仁然后伏击曹军。曹仁上当后，好不容易从包围中冲出，向南又遇东吴伏兵阻截，只得往北逃去。周瑜大胜曹仁，立即率兵直奔南郡。可万万没想到的是，等他率部赶到南郡时，只见南郡城头布满旌旗。原来赵云已奉诸葛亮之命，趁周瑜、曹仁激战正酣之时，轻易地攻取了南郡。诸葛亮利用搜得的兵符，又连夜派人冒充曹仁救援，轻易地诈取了荆州、襄阳。螳螂捕蝉黄雀在后，周瑜这一回上了诸葛亮"浑水摸鱼"的大当，气得昏了过去。

　　第二十计"浑水摸鱼"和第五计"趁火打劫"很相似，都是趁机对敌方进行攻击。但它们之间是有区别的：首先在于中计者所面临威胁危险的强度和直接的程度不同，"趁火打劫"的中计者直接受到生死存亡灾难或不幸的打击，他或其亲属的生命财产都处于极其危险的境地；"浑水摸鱼"强调的是在混乱状态下，即被利用者本人周围的环境乱，中计者起初并没有被打扰，直到周围环境受到干扰的情况下才处于窘境。同时，从按语所举例证中看出，被摸的鱼儿毫无主见之时，亦即精神状态混浊之时，也是"浑水摸鱼"的范畴，然而"精神混浊"的状态不是似"火"的形态那样具体可见。其次，给对方造成困境的原因不同，按计语理解，"趁火打劫"中的这种生存困境并不一定是由施计者所造成的，只是他"利用"了这种生存困境；而"浑水摸鱼"中的"浑水"是由施计者自己或第三者造成的。最后，"趁火打劫"之计直指某一具体的对方，而"浑水摸鱼"所触及的则有可能不是处于对抗中的一方，有可能是偶尔聚合在一起的第三方。"浑水摸鱼"这一计的运用要分为两步走：第一步，要设法把水搅浑；第二步要设法趁机捞鱼。因此，"浑水摸鱼"一计要比"趁火打劫"一计具有更深的谋略性，在实施的过程中，要求指挥员发挥更大的主动性。

在军事斗争中，可以"浑水摸鱼"，在错综复杂的市场竞争中，道理也是一样。慧眼独具、手腕灵活的经营者也常趁着竞争对手内部或市场混乱之际，趁机兼并那些力量弱小而动摇不定的势力，以扩充自己的实力，甚至形成企业集团，使自己的经营更加便利，更加有效。有的甚至还会制造混乱，从中获得顺手之利。

1988年，当时的北国粮油贸易公司刚刚成立，人手不多，交易额也不大。公司以经销东北生产的玉米为主要业务。由于省内外经销单位很多，所以销路不畅，效益不太好。为此，张某经理十分焦急，四处托门路，找关系，想扩大公司的市场。真是皇天不负有心人，就在张某四处找销路的时候，省经委的同志为他介绍来一位日本客户岛村一郎——一个精明强干的商人。他是日本一家化工公司的业务经理，此次来华目的是为其公司订购一批公司生产所需的原材料——玉米。这也正是张某经理急需脱手的商品。张某经理自上任以来，在经营上还未有大发展，这一次遇到一位大买主，自然不敢怠慢。招待上热情周到自不必说，还要对岛村表示合作的诚意，并表示愿意提供最优惠的条件。岛村在与张某经理交谈数次后，又看了样品表示愿意成交，问张某以何价格售出。张报价每吨32美元（这个价格是当时的市场价格，张并没有要高价）。

谁料岛村却一副惊讶的样子："张经理，想不到你如此地没有诚意，这么高的要价，让人怎么受得了，我看这笔买卖就不要谈了。"说罢，离席而去，把张经理晾在了一边。在以后几天里，岛村避而不见张经理，张经理捎话给岛村说价格可以商量，岛村仍然推辞，弄得张某一头雾水，不知所措。正在这时，张某接到大连某粮油公司的电话："请问日本岛村先生是否与你公司商谈过进口玉米的事宜。""是的，"张经理知道这家大连的公司，却没有直接接触过。"请问，你们给的价钱

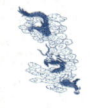

纪连海谈 三十六计

是多少？""每吨32美元。""好，谢谢，我只是随便问问。"放下电话，张某心中暗想，看来岛村是想另找合作伙伴了。不行，我一定要促成这笔交易。不由分说，张某驱车赶到岛村下榻的宾馆，表示愿意以每吨降价1美元，即以31美元每吨的价格成交。"张经理，我这笔订货数量是很大的，你这样没有诚意，叫我怎么做呀！"岛村不屑一顾地摇头说。张某感到进退两难：31美元每吨，低于市场价格，公司为此已经损失了一大笔利润，可岛村仍然不满意。在随后几天里，张某又接到了来自辽宁黑龙江的两家企业的电话，内容还是询问与岛村谈判玉米的价格。张某心想：看来这个岛村还真厉害，狡兔三窟，这笔买卖真不好做，若就此罢休，一笔数额可观的交易就要黄，白白浪费了这么多时间和精力。"不行，我一定要把这笔买卖做成！"他下了最后的决心，不管怎样，哪怕每吨30美元，这已经是价格最低点了。即以此价格成交，利润已经是微乎其微了。但岛村狡猾地一笑道："张经理，实不相瞒，我也与黑龙江、辽宁几家公司洽谈过，他们的最低报价是29.5美元每吨。"张某心中一惊，29.5美元每吨，正是盈亏分界点的价格，也就是说这笔买卖做成既不赔本也不赚。不由得暗暗佩服岛村的精明之处，他盘算着岛村所要货的数量，"目前自己没有那么多库存，待交易确定后，再压低一点价格收购一些，就可以有一定的盈利。"事已至此，张某答应了岛村的要求："好吧，以29.5美元每吨成交，这次你该满意了吧。"岛村的脸上露出一丝笑意，说道："好吧，张经理，看来你还是有诚意的。虽然其他公司也是同等价格，但因我们联系较早，我决定这笔买卖和你们做，不过我要回去请示老板才能最后决定。这样吧，我马上与公司联系，待请示后，后天一早签协议。"张某如释重负般地松了一口气，这笔买卖总算做成了，虽说没有什么赚头，但毕竟在同行竞争中自己胜了。他依照岛村的提议，回去准备了。但第三天早上，岛村并没有如约来公司签订合同，张某又来到其下榻的宾馆，宾馆服务人员讲，岛村先生昨天已退房了，不知去哪里了。张某一下子蒙了。事情过去了数月之后，张某在一次洽谈会上，结识了那家大连粮油公司的经理。谈起此事，方明白，原来岛村在与张某周旋的同时，其助手正在大连粮油公司那里讨价还价。至此，大家才恍然大悟，日方商人也正是利用他们相互之间信息不通的关系，来制造假象，故意把水搅浑，在浑水中捡了个大便宜。

在政坛上，很多政权的交替，就是在"浑水"时完成的。法国资产阶级革命结束后，靠"热月政变"上台的政府，软弱无能，社会矛盾尖锐，国家物价成百倍地上涨，人民生活水平不断下降。中、小资产阶级民主派积极活动，发誓要为被杀害的罗伯斯比尔等人复仇；保王党数次暴乱，企图恢复波旁王朝的统治；英、奥、俄三国反法盟军趁机进兵法国边境。没落贵族拿破仑·波拿巴率军打败了反法盟军，被提升为将军。后来，他又平定了王党的叛乱。他在埃及听到了国内局势十分混乱的消息，马上回到了法国，经过多方的秘密联络、串通，得到了军队上层和元老们的支持，于1799年11月9日发动政变，成功解散了五百人院，元老院任命拿破仑为军队总司令，兼国家第一执政官。12月，他又被加冕皇帝，建立了法兰西第一帝国。

恩格斯说："拿破仑这个科西嘉岛人，做了被战争弄得精疲力竭的法兰西共和所需要的独裁者。"拿破仑就是蹚了浑水，摸得了鱼，成功登上皇位的。

在生活中，有些人就喜欢"浑水摸鱼"，贪占小便宜。懂得了这条谋略的本质，我们就要有足够的细心，防止被人钻了空子，越是混乱的状态中，越要保持冷静，明辨是非，防止被人钻了空子。

第二十一计　金蝉脱壳

原文原典

存其形，完其势①；友不疑，敌不动②。巽而止，蛊③。

按语

共友击敌，坐观其势。尚另有一敌，则须去而将势。则金蝉脱壳者，非徒走也，盖为分身之法也。故大军转动④，而旌旗金鼓，俨然原阵，使敌不敢动，友不生疑，待己摧他敌而返，而友敌始知，或犹且不知。然则金蝉脱壳者，在对敌之际，而抽精锐以袭别阵也。如：诸葛亮病卒⑤于军，司马懿追焉。姜维令仪反击鸣鼓，若向懿者，懿退，于是仪结营而去⑥。檀道济被围，乃命军士悉甲⑦，身白服乘舆徐出外围，魏惧有伏，不敢逼，乃归。（《南史·檀道济转》《广名将传》）

注释

①存其形，完其势：保存已有的战斗阵形，进一步完备继续战斗的各种态势。

②友不疑，敌不动：疑，怀疑。动，进攻。

③巽而止，蛊：语出《易经·蛊》卦。蛊，卦名。本卦为异卦相叠（巽下艮上）。本卦上卦为艮为山为刚，为阳卦；巽为风为柔，为

阴势。故"蛊"的卦象是"刚上柔下"，意即高山沉静，风行于山下，事可顺当。又，艮在上卦，为静；巽为下卦，为谦逊，故说"谦虚沉静"，"弘大通泰"是天下大治之象。

此计引本卦《象》辞："巽而止，蛊。""蛊"，意谓事顺。其意是我暗中谨慎地实行主力转移，稳住敌人，则趁敌不惊疑之际脱离险境，就可安然躲过战乱之危。

④转动：转移。

⑤病卒：病死。

⑥结营而去：拔营离开。

⑦悉甲：全披铠甲。

纪老师说 ●●●

金蝉，实名蚱蝉，俗称"知了"，是昆虫纲同翅目蝉科昆虫的代表种。它在蜕变为成虫时，本体脱离皮壳而走，只留下蝉蜕还挂在枝头。"金蝉脱壳"一词，就应此意而生。元代马致远的《任风子》中用到该词："唬得我玉魂销；怎提防笑里刀；他待显耀雄豪，乱下风雹。天也，我几时能够金蝉脱壳？可不道家有老敬老、有小敬小？"

中国四大古典名著之一《西游记》中的"唐僧"，原是释迦牟尼如来佛的二徒弟"金蝉子"（又称金蝉长老）转世，唐三藏由金蝉子转世为真灵东土大唐高僧，就喻有"金蝉脱壳"之意，所以人们将脱壳变身的蝉作为长生、再生的象征。因在《西游记》中，有吃"唐僧肉"可以长生不老的说法，加上金蝉营养价值高，所以民间早有把吃金蝉子比喻成可以让人长生不老的"唐僧肉"。

后来，便用"金蝉脱壳"比喻趁暂时未被对方察觉，制造或利用假

象,趁机逃脱。如《西游记》第二十回:"这个叫作金蝉脱壳计,他将虎皮盖在此,他却走了。"还用来比喻蜕变改易。如瞿秋白《论文学革命及语言文字问题》:"古代中国文,现在脱胎换骨,改头换面,用了一条金蝉脱壳的妙计,重新复活了起来。"

2013年10月,在美国上演了一部大片《金蝉脱壳》。该影片由史泰龙和施瓦辛格这两个好莱坞有名的动作明星主演。史泰龙饰演的雷是一个逃脱大师,他的工作主要是帮联邦监狱管理局测试监狱的安全系数,改进安全漏洞,提高监狱的牢固性。他之所以干上这一行,是因为他的家人就是因为一个被他判罪的罪犯逃出监狱找他报仇而死的,所以他和人合伙开了一间私人安保公司,而且他还将自己的经历写成了一本书。一个自称是联邦调查局的女探员用高酬劳来请他测试监狱,其实这个女探员就是施瓦辛格饰演的一个劫富济贫英雄的女儿,她的目的是希望他能帮助自己的父亲逃出监狱,而这一切他的合伙人都是知道的。他来到的监狱就是一个被称作"活人墓"的监狱,这次的逃脱只能靠他自己了。而且这个监狱的牢房都是用玻璃做的,其实这就是他的合伙人和典狱长按他的著作设计的一个监狱,他们希望他永远也逃不出去!但是,通过观察,他还是找到这个监狱的漏洞,但他要实施这个计划必须有人合作。于是,他就找到了这个劫富济贫的英雄奈特梅耶。他利用自己的智慧逃出禁闭室,但是当他发现这个监狱原来是在一艘船上,他又彻底失望了。雷从典狱长那里感觉出这个计划从头到尾就是一个"阴谋",目的是不让他逃出这个监狱,他要找出这个策划阴谋的人就必须出去,于是他开始更紧密地和奈特梅耶合作,甚至动用奈特梅耶在狱中的关系。他们还联合了一个大毒枭(和他们在狱中不和的人)一起来策划这场越狱,因为雷已经说服了医生帮他们联系直升机,最终两个人凭借通力合作终于逃出了监狱。雷见到了来接父亲的女探员，才明白了真相——知道原来是自己的合伙人要害他，于是他用相同的手法把他的合伙人也送上了一艘船作为对他的惩罚。

雷用自己的智慧，与人合作逃离"活人墓"，这个过程可以用"金蝉脱壳"来概括，但与我们的"金蝉脱壳"计以及词语的本义还是有差别的，既没有"制造和利用假象"的意思，也没有"蜕变"实质，这只是翻译问题而已。要阐明三十六计之"金蝉脱壳"，还是用我们老祖宗留下来的故事。

伍子胥的家族在楚国声名显赫，但他的父亲伍奢被奸人陷害。楚平王要斩草除根，全国悬赏捉拿逃脱的伍子胥，令各关隘渡口挂起他的头像，对过往行人严加盘查，严防伍子胥逃到邻国。昭关在临吴之界，对行人盘查极严，伍子胥到关口后难以通过，于是暂藏身于民间医师东皋公住所。他悲愤交加，急于过关而无计可施，一夜间愁白了头。不久，东皋公约来他的友人皇甫讷，一同商定了子胥过关的计策。皇甫讷长得身高眉广，与伍子胥相像，就换上子胥平素衣饰，扮作子胥。而伍子胥以药汤洗脸，变换面色，扮作仆人模样。黄昏时分，主仆二人搭档往昭关走去。昭关守卒见皇甫讷与关前所挂子胥头像相似，又见其接受盘查时情绪慌张，怀疑即是伍子胥，急忙入报守将边越。边越在关楼上一望，亦认作子胥，遂下令捉拿。守卒不顾皇甫讷的求饶，将其抓入关上。关隘前后的守卒百姓听说国家要犯伍子胥被抓，都前来观看，伍子胥则趁关门大开之际，混在人群中溜出了关卡。皇甫讷被捉上关后受到严刑拷打，但他一口咬定："吾乃龙门山下隐士皇甫讷，欲与友人东皋公出关东游。"边越过去见过子胥一面，他仔细辨认，觉得有些不像。正疑惑间，有人报告东皋公入见。东皋公常被边越请来关上看病，他

纪连海谈 三十六计

坐下后对边越说:"吾欲出关东游,闻将军捉得亡臣伍子胥,特来称贺!"闻听边越说囚犯不肯承认,东皋公又说:"吾与子胥亦有一面,请借此人与吾辨之,便知虚实。"边越让守卒带来囚犯。皇甫讷一见东皋公,即埋怨说:"公相期出关,何不早至,累我受辱!"东皋公连忙向边越解释误会,并拿出过关文牒证明。边越很为尴尬,他亲自为皇甫讷松绑,设酒道歉,送走了两人,其后又令将士守关如故。

伍子胥过昭关,用的是"金蝉脱壳"计,皇甫讷变身成为"伍子胥",用假的"伍子胥"迷惑守卒,与他们周旋,真的伍子胥却趁机溜走,完成了"脱壳"。这就是在某种特殊情况下采取的一种隐蔽的脱身策略,如同以分身之术制造假象,存形吸引敌人的注意力,而真身却暗中脱走。

单个人可采用"分身术",如果是大兵团转移,在不那么容易分身的情况下,仍可以制造假象,迷惑敌人以脱身。宋朝开禧年间,金兵屡犯中原。宋将毕再遇与金军对垒,打了几次胜仗。金兵又调集数万精锐骑兵,要与宋军决战。此时,宋军只有几千人马,如果与金军决战,必败无疑。毕再遇为了保存实力,准备暂时撤退。金军已经兵临城下,如果知道宋军撤退,肯定会追杀。那样,宋军损失一定惨重。毕再遇苦苦思索如何蒙蔽金兵,转移部队。这对,只听帐外,马蹄声响,毕再遇受到启发,计上心来。

他暗中作好撤退部署,当天半夜时分,下令兵士擂响战鼓。金军听见鼓响,以为宋军趁夜劫营,急忙集合部队,准备迎战。哪料到只听见宋营战鼓隆隆,却不见一个宋兵出城。宋军连续不断地击鼓,搅得金兵整夜不得休息。金军的头领忽然想到,这是宋军采用疲兵之计,用战鼓扰乱兵将,使之不得安宁。好吧,你擂你的鼓,我再也不会上你的当。

宋营的鼓声连续响了两天两夜，金兵根本不予理会。到了第三天，金兵发现，宋营的鼓声逐渐微弱。金军首领断定宋军已经疲惫，就派军分几路包抄，小心翼翼靠近宋营。但当他们完成保卫时，仍不见宋营有什么动静。金军首领一声令下，金兵蜂踊而上，冲进宋营，这才发现宋军已经全部安全撤离了。

原来毕再遇使了"金蝉脱壳"之计：他命令兵士将数十只羊的后腿捆好绑在树上，使倒悬的羊的前腿拼命蹬踢，又在羊腿下放了几十面鼓，羊腿蹬踢就敲得鼓声隆隆。毕再遇用"悬羊击鼓"的计策迷惑了敌军，利用两天的时间安全转移了。

其他如按语中提到的"死诸葛吓走活司马""檀道济乘舆徐出围"，在此不再赘述，单讲一个商业上运用"金蝉脱壳"的智慧故事吧。话说有一家公司，自从多年前成立以来，一直就生意兴隆、蒸蒸日上。然而，好景不长，正赶上经济形势不景气，效益竟然大幅滑落。这绝不能怪员工，因为大家为公司拼命的情况，丝毫不比往年差，甚至可以说，由于人人意识到经济下滑的压力，干得比以前更卖力了。这也就越发加重了董事长心头的负担，因为马上就要过年，照往年的惯例，年终奖金最少加发两个月，多的时候，甚至再加倍。今年可惨了，算来算去，顶多只能给一个月奖金。"让多年已经被惯坏了的员工知道，士气真不知要怎么滑落！"董事长没办法，找来总经理商量："许多员工都以为最少得加两个月，恐怕机票、新家具都订好了，只等拿奖金出去度假或付账单呢！"总经理也愁眉苦脸了。"好像给孩子糖吃，每次都抓一大把，现在突然改成两颗，小孩一定会吵。""对了！"董事长突然灵光一闪，"你这句话倒使我想起小时候店里买糖，总是喜欢的同一个店员，因为别的店员都先抓一大把，拿去称再一颗颗往回扣。那

个比较可爱的店员,则每次都抓不足重量,然后一颗颗往上加。说实在话,最后拿到的糖没什么差异,但我就是喜欢后者。"没过两天,公司突然传出小道消息——"由于营业不佳,年底要裁员……"顿时人心惶惶了。每个人都在猜,会不会是自己。最基层的员工想:"一定由下面杀起。"上面的主管则想:"我的薪水最高,只怕从我开刀!"但是,跟着总经理就做了宣布:"公司虽然艰苦,但大家同一条船,再怎么危险,也不愿牺牲共患难的同事,只是年终奖金,绝不可能发了。"听说不裁员,人人都放下心上的一块大石头。那不至于卷铺盖的窃喜,早压过了没有年终奖金的失落。眼看除夕将至,人人都做了过个穷年的打算,彼此甚至约好拜年不送礼,以共渡难关。突然,董事长召集各单位主管紧急会议。看主管们匆匆上楼,员工们面面相觑,心里都有点七上八下:"难道又变卦了?"是变了卦!没几分钟,主管纷纷冲进自己的单位,兴奋地高喊:"有了!有了!还是有年终奖金,整整一个月,马上发下来,让大家过个好年!"整个公司大楼,爆发出一片欢呼声,连正在顶楼的董事长,都感觉到了地板的震动……

  与其因最好的企盼,造成最大的失望,不如用最坏的打算,引来意外的欣喜。公司领导用最坏的结果引发意外的惊喜的办法,很好地解决公司目前的困难,用金蝉脱壳来形容最好不过了。

  明白了"金蝉脱壳"的本质,在生活中就要睁大双眼,认清事物的灵魂和躯壳,小心别被人涮了。

第二十二计　关门捉贼

原文原典

小敌困之①。剥，不利有攸往②。

按语

捉贼而必关门，非恐其逸③也，恐其逸而为他人所得也；且逸者不可复追，恐其诱也。贼者，奇兵也，游兵也，所以劳我者也。吴子曰："今使一死贼，伏于旷野，千人追之，莫不枭视狼顾④。何者？恐其暴起而害己也。是以一人投命⑤，足惧千夫。"追贼者，贼有脱逃之机，势必死斗；若断其去路，则成擒矣。故小敌必困之，不能，则放之可也。

注释

①小敌困之：对弱小或者数量较少的敌人，要设法去困围（或者说歼灭）他。

②剥，不利有攸往：语出《易经·剥》卦。剥，卦名。本卦异卦相叠（坤下艮上），上卦为艮为山，下卦为坤为地。意即广阔无边的大地在吞没山，故名曰"剥"。"剥"，落的意思，万物零落之象。卦辞："剥，不利有攸往。"攸，长久、如水绵延不断；往，假借字，通"望"。本句借用"剥"卦，意思是说，有所往则不利，即不利于直追

远赶。

③逸：跑，逃跑。

④莫不枭视狼顾：如枭盯视，如狼频顾。形容行动警惕，有所畏忌。

⑤投命：舍命；拼命。

纪老师说

"关门捉贼"是流传已久的民间俗语，其义与另一民间俗语"关门打狗"的意思相近。从字面上，它很直白，这与"借刀杀人"或"上屋抽梯"等一样，都属于含义直截了当，从字面就可以理解，也无相关典故的计谋。一句话，这个计谋不是很复杂。在1987年10月31日的《新苏黎世报》第11版曾刊发了一条有趣的消息："星期五夜里，埃格利绍附近的一位居民表现得十分冷静，成功地将一名闯入其地下室的盗窃者锁了起来，警察没费多大力气便将其抓获。"这则消息正好恰如其分地诠释了该计的含义。后来人们把日常生活中的这种小手段移用到战争谋划上，便赋予了它非同凡响的意义。在军事实践中，它与军事家和军事指挥员们常讲或常用的围歼战、口袋阵等大体相当。

该计很明白地说出了实施的两个步骤，先"关门"，再"捉贼"，两个战术动作是上承下继、紧密相连的，配合得天衣无缝，贼人跑不出去；而且捉得及时，就不会夜长梦多，让敌人找到突破的漏洞，甚至对围捕者造成伤害。关上门捉的"贼"多指事实上的贼人，后来得以拓展小股敌人，甚至是穿插部队；"关门"的意思也从关实在的"门"，延伸到在野外、在战场上进行的包围。也就是说，"贼"，在军事上指的是"奇"兵，即以偷袭战术为主要目标的小股部队或游兵，或在一方领地上出没无常、机动灵活、流动作战的小部队、游击队，等等。其特点是人数较少、行踪迅速难测、诡计多端、能造成很大的破坏性，类似于现在的特种部队。对付这种敌人，就要采用《孙子兵法》中"十则围之"的作战原则，尽可能迅速地消灭他们，类同于"瓮中捉鳖""关门打狗"战术。

从编排体例上看，关门捉贼是紧接着金蝉脱壳的。这不是巧合，而是作者有意为之。"金蝉脱壳"注重的是脱逃和暗中逃遁，而"关门捉贼"正好与之相反，不是讲如何脱逃，而是如何使脱逃成为不可能。如果说"金蝉脱壳"是我方在危急关头、陷入敌手、形势极端不利的情况下施用的计谋，那么"关门捉贼"却适用于我方处于优势、处于有利的环境时所采用的计谋，目的是陷"贼"人于不利状态，以便实施抓捕。

实施"关门捉贼"之计，首先要弄明白的是，实施的对象，要么是自动闯入的敌人弱小和孤立的部队，要么是实施偷袭被我方发现的特战部队，不管他们是自动进"门"的，还是被动被我方赶进"门"、诱进"门"，或者是被围而成"门"的，首先要掌握的原则是在兵力强弱、部署上一定要占据优势，对势均力敌的敌人不要实施"关门"之计，否则，该计就难以奏效，或者引狼入室，让自己吃亏。公元234年，诸葛亮远离国门，蜀军开始自汉中沿斜谷向关中地区进兵。由于秦岭谷道崎岖难行，直到4月蜀军才到达关中的郿一带。此时，司马懿率军渡过渭河，在渭河南背水筑垒坚守。在面临严重的补给困难，又多次作战失利的情况下，蜀军将退守河岸边的敌军将领司马懿围困长达100天。长时间的封锁，最终并不是司马懿消耗殆尽，而是诸葛亮自己，最终诸葛亮积劳成疾病死五丈原，蜀军无功而返。

其次，实施"关门捉贼"还要防止"贼""狗急跳墙"。有一句

名言,说"逼到墙角的猫会变成老虎",因此,我们不能把关起来的"贼"逼急了。《尉缭子》曾说过:"一贼仗剑击于市,万人无不避之者。臣谓非一人之独勇万人皆不肖也。何者?必死与必生固不侔也。"意思是说,一个亡命之徒,持剑在街市上杀人,众人没有不躲避他的。这并不是因为这个人特别勇敢而众人都无能,是抱必死决心的人和本能求生的人本来就不能相提并论。落网之鱼尚且能挣破渔网,兔子急了还咬人呢,困兽还要斗狠,何况战士呢,孙子就说过"围师必阙,穷寇勿迫"的原则。所以,实施该计,不要以为是对付小"贼"而掉以轻心,而是集中优势兵力,让"贼"毫无察觉之时"关门",未等"贼"反应过来时"捉",快速致胜,迟则生变。也就是让包围圈是冲不破的,应是没有漏洞和薄弱环节的。

最后,实施"关门捉贼"还要防止中敌诱兵之计。因此,在关门时,如果因为关得不严,对漏网之鱼要审慎对待,切莫随意追击,谨防把自己送进人家的包围圈,来个"反关门"。

战国后期,秦国攻打赵国。秦军在长平(今山西高平北)被赵国的名将廉颇阻滞,久攻不克。原来,廉颇见秦军势力强大,不能硬拼,便命令部队坚壁固守,不与秦军交战。两军相持四个多月,秦军仍拿不下长平。秦王采纳了范雎的建议,用离间之计让赵王怀疑廉颇,赵王中计,调回廉颇,派赵括为将到长平与秦军作战。赵括到长平后,完全改变了廉颇坚守不战的策略,主张与秦军对面决战。秦将白起故意让赵括尝到一点甜头,使赵括的军队取得了几次小胜。赵括果然得意忘形,派人到秦营下战书。这下正中白起的下怀。他兵分几路,形成对赵括军的包围圈。第二天,赵括亲率四十万大军,来与秦兵决战。秦军与赵军几次交战都打"输"了。赵括更是志得意满、骄傲轻敌,哪里知道敌人用的是诱敌之计。他率领大军追赶被打败了的秦军,一直追到秦壁。秦军坚守不出,赵括一连数日也攻克不了,只得退兵。这时,突然得到消息,说自己的后营已被秦军攻占,粮道也被秦军截断,秦军已把赵军全部包围起来了。一连四十六天,赵军绝粮,士兵杀人相食,赵括只得拼命突围。白起已严密部署,多次击退企图突围的赵军,最后,赵括中箭身亡,赵军大乱。四十几万士兵投降白起。白起使诈,把赵降卒全部坑杀,只留下二百余人回国报信。这个赵括,就是只会"纸上谈兵"的"名将",就这样一步步走进了秦军为他专设的"关门捉贼"的圈套,损失四十万大军,使赵国从此一蹶不振。

公元880年,黄巢率领起义军攻克唐朝都城长安。唐僖宗仓皇逃到四川成都,纠集残部,并请沙陀李克用出兵攻打黄巢的起义军。第二年,唐军部署已完成,出兵企图收复长安。凤翔一战,义军将领尚让中敌埋伏之计,被唐军击败。这时,唐军声势浩大,乘胜进兵,直逼长安。黄巢见形势危急,召众将商议对策。众将分析了敌众我寡的形势,认为不宜硬拼。黄巢当即决定,部队全部退出长安,往东开拔。唐朝大军抵达长安,不见黄巢迎战,好生奇怪。先锋程宗楚下令攻城,气势汹汹地杀进长安城内,才发现黄巢的部队已全部撤走。唐军毫不费力地占领了长安,众将欣喜若狂,纵容士兵抢劫百姓财物。士兵们见起义军败退,纪律松弛,成天三五成群地骚扰百姓,长安城内一片混乱。唐军将领也被胜利冲昏了头脑,成天饮酒作乐,欢庆胜利。黄巢的探子将城中的情况报告给了他,他高兴地说:"敌人已入瓮中。"当天半夜时分,黄巢急令部队迅速回师长安。唐军还沉浸在胜利的喜悦中,正呼呼大睡呢。突然,神兵天降,起义军以迅雷不及掩耳之势,冲进长安城内,只杀得毫无戒备的唐军尸横遍地。程宗楚从梦中醒来,发现起义军已冲杀进城,且唐军大乱，无法指挥，最后他在乱军中被杀。黄巢用"关门捉贼"之计，重新占据长安。

从上面两例来看，在战争中，只要谋划得当，运用"关门捉贼"决不只限于对付"小贼"，完全可以围歼敌主力部队。就拿黄巢战长安来说吧，面对气势汹汹的唐军，正面硬碰硬地作战，实施被动的防御，肯定占不到什么便宜，于是，先"避其锋芒"，保存实力，然后伺机歼敌。正巧，唐军不费吹灰之力占据长安后，滋生了骄傲轻敌的军中大忌，被黄巢纳入口袋，趁夜晚来了个"关门捉贼"，大胜唐军，重占长安。

不光在军事上，在日常生活中，我们也经常被"关门捉贼"了。比如，某君去手机店买手机，如果没有一定的免疫力，还真被"关门捉"了，自己还不清楚呢。看下面的案例：

顾客："你们手机的价格真的不能再优惠了吗？"

售货员："我们报的是最低的价格了，真的没法再优惠了！"

顾客："那我到B店去买了。"

售货员："您可以转转，我保证我报的价格是全市最低价。"

就在顾客离去的时候，售货员咔嚓一下，悄悄地给顾客照了一张照片下来，然后微信给B店售货员：

"小王，我给你微信发张图片，年纪三十多岁，你把那款XX手机价格报高一点，别送礼品，别让她再砍价了。"

B店售货员回复说："收到，放心吧。"

半小时后，这个顾客绕回来买了那款手机，在不知不觉中，被两个店的售货员串通好，而"关门捉"了。

"关门捉贼"计，一方面是"贼"进门被我们捉，另一方面，

"贼"不进门时，我们要主动出击，诱"贼"进门。比如，在竞争激烈的求职路上，总是感觉供大于求，总是那么多人往为数不多的能看得上眼的岗位上挤，总有许多人碰壁。怎么办？何不变一下思路，可主动地制造所谓的"口袋"，有计划地诱敌就范。比如，可以与同学、朋友等结成联盟，让用人单位找上门来，在大学里举行院系就业洽谈会，或几个同学联合在报纸、电视上自我求职，寻求符合自己条件的单位，等等，就属"关门捉贼"的延伸。借助发达网络信息平台，多种形式求职，在当前就业形势严峻的情况下，不失为聪明之举。

当然，懂得此计，不仅局限于使用，还可用来防御，谨防被"关门捉贼"了。比如，在文中所举的买手机的例子，如果我们知道人家布下了口袋，何不上网买？何不多跑几家店？为了防止钻进了别人的陷阱，我们何不谨慎一些，可以事先在网上、在朋友圈里了解一下行情，事先留有余地，一发现不好的苗头及时回头，这样不就不容易上当受骗了吗？防人之心不可无啊，尤其是传销陷阱、网络诈骗泛滥的时代，我们真的要多长几个心眼才够用啊。所以，我们研究计谋，不是让你去陷害别人，而是要把眼睛擦亮，把脑子练活络了，才不至于上当受骗，被人算计。

第二十三计 远交近攻

原文原典

形禁势格①,利从近取,害以远隔②。上火下泽③。

按语

混战之局,纵横捭阖④之中,各自取利。远不可攻,而可以利相结;近者交之,反使变生肘腋⑤。范雎之谋,为地理之定则,其理甚明。(《战国策·秦策》《战略考·战国》)

注释

①形禁势格:禁,禁止。格,阻碍。受到地势的限制和阻碍。

②利从近取,害以远隔:先攻取就近的敌人有利,越过近敌先去攻取远隔之敌是有害的。

③上火下泽:见《易经·睽》卦。睽,卦名。本卦为异卦相叠(兑下离上)。上卦为离为火,下卦为兑为泽。上离下泽,是水火相克,水火相克又相生,循环无穷。睽,乖离,乖异,即矛盾。本卦"象"辞:"上火下泽,睽。君子以同而异。"意为兑下离上,泽下火上,两相矛盾。意思是:炮火往上冒,池水往下淌,君子应该在求大同的前提下,保留小的差别和不同。此计运用"上火下泽"相互背离的道理,说明舍近求远不可取,可先采用"远交近攻"的做法。

④纵横捭阖:"纵横"即竖和横;"捭阖"是开和合,字面上理解成"自如地横竖开合"(达到操纵控制对方的目的)。不过,"纵横"有其特殊含义,是指战国时的"合纵"与"连横"的谋略。战国时有七国争霸,齐、楚、燕、韩、赵、魏六国采取了联合对抗强秦的做法,谓之"合纵";秦国则执行分化六国,使其服从秦国而个个击破,谓之"连横"。因此,这成语用"纵横"(合纵和连横)两大策略指称国际间错综复杂的政治和外交斗争。

⑤变生肘腋:肘腋,胳肢窝。变生肘腋比喻事变就发生在身边。

纪老师说

"远交近攻",语出《战国策·秦策三》。据记载,范雎曾劝谏秦王说:"王不如远交而近攻,得寸,则王之寸;得尺,亦王之尺也。"意思是说,秦王可以和远方的国家结盟,而进攻近距离的国家,甭管多少土地只要攻下了就占有了。现在舍弃近的而进攻远的,不是错误的吗?范雎的这一句话,为秦国量身定做了灭六国的军事、外交战略,足见这一计谋的威力。具体经过是这样的:战国末期,七雄争霸。秦国经商鞅变法之后,势力发展最快。秦昭王开始图谋吞并六国,独霸中原。公元前270年,秦昭王准备兴兵伐齐。范雎此时向秦昭王献上"远交近攻"之策,阻秦国攻齐。他说:"齐国势力强大,离秦国又很远,攻打齐国,部队要经过韩、魏两国。军队派少了,难以取胜;多派军队,打胜了也无法占有齐国土地。不如先攻打邻国韩、魏,逐步推进。为了防止齐国与韩、魏结盟,秦昭王派使者主动与齐国结盟。其后四十余年,秦始皇继续坚持"远交近攻"之策,远交齐楚,首先攻下韩、魏,然后又从两翼进兵,攻破赵、燕,统一北方;攻破楚国,平定南方;最后把

齐国也收拾了。秦始皇征战十年,终于实现了统一中国的愿望。"

远交近攻,从字面上理解,就是与较远的国家交好,而攻打占领近处的国家。东周末年,河东六国联盟向秦宣战,秦王却结交最远的齐国破六国联盟,把近的国家一个个灭了。因此,"远交近攻"实际是分化瓦解敌方联盟,各个击破,结交远离自己的国家而先攻打邻国的战略。

抛开秦灭六国的史实不论,广而言之,当实现军事目标的企图受到地理条件的限制难以达到时,应先攻取就近的敌人,而不能越过近敌去打远离自己的敌人。如果舍近求远,一方面,可能让远方和近处的国家或军事势力结成联盟,共同对付自己,也就是树敌太多;另一方面,即便顺利攻取了,因为受地理位置的限制,也无法实施有效管理,无法获得实质性的占有。如果采用了"远交近攻"的策略,既能防止敌方结盟,而千方百计去分化敌人,然后各个击破。待消灭了近敌之后,"远交"的国家又成为新的攻击对象了。"远交"的目的实际上是避免树敌过多而采用的外交诱骗。因此,我们不能把它理解为单纯的军事谋略,实际上它更多的是国家领导者或军事指挥部采取的政治战略。也就是同时用看似矛盾对立的两手,"大棒"和"橄榄枝"相互配合,用"橄榄枝"示好远国,不使它成为自己的敌人;用"大棒"攻击邻国,消灭并占有它。等打败邻国后,自己变得更强大了,腾出兵力和时间后,远交之国也就成了近邻,新一轮的征伐也是不可避免的。所以,这两手,"君子以同而异",既有短期目标,又有长期目标,相克相生,相辅相成。

成吉思汗统一中国,也成功运用"远交近攻"计策。他在统一蒙古后,并没有停步不前了,而是有了更大的目标。跟他东南相邻的是金(国),西南相邻的是西夏(国),更远的就是南宋国。此时,对蒙古构成威胁的只有金。于是，成吉思汗一方面用武力胁迫西夏与其议和，解除了西部的骚扰；另一方面，派人远去南宋通好，答应与南宋共同进攻金。南宋虽然迫于金的压力，没有联蒙打金，但，对蒙古攻打金采取了中立的态度，就消除了蒙古的顾虑，使其全心投入。金连连败退，以致迁都于开封。成吉思汗见金被打退，回手进攻西夏，1227年6月，夏主被迫投降，夏灭亡。1229年，成吉思汗的儿子窝阔台也采取了"远交近攻"的战略，他派使者到南宋，联合南宋南北夹击金国，为了表示对南宋的友好，窝阔台还修饰了孔庙。1233年，攻克开封。1234年1月，金哀宗自杀身亡，金灭亡。1235年6月，蒙古国见扩张道路上的障碍已基本清除，于是，反脸大举进攻南宋，攻克南京。1279年，元军攻占圭山（广东新会一带），南宋大臣陆秀夫背着小皇帝跳海自杀，南宋灭亡。元统一了中国。

成吉思汗及后来的窝阔台的"远交近攻"之计，就是抓两手，一是"远交"重政治，是为了稳住远方的敌人，如西夏、南宋等，是麻痹缓兵之策；二是"近攻"重军事，采用分化瓦解，各个击破的策略，先削弱金，再灭夏，再联手南宋灭掉金，最后灭掉南宋。实行"远交近攻"之计，有助于集中力量应付眼前的敌人，并且将其置于孤立无援的境地。

第二次世界大战时，希特勒为了实现他吞并欧洲，称霸世界，建立一个"大德意志帝国"的野心，为了防止欧洲诸国联合起来群起而攻之，便在他的一系列政治外交伪装中，充分利用了西方盟国的绥靖主义政策，有效地实施了"远交近攻"之计。

1939年8月31日，意大利首相墨索里尼提出关于召开德、意、法、英四国代表会议的建议。9月2日，意大利外交部长齐亚诺作为特使，就召

开四国代表会议的条件问题,专程来到了巴黎。当时英国首相张伯伦、法国总统达拉第,积极推行远交近攻政策,拼命把德国这股祸水推向苏联,因而热衷于对德国搞"绥靖"政策。于是与意大利的墨索里尼、德国的希特勒签订了"慕尼黑协定"。苏联曾想联合英法共同对付德国,但被英法拒绝了。苏联为了自身的利益,与德国签订了《互不侵犯条约》。希特勒了解西方盟国和苏联再也不会援助波兰,便在"远交"政策的庇护下,首先向东灭亡了邻国捷克、波兰,后向西北攻陷了丹麦、挪威,再向西南灭亡了荷兰、比利时、卢森堡,并绕道阿登山脉攻入法国,直趋英吉利海峡……1941年,希特勒所采取的"远交近攻,各个击破"的战略方针,收到了预期效果,对苏形成了半月形包围。现在灾难落到苏联头上了。为了麻痹和欺骗苏联,希特勒在外交上通过多种形式反复向苏联表示"友好",积极同苏联签订贸易协定,甚至请苏联的军事代表团参观先进的航空技术,并同意卖给苏联新式战斗机。1941年6月22日,德军从波罗的海至喀尔巴阡山脉之间,以三个集团军群(战争第一天共投入117个师),在大量航空兵配合支援下,分为三路突然向苏联发动了全面进攻。苏军毫无准备,仓促应战,措手不及。有的部队没有带地图,有的兵团忘记了带电台呼号,有些工事没有军队据守,甚至有的方面军司令部不知他们的司令员在什么地方。致使德军很快突破苏军防线,长驱直入。至7月9日,德国军"北方"集团军群深入苏联国土约500公里;"中央"集团军群深入苏联国土约600公里;"南方"集团军群深入苏联国土400公里。苏联大片国土沦入敌手,大量苏军被德军围歼,许多城镇、农庄、工厂和学校遭到法西斯匪徒的血洗。苏联在战争初期陷入了非常困难和被动的境地,遭受了巨大的损失。

尽管苏联红军和苏联人民经过艰苦卓越的战斗,打败了德国法西斯，但着实尝到了希特勒"远交近攻"计谋之害，蒙受了重大损失，书写了一页遗恨千古的历史。同时，希特勒所采取的"远交近攻"的政策，给世界人民造成的灾难也是永远难以忘记的。

"远交近攻"不但适用于政治和军事上的角逐，对现代的商业竞争、企业发展都是很有启迪的。比如在企业营销中，尤其是在起步阶段，可以先开拓邻近的市场或与近处的对手竞争，有利因素多。为了使形势对自己有利，对远处的对手，也可适当联合。从企业的生产发展上，可以顺应市场需求，既要谋取近期利益，稳扎稳打，又要着眼未来，作好长远规划，使企业保持良好的发展势头。在经营项目上，先从自己熟悉的行业做起，不要贸然从事非自己所擅长的行业，否则就是就与远处之敌作战一般，必遭失败。概括地讲，就是要步步为营，不可贪功冒进，脱离实际。

雀巢公司是现今全球规模最大的跨国食品公司，已兴盛发展了120多年了。它所生产的食品，尤其是速溶咖啡，深受人们喜爱，风靡全球，是其拳头产品之一。然而，就是这样一个饮誉世界的雀巢帝国，在20世纪70年代却险些信誉扫地，"一命呜呼"。当时有种说法，说雀巢食品导致了发展中国家母乳哺育率下降，是婴儿死亡率上升的原因，由此引发了一场世界性的抵制雀巢奶粉、巧克力及其他食品的运动。为此，雀巢公司重金礼聘世界著名的公共关系专家帕根来商量对策，帮助雀巢公司渡过这一难关。帕根受此重托后，立即着手调查分析。结果，他发现，造成这场抵制雀巢食品运动的根源，就是在于雀巢公司以大企业、老品牌自居，拒绝接受公众的意见。另外，由于雀巢公司的推销活动，对公众是保密的。这使得雀巢公司与公众之间的信息交流不通。帕根根据调查分析的结果，制订了一个计划，把行动的重点放在了抵制最强烈

纪连海谈 三十六计

的美国,虚心听取社会各界对雀巢公司的批评意见,开展大规模的游说活动,组织有权威的听证委员会,审查雀巢公司的销售行为等,使舆论逐渐改变了态度。在"近攻"取得初步胜利的基础上,帕根建议开辟发展中国家的市场,从建立互利的伙伴关系着手,把它作为雀巢产品的最佳市场。雀巢公司每年用60亿瑞士法郎,从发展中国家购买原料,每年拨出8000万瑞士法郎来帮助这些国家提高农产品的质量。同时,还聘请100多名专家,在第三世界国家举办各种职业培训班等。比如,在印度的旁遮普邦,雀巢公司进入莫加区建立了一个奶品工厂,设立了一个免费的兽医服务处,以批发价格向农民供应药品,并提供低息贷款支持开掘新水井等。通过一系列措施,使这里的草料充足了,牛犊的存活率也从40%提高到75%。在这一计划开始时,那里只有4460户牛奶直接供应者,在计划实施之后,牛奶供应者超过了3.5万户,每年向雀巢公司售奶可达11.7万吨。牲畜疾病已基本绝迹。如此这般,雀巢公司在发展中国家就树立起了良好的形象,因而销路大增。又取得了"远交"的胜利。到1984年,雀巢公司的年营业额高达311亿瑞士法郎,雄居世界食品工业之首。

不但要会用,还要会预防,才是真正的懂计谋。如何预防该计?首先,如果是被敌人当作"远交"的对象,在不影响当前利益的情况下,可以与之交,但不可以丧失警惕之心。这样做,可以为自己赢得时间,为今后的直接冲突做好充分的准备。如果有足够的实力,可以反其道行之,对远敌实施第二十三计。还可以顺手牵羊,先下手为强,把敌人的目标变成自己的"口中食"。如果被某国当成了"近敌",绝不能坐以待毙,应该通过外交手段,试着孤立对手,并通过与其他国家多方面的联系,赢得同情和支持。为了破坏敌人的阴谋,应该敢于戳穿,唇亡齿

寒，就是这个道理。同时，要积极做好军事斗争的准备。就拿今天的朝鲜半岛危机来说吧，美日韩已结成军事同盟，但他们各有各的小算盘，这个同盟并不是铁打的一块，是对立统一的矛盾主体。面对来自他们的政治、军事上的围剿，朝鲜一己之力，是难以抗衡的，必须加强与中俄两国的对话与合作，通过政治途径解决半岛无核化问题，而不是一意孤行，靠闭门造车，单打独斗，妄自尊大。

第二十四计　假道伐虢

原文原典

两大之间①，敌胁以从②，我假以势③。困，有言不信⑤。

按语

假地用兵之举，非巧言可诳⑥，必其势不受一方之胁从，则将受双方之夹击。如此境况之际，敌必迫之以威，我则诳之以不害，利其幸存之心，速得全势。彼将不能自阵⑦，故不战而灭之矣。如：晋侯假道于虞以伐虢，晋灭虢，虢公丑奔京师。师还，袭虞灭之。（《左传·僖公二年》《左传·僖公五年》）

注释

①两大之间：指处于我与敌之间的（小国）。

②敌胁以从：敌人胁迫（小国）屈从。

③我假以势：假，借。我则要借机去援救，造成一种有利的军事态势。

④困，有言不信：语出《易经·困》卦。困，卦名。本卦为异卦相叠（坎下兑上），上卦为兑为泽，为阴；下卦为坎为水，为阳。卦象表明，本该容纳于泽中的水，现在离开泽而向下渗透，以致泽无水而受困，水离开泽流散无归也自困，故卦名为"困"。"困"，困乏。卦辞

曰："困，有言不信。"意为，处在困乏境地，不肯轻信别人的空话。此计运用此卦理，是说处在两个大国中的小国，面临着受人胁迫的境地时，我若说援救他，他在困顿中会相信吗？

⑥诳：欺骗，瞒哄。

⑦阵：用作动词，守阵地。

纪老师说 ●••

"假道伐虢"，与其说是一条计谋，不如说是它其实是一个历史事实，后来以此衍生出"三十六计"之一。故事出自《左传·僖公二年》："晋荀息请以屈产之乘与垂棘之璧，假道于虞以伐虢。公曰：'是吾宝也。'对曰：'若得道于虞，犹外府也。'"

春秋时期，晋国想吞并邻近的两个小国：虞和虢，这两个国家之间关系不错。晋如袭虞，虢会出兵救援；晋若攻虢，虞也会出兵相助。大臣荀息向晋献公献上一计。他说，"要想攻占这两个国家，必须要离间他们，使他们互不支持。虞国的国君贪得无厌，我们正可以投其所好。"他建议晋献公拿出心爱的两件宝物，屈产良马和垂棘之璧，送给虞公。献公哪里舍得？荀息回答说："如果向虞国借到了路，东西放在虞国，就像放在宫外的库房里一样。"献公依计而行。虞公得到良马美璧，高兴得嘴都合不拢。晋国故意在晋、虢边境制造事端，找到了伐虢的借口。晋国要求虞国借道让晋国伐虢，虞公得了晋国的好处，只得答应。虞国大臣宫之奇再三劝说虞公，这件事办不得的。虞虢两国，唇齿相依，虢国一亡，唇亡齿寒，晋国是不会放过虞国的。虞公却说，"交一个弱朋友去得罪一个强有力的朋友，那才是傻瓜哩！"晋大军通过虞国道路，攻打虢国。经过四个月取得了胜利。班师回国时，把劫夺的财

产分了许多送给虞公,虞公更是大喜过望。晋军大将里克,这时装病,称不能带兵回国,暂时把部队驻扎在虞国京城附近,虞公毫不怀疑。几天之后,晋献公亲率大军前去,虞公出城相迎。献公约虞公前去打猎。不一会儿,只见京城中起火。虞公赶到城外时,京城已被晋军里应外合强占了。就这样,晋国又轻而易举地灭了虞国。这就是"假道伐虢"的故事。

从字面上看,"假道伐虢"仅仅说了一件事,而并没有看出这条计策的妙处,甚至也看不出是"三十六计"之一。那么,其妙处在哪里呢?这就要联系这个故事,从它的渊源上来分析了。虞公爱宝,晋国就送去,为的是让他"拿了人家的东西手短,吃了人家的嘴软",借道时就"不好意思"拒绝了,投其所好是该计的第一妙处;第二妙处则不在"假道伐虢"上面,而是在伐完虢之后,人家班师回朝了,还不忘把劫掠的财产分给虞公一些,然后假装有病,把兵驻扎在虞国,为接下来的攻击埋下伏笔,留好内应。最可怜的是,晋献公率大军打到虞国时,人家虞公还出城相迎呢,真是具有极大的讽刺意味,如同被人卖了,还要帮人家数钱。所以,该计的妙处不在"假道伐虢"本身,而是在"假道伐虢"之后。

战国时期周慎靓王姬定六年,即公元前316年,秦惠王垂涎蜀国富饶,欲派兵攻打,但秦将对蜀地道路不甚了解,张仪出谋制作五头石牛,将黄金镶在牛尾下,由其子张若护送给苴国,苴侯高兴地承诺愿助秦国借道伐蜀。张若又到苴蜀边界向人们大肆宣传说:"秦惠王愿与苴国结秦晋之好,送给苴国了五头石牛。这可不是一般的石牛,这是秦国才有的石料做的,而且石牛还有灵性,晚上会偷偷地吃草,吃饱了也会拉屎,但它们拉的屎是黄金。"蜀王杜芦是一位年轻气盛的君王,且刚刚击退了巴国来犯的军队，得势的蜀王决定伐苴另立新苴侯。对蜀国来说，如何既守住得来的领地，又不枉费军力开支，且避免与愈加强盛的秦国碰面，是非常重要的问题，东方诸国就因连年的混战才日渐国力衰弱的。因此先蜀王杜尚决定封其弟杜葭萌为汉中侯置藩属苴国，这样问题都迎刃而解了。如今，杜芦毫不考虑这一点，也不听廷上百官对他的进谏，就令五组劳工，限期开凿蜀国至苴国的道路，以便快速出兵打击越来越不听话的苴国，夺取秦惠王送给苴侯的五头能拉黄金屎的石牛。张若在苴国关注着蜀国至苴国的道路修拓进展，终于等到蜀王杜芦亲自率兵，引路攻打苴国，这条路就是后来的蜀道。苴侯急忙请张若回秦国求秦王出兵援救。蜀王杜芦也派使者与秦结盟，目的是不希望秦干涉苴政。但狡诈的秦惠王嬴驷收了二国的礼物后，便派张仪、张若、司马错率队攻打蜀国。苴侯为表诚意打开城门，秦兵蜂拥而入，经石牛道（今剑阁金牛道或剑阁道）灭掉蜀国，蜀王身死，蜀太子逃到彭乡（今彭州）被捉。蜀、苴二国同年灭亡。

蜀王杜芦自掘通往坟墓的道路，攻打苴国这一"屏障"，终于引狼入室，自取灭亡。而愚蠢的苴侯，或许也不记得春秋时期"假道伐虢"的故事了，竟然借道给早就觊觎蜀国的秦国，也是自取灭亡，徒增历史笑料。

冷兵器时代，有好多应用"假道伐虢"的战例，在现代战争中，也有这样的应用。1968年，苏联在武装入侵捷克前三个月，把东德、波兰、匈牙利、捷克四国军队集结在捷克境内的勃黑米亚森林中，名为军事演习，实际上是为苏联而后入侵捷克，进行的前期侦探行动。同时，在演习中，苏联故意把将要实施战略入侵的实战部队，作为演习队伍的先头兵，一同参与军演。为了迅速占领捷克的国际机场，苏联又派遣一

纪连海谈 三十六计

架大型运输机飞抵其机场上空,以机械故障为由,要求紧急停靠在捷克的国际机场上。当运输飞机一着陆,机舱里突然出现七十多名全副武装的苏联先遣部队,迅速控制了整个机场,以使苏联大批的后续部队安全、及时地抵达捷克着陆点,并很快地侵占了捷克全境。苏军以"演习""故障"为由,而事前"假道"于捷克境地,不失为假道伐"捷"的范例。

　　政治家、军事家用"假道伐虢"之计达到某种目的不足为奇,一个商人也懂得"借道",虽然曲折,但最终进入了"万户侯"之列,取得正果,真是可叹。秦昭王时,阳翟(今河南禹县)商人吕不韦去赵国都城邯郸做生意。当时,秦国公子异人(后返秦改名子楚)在赵国做人质,"居处困,不得意",吕不韦一眼便看中异人"奇货可居",主动登门拜访。吕不韦对异人说:"我可以使您显赫。"异人无奈而笑道:"待你显赫之后,再让我借光吧!"而吕不韦则严肃地说:"您有所不知,是我的显赫需要借助您的显赫啊!"于是,两人入座深谈。其后,异人顿首发誓说:"计成,我将与君共享秦国之利。"

　　吕不韦以往之生意,贩贱卖贵,总共积累,只有千金。他拿出五百金给子楚,让其进用、结交宾客。以所余五百金,置妥奇物玩好,亲自携带西行秦国,通过秦国太子华阳夫人的姐姐,转给华阳夫人。当时的秦国,秦昭襄王还在位。此前,公元前267年,秦太子死,昭襄王以其第二个儿子安国君为太子。安国君有儿子二十余个,异人便是其中的一个,其母亲为夏姬。安国君真正喜欢的是华阳夫人,因而立华阳夫人为正,只是华阳夫人没有儿子。

　　吕不韦在华阳夫人的姐姐面前,"称赞"异人贤孝。他说,"异人宾客遍布天下,而且常常日夜哭泣,思念安国君与华阳夫人,并说异人以华阳夫人为青天。"吕不韦还对华阳夫人的姐姐说:"我听说,以色事人,色衰之后,爱情松弛。现在,华阳夫人与安国君恩恩爱爱,然而没有儿子。如果华阳夫人不在繁华时树木,趁早结好于二十余个儿子中的贤孝者,举嫡收子,则色衰情弛之后,即便能够开口也难以如愿啊!现在,异人贤孝,他理解自己处于长幼之间,地位难以为嫡。华阳夫人诚以此时向安国君提出以异人为嫡,则'异人无国而有国,夫人无子而有子'。异人为子、子者为王,华阳夫人就能够实现:夫在而重尊,夫去不失势。这是'一言而万世之利'的考虑啊!"于是,华阳夫人收异人为子,安国君立异人为嫡。与此同时,安国君还请吕不韦以师傅名义辅佐异人,异人名誉日盛。

吕不韦在邯郸娶了赵姬,赵姬天姿国色。异人好色,见赵姬,便想与之白头偕老,竟然开口请吕不韦相让。吕不韦含怒,但是他想:既然我已经破家钓奇,怎么能够半途而废呢?于是,他深谋远虑,狠心地献出了赵姬。当时,赵姬已经怀孕,她瞒着异人,期年生子,取名政,就是后来的秦始皇。公元前257年,安国君立异人为嫡之后,秦昭王出兵围攻邯郸,赵国要杀掉作为人质的异人。吕不韦以六百金贿赂赵国守将,助异人只身脱逃。赵国又要杀掉异人之妻赵姬及子嬴政,赵姬本为赵国的豪家之女,因此得以隐匿存活。

公元前249年,秦昭襄王死,太子安国君即位(即孝文王),华阳夫人为王后,子楚(即异人)为太子。孝文王除孝三天亦死。于是,子楚即位,就是秦庄襄王,华阳夫人为太后,子楚生母夏姬也尊为太后。子楚夫人赵姬携子嬴政回到秦国。秦庄襄王随即以吕不韦为丞相,封其为文信侯,食邑为河南雒阳十万户。三年之后,公元前246年,秦庄襄王死,年方十三的嬴政即位。秦王嬴政拜吕不韦为相,尊为"尚父"。

吕不韦还组织集成了一部"备天地万物古今之事"的不朽之著《吕氏春秋》。

　　企业经营者应用此计,关键在于"假道"。当竞争对手的力量较强大时,我们可以依靠其他强者,求得生存发展;当弱小的企业面临危机时,我们可以通过技术援助控制或兼并他人的企业;也可以通过别的渠道,迂回发展,最后达到战胜对手、夺取市场的目的。

　　在日常生活中,与人交往要以诚相待,但也要注意被人"假道",当了枪用,到后来又被出卖,被人"一石两鸟"算计了。

并战计

原文

对付友军反为敌态势之计谋。终日乾乾①。

注释

①终日乾乾:出自《周易·乾》,意为朝夕戒惧。"九三,君子终日乾乾,夕惕若厉,无咎",是说君子不仅要整天自强不息,勤奋谨慎,而且一天到晚都要心存警惕,好像有危险发生一样,才能免除灾祸,顺利发展。乾,乾乾,自强不息。夕,夜晚。惕,小心谨慎。若,如、好像。厉,危险。

纪老师说

俗话说,"没有永远的朋友,只有永远的利益。"尤其是在"不是你死,就是我亡"的政治、军事角逐场上,一定利用可以利用的一切力量,想方设法克敌制胜。在敌我双方势均力敌、军备相当、相持不下时,如果友军作战不利,或者因为其他原因,我们可以借机兼并友军的主力为己方所用。

本组总说中,作者引用了《周易·乾》中的"终日乾乾",其用意在于提醒作战者,在敌我相持不下时,不但要自强不息,勤奋谨慎,而且要心存警惕,防好敌人,还要利用好友军。孔子也说:"是故居上位而不骄，在下位而不忧，故乾乾因其时而惕，虽危无咎矣。"

"并战计"就是指敌我双方，其中任何一方都不存在速战速决的可能性，也不可能有浑水摸鱼、乱中取胜的机会，在这种形势之下，就得妙思攻守之计。

本组六计：偷梁换柱、指桑骂槐、假痴不颠、上屋抽梯、树上开花、反客为主。

第二十五计　偷梁换柱

原文原典

频更其阵，抽其劲旅，待其自败，而后乘之①。曳其轮也②。

按语

阵有纵横，天衡③为梁，地轴④为柱。梁柱以精兵为之，故观其阵，则知精兵之所有。共战他敌时，频更其阵，暗中抽换其精兵，或竟代其为梁柱，势成阵塌，遂兼其兵。并此敌以击他敌之首策也。

注释

①句中的几个"其"字，均指盟友、盟军言之。频，频繁，多次。抽，抽掉。乘，控制，驾驭。

②曳其轮也："语出《易经·既济》卦。"既济，卦名，本卦为异卦相叠（离下坎上）。上卦为坎为水，下卦为离为火。水处火上，水势压倒火势，救火之事，大告成功，故卦名"即济"。既，已经；济，成功。本卦初九"象"辞："曳其轮，义无咎也。"意为，拖住了车轮，就不会有什么危害了。

③天衡：这里指阵中"大梁"，横阵的主要部分。

④地轴：指阵的"支柱"，纵阵的中央部分。

纪连海谈 三十六计

纪老师说

"偷梁换柱"一词最早见清代曹雪芹《红楼梦》第九十七回:"偏偏凤姐想出一条偷梁换柱之计,自己也不好过潇湘馆来,竟未能少尽姊妹之情,真真可怜可叹。"

"梁",是房屋等建筑中的水平方向承重构件,在木结构屋架中通常按前后方向架放在柱子上。"柱",是建筑物中直立的起支撑作用的构件。在建筑物中,梁和柱是最关键、最重要的构件,如同人的骨骼一样,起到支撑作用,所以需要选用最结实、选料最精(通常要粗大结实直畅的木材)的材质方可担此重任。因此,"梁柱"经常用来比喻国家或某些社团里重要的、关键的、优秀的、起中坚作用的精英人物。如:国家的栋梁,栋梁之材,挑大梁的人,台柱子,人民解放军是国家的柱石,等等。

秦始皇称帝后,自以为江山一统,是子孙万代的家业了。而且他自以为身体还不错,一直没有去立太子,指定接班人。宫庭内,存在两个实力强大的政治集团。一个是长子扶苏、蒙恬集团,另一个是幼子胡亥、赵高集团。扶苏恭顺好仁,为人正派,在全国有很高的声誉。秦始皇本意欲立扶苏为太子,为了锻炼他,派他到著名将领蒙恬驻守的北线为监军。幼子胡亥,早被娇宠坏了,在宦官赵高的教唆下,只知吃喝玩乐。公元前210年,秦始皇第五次南巡,到达平原津(今山东平原县附近),突然一病不起。此时,秦始皇也知道自己的大限将至。于是,连忙召见丞相李斯,要李斯传达秘诏,立扶苏为太子。当时掌管玉玺和起草诏书的是宦官头儿赵高。赵高早有野心,看准了这是一次难得的机会,故意扣压秘诏,等待时机。几天后,秦始皇在沙丘平召(今河北广宗县境)驾崩。李斯怕太子回来之前,政局动荡,所以秘不发丧。赵高特意去找李斯，说皇上赐给扶苏的信，还扣在他这里，立谁为太子，他们两人就可以决定。狡猾的赵高又对李斯讲明利害，说："如果扶苏做了皇帝，一定会重用蒙恬，到那个时候，宰相的位置李斯就坐不稳了。"一席话，说得李斯果然心动，二人合谋，制造假诏书，赐死扶苏，杀了蒙恬。赵高未用一兵一卒，只用"偷梁换柱"的手段，就把昏庸无能的胡亥扶为秦二世，为自己今后的专权打下基础，也为秦朝的灭亡埋下了祸根。

由此可见，"偷梁换柱"之计，指用偷换的办法，暗中改换事物的本质和内容，以达到蒙混欺骗的目的。还比喻暗中玩弄手法，以假代真，以劣代优。也就是平时我们常说的"调包计"，其他还有"偷天换日""偷龙换凤"等，都是同样的意思。

但作为"三十六计"之一的计谋，作者的本意，主要是从觊觎友军的角度讲的。按语中讲，与同盟军共同军对敌作战时，要注意观察同盟军的阵势，以确定友军的军力部署，尤其是主力所在。通过设法多次变动友军的阵容，暗中更换它的主力，派自己的部队去代替它的梁柱等措施，把友军掌握在自己的手中，择机取而代之，吞并友军。这看上去很不地道，是耍阴谋，搞尔虞我诈。但在封建社会的军阀割据时代，所谓"友军"，不过只是暂时的联合而已，所以"兼并盟友"是常事。不过，单纯从军事谋略上去理解本计，也可以放在对敌军"频更共阵"上，比如多次佯攻，促使敌人变换阵容，然后伺机攻其弱点。这种调动敌人的谋略，也能收到很好的效果，但与作者的本意可能有点出入。

在谍战片中，我们经常看到"偷梁换柱"的情节。硅谷位于美国西海岸的加利福尼亚州，是当今世界上最重要的微电子工业中心。近十多年，全世界电子方面每一样新产品，几乎都是在硅谷诞生的。由此，硅谷受到世人的瞩目。前苏联克格勃（克格勃，全称"苏联国家安全委员会"，是前苏联的情报机构）也把手伸向了这里。克格勃少将涅克拉索夫指示潜伏在美国的三名老牌间谍"A""B""C"，要他们不惜一切代价迅速获取硅谷的电子技术最新情报和设备。间谍"B"接到任务后，便全力开展活动。但是，他非常不走运，到处碰壁。一天，在散步的路上，他发现有一个人的相貌极似自己，于是想办法与这个人搭话。经了解，这个人是硅谷某公司绝密仓库的司机。间谍"B"不惜花费时间和金钱，终于和这个司机成了好朋友。这个司机的工作和家庭情况以及出车所走路线也被间谍"B"掌握得一清二楚。不久，这个司机神秘地失踪了。当然，别人并未发现这一点，因为他的车由间谍"B"驾驶着。间谍"B"开着车自由地进出绝密仓库，没有人看出他的破绽。间谍"B"神不知鬼不觉地将克格勃所需要的一切如数地送到莫斯科。东西可以调包，人也可以调包。间谍"B"利用与这个司机面貌酷似这一条件，用自己替换了他，从而混入禁地，轻而易举地获得了绝密资料。

在实际经商活动中，"偷梁换柱"的事情屡见不鲜，往往表现在两方面：一方面就是盗用名牌商标，以欺骗手段，生产制造假冒伪劣商品，以获取暴利，如假茅台酒泛滥等。另一方面，则是反其意而用之，以变更自己的形象，在激烈的市场竞争中取胜。如，变更企业名称，以重新树立新的企业形象；再如，改变产品商标，模仿名牌商标等。尤其在产品初创，不知市场反馈如何时，或质量不稳定时，采取不注册商标策略，可以采用更换企业名称、商标等策略，待质量过硬时还可以仿造名牌商标，以提高货物销售量。在商务谈判中，可根据谈判双方都急于了解对方底细的心理，使对手上当。如故意造成疏忽的假象，用假的信息透露给对方，获取对方谈判的筹码，以取得谈判的胜利。

在日常生活中，我们还经常遇到被商家"偷梁换柱"的事情，也就是被骗了。比如，在一家打出"店面租期已到，所有商品赔本大甩卖"广告的商场里，看中了柜面上一双皮鞋，是真正的牛皮鞋，而且商家说的挺实在，因为店面租期已到，赶紧清仓处理货物，另择行业发展。那双皮鞋价格确实比平时见到的便宜不少，而且质量没的说，穿着也合适，便掏钱要买下来了。这时，商家又诚恳地说，"这是样品鞋，放时间长了，再给拿双新的。"完全从消费者的角度考虑，说得你心里暖呼呼的，不由得你不信，不由得你推辞，付了钱，扫了一眼新拿出来的鞋子，就心满意足地回家了，还以为捡了个大便宜呢。鞋子拿回家，也没急着打开包装，因为只是便宜才买的，不着急穿，就放那了。过了几天想起来了，拿出来一穿，这哪是皮鞋？只是一双一模一样的人造革的而已，才知道被人家实实在在地涮了一把，拿回家的是被商家调了包的。怎么着？回去换吗？人家会说，"笑话，你那么点钱，就想买真牛皮鞋，没病吧？"好了，认了吧，花钱买个教训吧！

但也有用"偷梁换柱"之计成人之美的。清朝名士袁子才在江宁做知县的时候，有一个姓陈的女子，已许配给李某，但李某家贫，女家索礼很重，以致两人无法成婚。后来，陈氏女被一个风流和尚设计欺辱了，在和尚威逼利诱之下，不得不做了这和尚的情妇。乡间有几个无赖得知此事，想借故勒索和尚。一晚，和尚和陈氏女被无赖们当场捉住，送往县衙。知县袁子才问清了事情的由来，很同情陈氏女的遭遇，决定帮她摆脱和尚的纠缠，与李某结成秦晋之好。袁子才半夜提审了和尚，申斥一顿之后，勒令他写下一张200两银子的借据，剥下和尚袍，令他滚蛋。然后在自家中找到一个做粗活的女仆，剃掉她的头发，穿上那件和尚袍，关进监牢。第二天，袁子才升堂，先问陈氏女，她一言不发，只是低头哭泣。袁子才把惊堂木一拍，喝道："可恶的秃驴，出家人竟敢与黄花闺女同居，天理难容！来人，与我打80大板！"衙役们不由分说，当堂剥下"奸夫"的裤子，一看傻眼了，原来是个女的！袁子才故装惊讶："怎么是个尼姑！原告竟敢与本官开玩笑，本官定要追究。现在把被告放了吧！"几天后，袁子才把李某找来，把陈氏女无辜受辱的经过如实说明，并给了他200两银子。李某感动得热泪盈眶，回去后即向女家纳聘，不久李某就与陈氏女结为夫妇。

袁子才运用偷梁换柱的计谋，换回了陈氏女的名誉，并在李某与陈氏女之间做撮合工作。李某用和尚赔给他的"损失费"作为聘金，这对有情人终成眷属。

房屋如果被人"偷梁换柱"了，就有倾塌的危险；国家或某些军事集团、社团如果被"偷梁换柱"了，也就随时有被人家取而代之，玩完的可能了；买东西被调包了，一般是以劣充优、以坏充好，往往物质上有损失，精神上受欺凌。所以，总体讲，"偷梁换柱"之计，确实不是什么"阳谋"，手段不够阳光，经不住时间的检验。我们懂得这一计策，至于用不用，怎么用，那要看适用的对象、环境，要考虑到后果，把握住做人的底线。如果你是军人，要把祖国利益放在首位，以战胜为根本目的；如果你是商人，虽然要以赚钱为主要目标，但也要遵纪守法经营，尊重规则，眼光放长远一些，不做损人不利己之事；如果你是普通公民，更应该以诚信为本，坚守社会主义核心价值观，做具备"四德"之人。

第二十六计　指桑骂槐

原文原典

大凌小者，警以诱之①。刚中而应，行险而顺②。

按语

率数未服者以对敌，若策之③不行，而利诱之，又反启其疑。于是故为自误，责他人之失，以暗警之。警之者，反诱之也。此盖以刚险④驱之也。或曰：此遣将之法也。

注释

①大凌小者，警以诱之：强大者要控制弱下者，要用警戒的办法去诱导他。凌，凌驾，引申为管理、控制。

②刚中而应，行险而顺：语出《易经·师》卦。师，卦名。本卦为异卦相叠（坎下坤上）。本卦下卦为坎为水，上卦为坤为地，水流地下，随势而行。这正如军旅之象，故名为"师"。本卦《彖》辞说："刚中而应，行险而顺，以此毒天下，而民从之。""刚中而应"是说九二以阳爻居于下坎的中信，叫"刚中"，又上应上坤的六五，此为此应。下卦为坎，坎表示险，上卦为坤，坤表示顺，故又有"行险而顺"之象。以此卦象的道理督治天下，百姓就会服从。这是吉祥之象。"毒"，督音，治的意思。此计运用此象理，是说治军，有时采取适当

的强刚手段便会得到应和,行险则遇顺。

③策之:激励,促进。

④刚险:强悍凶险。

纪老师说

"指桑骂槐"这个成语,也作"指桑树骂槐树"。意思是指着桑树数落槐树,比喻表面上骂这个人,实际上骂那个人。与"指东骂西""含沙射影"等词语意思相同,有时候与"杀鸡儆猴""杀一儆百"的效果是一致的。该词语出自明朝兰陵笑笑生《金瓶梅词话》第六二回"他每日那边指桑树骂槐树,百般称快"。《红楼梦》第十六回:"咱们家所有的这些管家奶奶,那一个是好缠的?错一点儿他们就笑话打趣,偏一点儿他们就指桑骂槐的抱怨。"

作为"三十六计"之一,常用在将领管理军队的时候。意思是为了让部下敬畏服从,或是为了树立自己在部队中的威信,常常"枪打出头鸟",通过责罚犯错的部下或者通过制造事端以"敲山震虎",达到震慑部下的效果。

春秋时期,齐景公任命田穰苴为将,带兵攻打晋、燕联军,又派宠臣庄贾作监军。穰苴与庄贾约定,第二天中午在营门集合。第二天,穰苴早早到了营中,命令装好作为计时器的标杆和滴漏盘。约定时间一到,穰苴就到军营宣布军令,整顿部队。可是庄贾迟迟不到,穰苴几次派人催促,直到黄昏时分,庄贾才带着醉容到达营门。穰苴问他为何不按时到军营来,庄贾无所谓,只说什么亲戚朋友都来为我设宴饯行,我总得应酬应酬吧?所以来得迟了。

穰苴非常气愤,斥责他身为国家大臣,有监军重任,却只恋自己的小家，不以国家大事为重。庄贾以为这是区区小事，仗着自己是国王的宠臣亲信，对穰苴的话不以为然。穰苴当着全军将士，命令叫来军法官，问："无故误了时间，按照军法应当如何处理？"

军法官答道："该斩！"穰苴即命拿下庄贾。庄贾吓得浑身发抖，他的随从连忙飞马进宫，向齐景公报告情况，请求景公派人救命。在景公派的使者没有赶到之前，穰苴即令将庄贾斩首示众。全军将士看到主将杀死违犯军令的大臣，个个吓得发抖，谁还再敢不遵将令。这时，景公派来的使臣飞马闯入军营，拿景公的命令叫穰苴放了庄贾。

穰苴沉着地应道："将在外，君命有所不受。"他见来人骄狂，便又叫来军法官，问道："乱在军营跑马，按军法应当如何处理？"军法官答道："该斩。"来使吓得面如土色。穰苴不慌不忙地说道："君王派来的使者，可以不杀。"于是下令杀了他的随从和三驾车的左马，砍断马车左边的木柱。然后让使者回去报告。穰苴军纪严明，军队战斗力旺盛，果然打了不少胜仗。

《孙子兵法》中对此早有名训："约束不明，申令不熟，将之罪也。"这就是强调治军要严。君王的使者骑马闯营地，穰苴不能责罚，就杀了他的随从和三驾车的左马，砍断马车左边的木柱，这就是"指桑骂槐"，请人代为受过，以正军纪。军令如山，如果违抗了而不责罚，必然造成有令不行、有禁不止的局面，将帅的命令就无法有效贯彻。

有时，"指桑骂槐"也借指势力强大者要使弱小者屈服，又不想过于直接或不想暴露痕迹，于是委婉地提出警告，也就是一种间接的指责方法。

公元208年，曹操的大军逼近江陵，打算进攻孙权。曹操向孙权下战书说："我奉献帝之命来讨伐罪臣。现在刘琮已经投降，刘备也战败

纪连海谈 三十六计

逃走,我亲率八十万水军,准备同将军决一雌雄。如若降我,可免你血光之灾。"在这种紧急的情况下,孙权召集群臣商议对策,有人主张降曹,有人主张抗曹,弄得孙权一时也没了主意。这时,诸葛亮前来舌战群儒,又加上鲁肃、周瑜对形势的全面分析,使孙权最后下定决心,要倾东吴之兵抗击曹操。孙权义正词严地对大家说:"我与曹操这个老贼誓不两立,东吴要与曹操血战到底。"接着,他抽出刀来,一下子劈掉帅案的一角,提高声音说:"从现在起,谁再说投降曹操,下场如同此帅案!"见此情景,那些主张降曹的人缄默无言了。

抗不抗曹,与帅案有什么关系?孙权只是用刀劈帅案的手段,来警告震慑那些主张降曹的人,让帅案代他们挨责骂,这就是"指桑骂槐"的做法,也就是"敲山震虎",强行压制住了不同意见,为有效地统一内部认识,起到了积极作用。

"指桑骂槐"的计谋,还常引申运用在各种政治和外交场合上,向对手施加舆论压力,以配合军事行动。对于弱小的对手,可以用警告和利诱的方法,不战而胜;对于比较强大的对手,则可以旁敲侧击威慑他,或者委婉地劝戒他。

优孟是春秋时有名的戏子,平日里以滑稽调笑取欢左右,深得楚庄王的宠爱。孙叔敖是楚国贤相,他辅佐楚庄王施教导民,宽刑缓政,发展经济,政绩赫然。因出色的治国和军事才能,辅佐庄王独霸南方,成为春秋五霸之一。因积劳成疾,孙叔敖病逝他乡,年仅38岁。孙叔敖死后不久,优孟在郊外看到孙叔敖的儿子在山上砍柴。优孟这才知道此位贤相身死萧条,儿子沦落到靠砍柴为生的地步。

优孟决心帮孙叔敖的儿子渡过难关。经过一番思考之后,他特制了一套孙叔敖平时常穿的服装,每日细心模仿孙叔敖的一举一动。一

天，楚庄王在宫中大宴群臣，优孟穿着孙叔敖的服装走了过来。楚庄王远远一望，误以为孙叔敖复活，惊讶得差点叫出声来，及至近前，才看出是优孟所扮。楚庄王想起孙叔敖以前的功劳，感慨地对优孟说："你若有孙叔敖的才干，我愿意拜你为相。"出人意料的是，优孟并未磕头谢恩，而是不以为然地回答说："做丞相有什么好处，最后连自己的儿子的生计都保障不了！"接着，他把孙叔敖身后萧条的状况如实地告诉了楚庄王。楚庄王听后，幡然醒悟，下令召孙叔敖的儿子入朝，加封晋爵，赐绢赏地，从此孙叔敖的儿子过上了富裕的生活。

优孟并不是直接劝谏楚庄王，而是装扮成孙叔敖，拐着弯地对楚庄王进行劝谏，使楚庄王明白了"人走茶凉"这一做法的危害性，从而帮助孙叔敖的儿子改善了生活条件。这实质上也是"指桑骂槐"的计谋，优孟用得巧妙适度，起到了良好的效果。

在商业竞争中，也不乏有"指桑骂槐"的例子。比如，某商家为了打击同行，总是自我标榜，并时常编造各种谎言，诋毁对方，借以打压他人，提高自己。常言道：王婆卖瓜，自卖自夸。同行是冤家，指桑骂槐贬低他人是常有的事。偏偏有的人花钱做广告不是为了买好，而是为了揭自家的短。1991年元旦前后，河南某商店先后花了1500元，在《开封日报》上做套红广告，登出一封顾客的批评信，请广大消费者协助监督全店职工。这可是件新鲜事，立时成了开封市大街小巷谈论的话题，人们纷纷赞许开封市五福商店敢于揭短，勇于改正错误的做法，并且借以警示店员，以提高服务质量，增加了群众的信誉感，大家对这家商店的这一做法，给予热情的支持和同情。一个月后，开封市五福商店不但没有因为批评信减少了客源，反而取得了前所未有的效益。这一"捂"与一"揭"的做法，虽在一字之差，却使这家商店"柳暗花明又一村"。这是一家以经营四季应时糕点和传统风味食品而名扬开封的老字号,但后来几年,人员不断更换,管理不善,服务质量日益下降,"老五福"面临垮台的厄运。面对这一局面,经理采取变压力为动力的做法,大胆登了批评的广告,激发了广大职工争优创先的积极性,使"老五福"重振雄风。这种手法,日本一家广告公司也使用过,为推销一新型手表做了这样一则广告:"这种手表走得不太准确,24小时会慢24秒,请君购时要深思。"如此真实的广告,无疑会令人信服并产生好感。

由此可见,商业竞争中,靠打压别人来抬升自己的方法并不可取,以靠得住的产品质量、以感觉到的服务质量为竞争资本,才是长久的制胜法宝。面对顾客的批评,甚至谩骂,不是针锋相对,而是引以为教育员工,砥砺进步的好素材,诚信经营,服务一流,质量一流,设身处地地为消费者着想,才能赢得顾客的青睐,变人脉为钱脉,获得良好的经济效益。

在日常生活中,"指桑骂槐"的事可谓经常碰到,可以说这个词用得最广泛了。比如,你如果是单位的领导,面对一些不十分服从你安排的同志,就可以使用"指桑骂槐"的策略,通过集体教育的方式,如开会、学习的机会,借用具体事例,旁敲侧击地予以指出,甚至可以拿某一件事为突破口,拿某一个人的错误开刀,达到杀一儆百、敲山震虎的目的。当然,这里面也有个度,一定要拿捏好,太熟的时候摘杏子,好吃但容易烂,太生的时候摘,青涩不好吃,把握好时机,就能恰到好处地既达到治病救人的目的,又不会把事态扩大化,还保护了大部分同志的自尊心,增强了集体荣誉感和凝聚力。比如,开展批评与自我批评、开展整风活动,一直是我党的优良传统,也是行之有效的管理和教育大众的好做法。

　　但是，生活中我们还碰到一些人好惹是生非，习惯"指桑骂槐"，心中常常有怨气，不是对领导，就是对同事。比如，有些人瞒着领导干了些不该干的事，且只有少数人了解，到最后却受到了领导的批评，甚至惩罚，心里就愤愤不平了，因为确实不知道是谁告了密，于是就开始"指桑骂槐"了。一方面是为泄一泄自己心中的愤怒，另一方面也是为了敲打一下这个告密的人，反正并没有指望谁能站出来承担责任。所以对这种行为，大部分人都采取听而不闻，听之任之也就过去了。

　　还有些人，则是有意通过"指桑骂槐"来向他人挑衅，对于这种人和事，最好的办法不是以牙还牙，那样反而中了那人的圈套，使事情更加说不清楚，更加糟糕了。最好的办法，一是敬而远之，不予理睬，或是让挑衅者自生自灭，好自为之；二是可以义正词严地加以申斥，将情况说明白；三是冷处理一段时间后，请领导主持公道，避免发生直接冲突。总之，和谐的人际关系是大家都希望的，不要因为鸡毛蒜皮的一点小事，影响了团结，破坏了同志间的关系，小不忍则酿成大事。

　　反过来考虑，当别人"指桑骂槐"时，就算是与己无关，也要自我反省一下，是不是自己哪些地方也做得不够好，或者是做错了，抱着虚心接受批评的心态，对别人的指责和批评，要有有则改之无则加勉的胸怀和气度，做一个"严于律己，宽以待人"的人，这也算是"打马惊骡"吧！尤其是我们国家在习近平同志的大力倡导下，大张旗鼓地高调反腐。中纪委经常曝出打虎成果，通报指责党的某些干部以权谋私、蝇营狗苟，有些干部却置若罔闻，摆出一副事不关己的姿态，从不对照检查一下自己的党性原则，自查自纠有违法违纪行为，反而心存侥幸，从没有收手的打算。殊不知，在反腐战线上大打人民战的今天，法网恢

恢，疏而不漏，早晚会有马失前蹄，跌落法网的那一天。

　　总之，"指桑骂槐"是好主意，用好了就会产生积极的效应，用不好，则是招惹是非的导火索。因此，我们不反对用，用要把握好何时何地用，要根据具体情况而定，不要动不动就破马张飞地"骂"，成了人见人厌的角色。"桑树"代"槐树"挨骂，骂多了人家也会反抗的。

第二十七计　假痴不癫

原文原典

宁伪作不知不为，不伪作假知妄为①。静不露机，云雷屯也②。

按语

假作不知而实知，假作不为而实不可为，或将有所为。司马懿之假病昏以诛曹爽，受巾帼③、假请命以老蜀兵，所以成功；姜维九伐中原，明知不可为而妄为之，则似痴矣，所以破灭。兵书曰："故善战者之胜也，无智名，无勇功。"当其机未发时，静屯似痴；若假癫，则不但露机，且乱动而群疑。故假痴者胜，假癫者败。或曰："假痴可以对敌，并可以用兵。"宋代，南俗尚鬼④。狄青征侬智高⑤时，大兵始出桂林之南，因佯祝⑥曰："胜负无以为据。"乃取百钱自持，与神约："果大捷，则投此钱尽钱面也。"左右谏止："傥⑦不如意，恐沮师。"青不听。万众方耸视⑧，已而挥手一掷，百钱皆面。于是举兵欢呼，声震林野，青亦大喜；顾左右，取百丁⑨来，即随钱疏密，布地而帖丁⑩之，加以青纱笼护，手自封焉。曰："俟凯旋⑪，当酬神取钱。"其后平邕州还师，如言取钱，幕府士大夫共祝视，乃两面钱也。（《战略考·宋》）

纪连海谈 三十六计

注释

①宁伪作不知不为，不伪作假知妄为：宁可假装着无知而不行动，不可以假装假知而去轻举妄动。

②静不露机，云雷屯也：语出《易经·屯》卦。屯，卦名。本卦为异卦相叠（震下坎上），震为雷，坎为雨，此卦象为雷雨并作，环境险恶，为事困难。"屯，难也"。《屯》卦的"象"辞又说"云雷，屯，君子以经纶。"坎为雨，又为云，震为雷。这是说，云行于上，雷动于下，云在上有压抑雷之象征，这是屯卦之卦象。

此计运用此卦的象理，是说在军事上，有时为了以退求进，必得假痴不癫，老成持重，以达后发制人。这就如同云势压住雷动，且不露机巧一样，最后一旦爆发攻击，便出其不意而获胜。

③受巾帼：巾帼，原是古时的一种配饰，宽大似冠，内衬金属丝套或用削薄的竹木片扎成各种新颖式样，外裱黑色缯帛或彩色长巾，使用时直接戴在头顶，再绾以簪钗。受巾帼指司马懿接受了诸葛亮为激怒他而送的巾帼头饰，意在嘲笑司马懿像女人一样，坚壁不出。

④尚鬼：尚，尊崇，注重。尚鬼意思是迷信鬼神。

⑤侬智高：中国北宋中期广西广源州（今靖西、田东一带）的壮族首领，侬智高起事的发动者。

⑥因伴祝：因，于是，就。伴，假装。祝，祷告，向鬼神求福。

⑦傥，同"倘"，倘若。沮，破坏，败坏。

⑧耸视：敬畏地注视。

⑨丁：为"钉"的古字，名词。

⑩帖丁：帖，同"贴"。丁，动词。

⑪俟凯旋：俟，等待。凯旋，打仗得胜后返回。

纪老师说

"痴"和"癫"在平时用的时候,意思还是有区别的,痴是傻或呆的意思,癫就是疯癫或癫狂的意思,但在"假痴不癫"中实质上说的是一回事。该成语的意思是说某人装疯卖傻,实际上一点儿都不傻,一点儿也不疯。所以,词语形容外表看似愚钝,而心里却十分清醒,"难得糊涂"而已。

"假痴不癫"应用在军事上,就是一种表面痴呆、暗地里充满智慧的伪装现象,能起到迷惑对方、缓兵待机、后发制人的计谋。它是利用于政治的谋略,也就是韬晦之计。一般是在形势不利于自己的情况下,示人以假,表面上装疯卖傻、碌碌无为,以达到掩盖自己、迷惑对方,最终摆脱困境、实现自己的政治目标。

应用"假痴不癫"策略,有的时候是由于形势所迫,不得已而为之。孙膑疯傻诓庞涓就是一个典型的案例。战国时,魏国大将庞涓和孙膑都师从于鬼谷子。孙膑为人忠厚,勤奋好学,加上天资聪明,学习扎实,未出茅庐便显示出超人的军事才华。而庞涓却心胸狭窄,骄傲自大,嫉妒他的才能。庞涓受魏惠王的聘请,先于孙膑下山,出任魏国的大将和军师。后来,魏惠王也听到孙膑的名声,便跟庞涓说起孙膑,想让孙膑来效力于魏国。于是,庞涓便派人把孙膑请来,做了一个无名无权的客卿。为了不让孙膑超过自己,庞涓就想方设法加害孙膑。于是,庞涓先派人伪装受孙膑表兄的委托,劝孙膑返齐。待骗得孙膑的亲笔复信后,加以涂改,随即向魏王诬告孙膑私通齐国。魏王信以为真,大怒之下要处死孙膑。庞涓为了窃取孙膑的兵法著作,当着孙膑的面假意向魏王求情,结果削去了孙膑膝盖骨后,成了残疾人,并且是受人贱视的"刑徒"。庞涓此时却对孙膑的生活照顾得很周到,孙膑觉得过意不

去，就想报答他。有一天，孙膑主动提出要替庞涓做点什么，庞涓说："你家祖传的十三篇兵法，能不能写下来，我们共同琢磨，也好流传后世。"孙膑想了想，就答应把《孙子兵法》十三篇背诵下来写在竹简上。于是，孙膑每天都忍痛拼命抄写，由于身体亏损，慢慢休整，进度比较慢。在一旁侍奉他的童仆实在看不下去了，便把庞涓的阴谋如实告诉了孙膑，此时孙膑才恍然大悟。他开始思索着自救的办法。

一天，孙膑突然大叫一声，昏了过去，等别人把他弄醒时，只见他捶胸揪发，两眼呆滞，一会儿把东西推倒，一会儿又把刻好的兵法扔进火里，还抓地下的脏东西往嘴里塞。仆人连忙跑去报告庞涓说："孙先生疯了！"庞涓急忙来看，只见孙膑一会儿伏地大笑，一会儿又仰面大哭，庞涓叫他，他就对庞涓一个劲地磕头，连喊："鬼谷老师救命！鬼谷老师救命！"庞涓试探着说："孙兄，是我呀！我是庞涓呀！你连我也不认识了吗？"看孙膑没有反应，庞涓便走了。但他生性狡诈，怕孙膑装疯，遂命左右将他拖入猪圈中，孙膑仍然哭笑无常，累了就趴在猪圈中呼呼大睡。又让人献上酒食，欺骗他说："吃吧，相国不知道。"孙膑知道这是庞涓用的计，一把打翻食物，狰狞起面孔，厉声大骂："你又要毒死我吗？"庞涓又让人捡起猪粪、泥块给他。孙膑接过来就往嘴里塞，毫无感觉的模样。庞涓心想：孙膑受刑之后气恼不过，可能是真的疯了。从此，他只是派人监视孙膑，不再过问。孙膑疯子般白天在街上躺着，晚上又爬回猪圈，有时街上的人可怜他给他点吃的，他就哈哈傻笑，随即又嘟嘟哝哝，谁也听不清楚他说些什么。时间一久，魏都大梁内外都知道有个孙疯子，没有人再怀疑他了。庞涓每天都听人汇报，觉得孙膑再也无法和自己竞争了，就打消了杀他的念头。孙膑靠装疯卖傻瞒过了庞涓才活下来，他并没有放弃，还寻找逃出虎口的机会。

有一天，齐国大夫淳于髡出使魏国，孙膑得到这个消息以后，就设法以犯人的身份偷偷地会见了齐国的使臣，向他诉说了自己在魏国的悲惨遭遇、行军布阵的策略及政治主张。齐国的使臣淳于髡大为感动，知道孙膑是个有才能的人，就秘密地把他藏在车中，将他偷偷地带回了齐国。从此，孙膑不但摆脱了厄运，还利用自己的智慧和才能，为齐国做出了巨大的贡献。

孙膑"假痴不癫"，躲过了要害他的庞涓的控制，是一种非常时期的求生手法。通过装疯卖傻，可以达到逃避危难、保全自身的目的。在《红岩》中，华子良就是一个"疯老头"，原型人物叫韩子栋，山东阳谷人，1933年入党，1934年因叛徒出卖被捕。为了不暴露共产党员的身份，在狱中，他整日神情呆滞，蓬头垢面，无论刮风下雨，他总在白公馆放风坝里小跑，特务看守认为他是被关傻关疯了。1947年8月18日，韩子栋又随看守卢照春去磁器口买菜时逃脱，经过45天的长途跋涉，终于到达了解放区。1948年1月23日，韩子栋向党中央组织部递交了入狱及脱险的报告，组织审查后恢复了他的党籍。解放后，韩子栋历任贵阳市委副书记、贵州省政协副秘书长等职。1992年5月19日在贵阳病逝，享年84岁。他跟孙膑一样，也是用"假痴不癫"计谋骗过了敌人，不但保护了自己，还为党做了大量工作。

三国时期，魏国的魏明帝去世后，继位的曹芳年仅八岁，朝政由太尉司马懿和大将军曹爽共同执掌。曹爽是宗亲贵胄，就用明升暗降的手段剥夺了司马懿的兵权。司马懿心中十分怨恨，但他看到曹爽现在的势力强大，一时恐怕斗他不过。于是，司马懿称病不再上朝。曹爽为探虚实，就派亲信李胜去看望司马懿。司马懿早有准备，在李胜面前表现出一副老态龙钟、病容满面的样子，头发散乱，躺在床上，由两名侍女服

纪连海谈 三十六计

侍。李胜说:"好久没来拜望,不知您病得这么严重。现在我被命为荆州刺史,特来向您辞行。"司马懿假装听错了,说道:"并州是近境要地,一定要抓好防务。"李胜忙说:"是荆州,不是并州。"司马懿还是装作听不明白。这时,两个侍女给他喂药,他吞得很艰难,汤水还从口中流出。他装作有气无力地说:"我已命在旦夕,我死之后,请你转告大将军,一定要多多照顾我的孩子们。"

李胜回去向曹爽作了汇报,曹爽喜不自胜,说道:"只要这老头一死,我就没有什么好担心的了。"过了不久,公元249年2月15日,天子曹芳要去济阳城北扫墓,祭祀祖先。曹爽带着他的三个兄弟和亲信等护驾出行。司马懿听到这个消息,认为时机已到。马上调集家将,召集过去的老部下,迅速占据了曹氏兵营,然后进宫威逼太后,历数曹爽罪过,要求废黜这个奸贼。太后无奈,只得同意。司马懿又派人占据了武库。等到曹爽闻讯回城,大势已去。司马懿以篡逆的罪名,诛杀曹爽一家,终于独揽大权,曹魏政权实际上已是有名无实。

"假痴不癫"计策,既可以用来对付敌人,也可以用来治理自己的军队。孙子曾说过:"愚士卒之耳目,使之无知"(《孙子兵法·九地篇》),这样做一是为了保守军事机密的需要;二是为了统一行动的需要;三是为了稳定军心、鼓舞士气的需要。比如按语中狄青的"愚兵之术",实际就是为了鼓舞士气,用的是一种心理战术。

在日常生活中,在商业活动中,都有"揣着明白装糊涂"的人,也有上了"假痴不癫"当的事。经营者为了掩盖自己的真实意图,常以假痴来迷惑众人。比如,当你进一个店要购买电器时,有些商家为了促成一桩买卖,不懂也要装懂,把商品说得天花乱坠,如何如何质量过关,如何功能齐全等;当你买了产品,出现问题时,他就会装糊涂,懂得也不懂了，把责任推给售后等。

还有的买家也采用这一手。比如你要换车，把自己原车卖掉，与一个客户谈好了成交价是3万元，还预付了300元订金。于是，你就推掉了其他买家，只等这位买主来交款开车了。可是，等了好多天没有动静，你打电话一问，人家却说家属嫌价格高，他们调查过，另一辆同情况的车才卖2万元，要求把价格降下来，才答应买。你瞧，本来是板上钉钉的事，这个买家却抬出了做不了家属的主来搪塞，表面上看自己说了不算，就像自己决定了件愚蠢的事，实际上是用"假痴不癫"的策略，先用计把其他买主打发了，稳住了卖者，再来讨价还价。而我这个卖者呢，卖车是首要目的，区区300元订金据为己有，也感觉不到富，反而就像吞了苍蝇一样的不舒服，只好再作让步，不在乎那俩钱，就卖给他得了。最终，让这位买者占了便宜，还卖了个乖，直接把"奸商"颠覆了一次。

总之，一句话，"假痴不癫"之计，就是装"痴癫"，真"精明"，既可用在政治、军事上，也可用在商战、日常生活里。

第二十八计　上屋抽梯

原文原典

假之以便①，唆之使前②，断其援应③，陷④之死地。遇毒，位不当也⑤。

按语

唆者，利使之也。利使之而不先为之便，或犹⑥且不行。故抽梯之局，须先置梯，或示之梯。如：慕容垂、姚苌诸人怂秦苻坚侵晋，以乘机自起。（《晋书·苻坚传》）

注释

①假之以便：假，通"叚"，借，兼指借出和借入。句意：借给敌人一些方便（即我故意暴露出一些破绽）。

②唆之使前：唆，唆使。这里指用利去引诱敌人。

③援应：后援接应。

④陷：使之掉进。

⑤遇毒，位不当也：语出《易经·噬嗑》卦。噬嗑，卦名。本卦为异卦相叠（震下离上）。上卦为离为火，下卦为震为雷，是既打雷，又闪电，威严得很。又离为阴卦，震为阳卦，是阴阳相济，刚柔相交，以喻人要恩威并用，严明结合，故卦名为"噬嗑"，意为咀嚼。本卦六三

"象"辞:"遇毒,位不当也。"本是说,抢腊肉中了毒(古人认为腊肉不新鲜,含有毒素,吃了可能中毒),是地位不相称(因为六三是阴爻,三是阳位,阴处阳位,故不相称)。

此计运用此理,是说敌入受我之唆,犹如贪食抢吃,只怪自己见利而受骗,才陷于了死地。

⑥犹:迟疑不决。

纪老师说 ●●●

《孙子·九地篇》有这样的表述:"帅与之期,如登高而去其梯。"意思是说,将帅们分配任务给部下,就要断其退路,犹如登高而去梯,使之勇往直前,没有摇摆之心。南北朝时代的《世说新语》也有过类似的记述,殷中军废后,恨简文曰:"上人著百尺楼上,儋梯将去。"儋,是抬的意思,全句意思是说,中军将军殷浩被罢官以后,不满意简文帝,曾说:"把人送到百尺高楼上,却扛起梯子走了。"事情是这样的:永和五年(349年),后赵皇帝石虎病死,诸子争位而致关中大乱,东晋朝廷开始决策北伐,任殷浩为中军将军。永和九年(353年),殷浩中计兵败许昌,其政敌桓温趁机上表弹劾,朝廷只得将殷浩废为庶人,流放东阳。对此,殷浩心存不满,如《世说新语》所记。这些表述与"上屋抽梯"的含义一致。

还有一个典故说的也是这个道理。后汉末年,刘表偏爱少子刘琦,不喜欢长子刘琮。刘琮的后母害怕刘琦得势,影响到儿子刘琮的地位,非常嫉恨他。刘琦感到自己处在十分危险的环境中,多次请教诸葛亮,但诸葛亮一直不肯为他出主意。有一天,刘琦约诸葛亮到一座高楼上饮酒,等二人坐定饮酒之时,刘琦暗中派人拆走了楼梯。刘琦说:"今日上不至天，下不至地，出君之口，入琦之耳，可以赐教矣！"诸葛亮见状，无可奈何，便给他讲一个故事。春秋时期，晋献公的妃子骊姬想谋害晋献公的两个儿子：申生和重耳。重耳知道骊姬居心叵测，只得逃亡国外。申生为人厚道，要尽孝心，侍奉父王。一日，申生派人给父王送去一些好吃的东西，骊姬趁机用有毒的食品将太子送来的食品更换了。晋献公哪里知道，准备去吃，骊姬故意说道："这膳食从外面送来，最好让人先尝尝看。"于是命左右侍从尝一尝，刚刚尝了一点，侍从倒地而死。晋献公大怒，大骂申生不孝，阴谋杀父夺位，决定要杀申生。申生闻讯，也不作申辩，自刎身亡。诸葛亮对刘琦说："申生在内而亡，重耳在外而安。"刘琦马上领会了诸葛亮的意图，立即上表请求派往江夏（今湖北武昌西），避开了后母，终于免遭陷害。

在这个故事中，刘琦引诱诸葛亮"上屋"，是为了求他指点；"抽梯"，是为了打消诸葛亮的顾虑。意思很明白，在没有梯子的屋子里谈话，外人是不方便听，也听不到的，另外也向诸葛亮表示听他高见的决心，有施压逼迫之意。

综上所述，"上屋抽梯"之意义早已有之，后经作者提炼定名为"三十六计"之一，至今已约定俗成，广为流传。用在军事上，是指利用小恩小惠引诱敌人行动，然后截断敌人后路或援兵，以便将敌围歼的谋略。这种诱敌之计，自有其高明之处。敌人一般不是那么容易上当的，所以，你应该先给它安放好"梯子"，也就是故意予敌以方便，等敌人循着你的诱导"上楼"后，也就是进入已布好的"口袋"之后即可拆掉"梯子"，围歼敌人。

所以说，"上屋抽梯"是一种诱逼之计，大致可分四步走：第一步制造某种使敌方觉得有机可乘的局面（置梯与示梯）；第二步引诱敌方做某事或进入某种境地（上屋）；第三步是截断其退路，使其陷于绝境（抽梯）；第四步是逼迫敌方按我方的意志行动或予敌方以致命的打击。

1946年6月，国民党军队大举进攻中原解放区，标志着全面内战的爆发。1947年初，莱芜战役以后，国民党实施重点进攻计划，在山东战场上集中了约24个整编师、60个旅，约45万人。吸取了以往分路进攻常被分割歼灭的教训，决定采取集中兵力，密集靠拢，稳扎稳打，齐头并进的战法。3月下旬，向山东解放区发起进攻，到4月上旬完成了占领鲁南的计划，随即稳步向鲁中山区推进。在此期间，我华东野战军在鲁南、鲁中地区主动出击，实行高度机动回旋，力求调动敌人，捕捉战机。但是由于敌人保持高度警觉，采取上述新战法，除了4月下旬在泰安歼灭敌第七十二师主力外，其余大量歼敌的计划均未实现。针对这一新情况，中央军委指示华野进一步向东北方向后退，诱敌深入，相机歼敌。根据中央指示，我华野主力实施迷惑敌人战术，使蒋介石、陈诚心理上产生错误判断，他们误认为华野"攻势疲惫"，可能继续向东北方向的淄川、博山方向撤退。遂命令各部兼程前进，跟踪追剿，以实现在鲁中山区与华野主力决战之目的。这样一来，就削弱了敌人的戒备心理，促使敌军冒进。尤其是南线的第一兵团司令官汤恩伯贸然改变稳扎稳打的战法，不待第二、三兵团统一行动，即以整编七十四师为主，整编第二十五、第八十三师在左右两翼配合，以沂蒙公路上的坦埠为主要目标，于11日自蒙阴东南的垛庄东西地区北犯。整编七十四师原为国民党军七十四军。该师全系美械装备，为甲种装备师，号称国民党五大主力之一，是蒋介石指定的"王牌师"。师长张灵甫毕业于黄埔军校第4期，在陆军大学甲级将官班受过培训，抗日战争时期，曾被誉为模范军人，在湘西会战中，又因战功卓著而荣获自由勋章，因此深受蒋介石青睐。

张因此特别骄傲，目中无人，看到共产党撤退，边退边打，便以为共产党就要战败，势力弱小，因此张命令其部队脱离大部队，独自要去"吞掉"华东野战军，争"头功"。华东野战军领导全面分析了态势后认为，应将主力置于坦埠及其两侧地区，可出其不意集结数倍于敌的兵力加以围歼，完全可打有把握之仗。由于国民党军二十五师和八十三师不及时跟进，使国民党军王牌部队七十四师陷入了险境。1947年5月13日黄昏，华东野战军领导指挥第1、第8纵队利用地形掩护，穿插揳入七十四师纵深，割断了七十四师与其他国军的联系。经过了一天的激战，到15日拂晓，第1、第6、第8纵队分别攻占了垛庄和万泉山，完全截断了七十四师的退路，将其合围于孟良崮及其以北的狭小地区内。最后，经过艰苦卓绝的战斗，孟良崮战役胜利结束了，国民党整编第七十四师及整编第八十三师一个团共3万余人全部被歼！蒋介石痛失虎将，哀叹七十四师被歼是他"最可痛心、最可惋惜的一件事"。陈毅司令员兴之所至，挥笔写下了气壮山河的诗篇："孟良崮上鬼神嚎，七十四师无地逃。信号飞飞星乱眼，照明处处火如潮。刀丛扑去争山顶，血雨飘来湿战袍。喜见贼师精锐尽，我军个个是英豪。"这样，孟良崮战役成为我国著名的"以少胜多"和"上屋抽梯"的战例，先让骄傲的七十四师认为有利可图，引诱它步步脱离齐头并进的队列，孤军深入，接着被我大部队围住，并且隔断七十四师与其他部队的联系，抽去梯子，完成分割包围，得以全歼。

"上屋抽梯"有时候还有另外一种解释，与"过河拆桥""卸磨杀驴"等意思相近，也就是利用了他人，做成了事以后，又忘恩负义，把梯子撤了，把桥拆了，把驴杀了。这招用得最绝的、最妙的，要数赵匡胤搞的"杯酒释兵权"了。他"陈桥兵变，黄袍加身"，成功登上皇位后，心里并不安宁。禁军将领石守信、王审琦、高怀德等众多功臣，也都是位高名显，赵匡胤担心他们的势力一旦强大起来，会如法炮制，步其后尘，危及他的皇位。但他又不忍心、也没有理由突然置他们于死地。于是，赵匡胤就设家宴请众功臣，择机剥夺他们的兵权。正当大家酒醉饭足之时，赵匡胤忽然站起来，阴沉着脸对大家说："自从我当上皇帝后，我日夜难以安宁。还是你们好，自由自在的。"众将说："如今太平天下，谁还敢威胁您的皇位呢？"赵匡胤说："你们肯定是忠诚于我的，但不能保证，你们的部下要拥立你等为王，是由不得你们了。"众人一听，他话里有话，不由得惊出一身冷汗，忙问："那我们如何是好呢？"赵匡胤接着说："你们若能平静地安享荣华富贵，不问国事、免除国事的纷争，是最好不过了。各位要能解甲归田，我会赐许多的财宝给你们，让大家颐享天年。否则的话，大家的个人安危，我就不能保障了。"众将领一听，心中明白了，这一席软中带硬的话语，无疑是一顿"鸿门宴"，唱的"卸磨杀驴"这一出啊。尽管大家十分不甘心，但为了保命，只能纷纷告老还乡去了。自此，赵匡胤不费一兵一卒，不冤杀一人，他的皇位如愿稳定下来。由此可见，赵匡胤也是采用了"上屋抽梯"之计，把没用的梯子撤去了，以为自己在皇帝位这一"屋"上，就可以高枕无忧了。

现代经商赚钱活动中，"上屋抽梯"就是给对手以便利，故露破绽，引诱对方利用，使对手陷入我预设的经营圈套中。对合作伙伴，可提供方便，诱其向前，不断断其援助，以达到发展自己的目的。新中国成立前，技术人才和经济建设经验十分缺乏，同时，鉴于当时国际形势和意识形态，向苏联寻求援助无疑是一条重要和快捷的途径。事实证明，苏联专家和技术人员来华，对于中国国民经济的恢复也作出极其重要的贡献，同时，也帮助中国完成了"一五"计划，建立了工业化的基础。当然，苏联同样也需要中国，在"冷战"时期，苏联对远东乃至整个亚洲的战略目标的核心是与中国结成同盟，并以此为苏联安全的东方屏障。同时，战后初期，苏联的经济困难较多，斯大林利用朝鲜战争期间中国急需苏联武器援助的机会，推销苏联已经淘汰和废弃的武器装备。而且，所谓的"援助"，实际上是他们供给我们设备，我们向他们出口东西来偿还。后来，为了消除摆脱"一五"时期的苏式发展模式，寻找"比苏联更快更好建设方法"，中国曾先提出撤走部分苏联专家。接下来，中苏在国际共运路线方针上分歧越来越多，赫鲁晓夫决定撤走全部援华专家，苏联的"上屋抽梯"使得我国的经济建设不同程度地受到了影响。影响最大的是军事领域，尤其是在高新和尖端科技方面，譬如核军事领域，中国一下子好像进入了盲区，逼迫我们走上了独立自主的发展道路，一些路子，甚至是一些设备，就是在不断摸索中调整、使用。

在实施该计的过程中，安放梯子有很大学问，可以说，安得好坏，就决定了整条计策的成败。因此，要根据不同的对象，实施不同的诱敌之法，对性贪之敌，则要投其所好，以利诱之；对情骄之敌，则以示我方之弱以惑之；对莽撞无谋之敌，则设下埋伏以使其中计。再就是抽梯要抽得巧妙，尽量不要让敌人有所察觉，以减少不必要的伤亡。再就是可以与其他计谋结合使用，如引敌人"上屋抽梯"以后，可以实施"关门捉贼"之计等。

最后，我们要说的是，在日常生活中，人与人之间，没有激烈的矛盾冲突，也没有复杂的利害关系，有的只是同事关系、朋友关系，"上屋抽梯""过河拆桥"的做法是不大受欢迎的。当然，对那些喜欢做"上屋抽梯"之事的人，我们要识透他的为人，了解他的品性，对他敬而远之，或者以其人之道还治其人之身，予以坚决的反击。

第二十九计　树上开花

原文 原典

借局布势,力小势大①。鸿渐于陆,其羽可以为仪也②。

按语

此树本无花,而树则可以有花。剪彩粘之,不细察者不易觉。使花与树交相辉映,而成玲珑③全局也。此盖布精兵于友军之阵,完其势以威敌④也。

注释

①借局布势,力小势大:句意为借助某种局面(或手段)布成有利的阵势,兵力弱小但可使阵势显出强大的样子。

②鸿渐于陆,其羽可以为仪也:语出《易经·渐》卦。渐,卦名,本卦为异卦相叠(艮下巽上)。上卦为巽为木,下卦为艮为山。卦象为木植长于山上,不断生长,也喻人培养自己的德性,进而影响他人。本卦上九说"鸿渐于陆,其羽可为仪,吉利。"鸿渐,谓鸿鹄飞翔,循序渐进。陆,陆地,高而平的地方。此句是说鸿雁飞到陆地上,它的羽毛可用来编织舞具,这是吉利之兆。

此计是说弱小的部队通过凭借某种因素,改变外部形态之后,阵容显得充实强大了,就像鸿雁的羽毛编织成舞具一样。

③玲珑：精巧细微。
④威敌：震慑敌人。

纪老师说

"树上开花"大致是由"铁树开花"一词转变而来的。铁树，也叫苏铁，常绿乔木，不常开花，所以"铁树开花"常用来比喻事情罕见或极难实现。兵书《三十六计》借用并延伸此意，意思是，在军事上，结局造势，制造些"迷魂阵"，让不常开花的树"开"起花来，变不可能为可能，让敌人真假难辨，或借以震慑敌人，达到出其不意的制敌效果。

战国中期，著名军事家乐毅率领燕国大军攻打齐国，连攻下七十余城，并乘胜追击，围困莒和即墨。齐国拼死抵抗，燕军久攻不下。这时，有人在燕王面前说："乐毅不是我燕国人，当然不会真心为了燕国，不然，两座城怎么会久攻不下呢？恐怕他是想自己当齐王吧！"燕昭王倒不怀疑。可是燕昭王去世，继位的惠王马上用自己的亲信名叫骑劫的大臣去取代乐毅。乐毅知道于己不利，只得逃回赵国老家。齐国守将是非常有名的军事家田单，他深知骑劫根本不是将才，虽然燕军强大，只要计谋得当，一定可以击败燕军。

田单首先利用两国的士兵都具迷信心理，他要求齐国军民每天饭前要拿食物到门前空地上祭祀祖先。这样，成群的乌鸦、麻雀结伙地赶来争食。城外燕军一看，觉得奇怪："原来听说齐国有神师相助，现在真的连飞鸟每天都定时朝拜。"弄得人心惶惶，非常害怕。田单还派人放风，说乐毅过于仁慈，谁也不怕他。如果燕军割下齐军俘虏的鼻子，齐人肯定会吓破胆。骑劫觉得有道理，果然下令割下俘虏的鼻子，挖了城外齐人的坟墓，这样残暴的行为激起了齐国军民的义愤。为了继续迷惑敌人，田单又派人送信，大夸骑劫治军的才能，表示原意投降。还派人装成富户，带着财宝偷偷出城投降燕军。骑劫确信齐国已无作战能力了，只等田单开城投降吧！同时，田单心里明白，齐军人数太少，即使进攻，也难取胜。于是他把城中的一千多头牛集中起来，在牛角上绑上尖刀，牛身上披上画有五颜六色、稀奇古怪图案的红色衣服，牛尾巴上绑一大把浸了油的麻苇。另外，选了五千名精壮士兵，穿上五色花衣，脸上绘上五颜六色，手持兵器，命他们跟在牛的后面。这天夜晚，田单命令把牛从新挖的城塘洞中放出，点燃麻苇，牛又惊又燥，直冲燕国军营。燕军根本没有防备，再说，这火牛阵势，谁也没有见过，一个个吓得魂飞魄散，哪里能够还手。齐军五千勇士接着冲杀进来，燕军死伤无数。骑劫也在乱军中被杀，燕军一败涂地。齐军乘胜追击，收复七十余城，使齐国转危为安。

在齐燕交战中，田单巧妙地运用了各种办法，迷惑扰乱燕国。最精彩的是火牛阵，把燕国军队蒙住了，震慑住了，可以算是善于运用各种"不可能而能"的事，壮大了自己的声势，成为运用"树上开花"之计的典范。

2000年上演的电视剧《孙子兵法与三十六计》，是山东三冠影视实业公司投资拍摄的一部古装历史剧，该剧将《孙子兵法》和《三十六计》融为一体，全面展现了战国时期孙膑和庞涓二人斗智斗勇的故事。孙膑夺取成皋后，先用"空城计"吓住先头魏军，然后用"反间计"向庞涓大军透出城内不缺粮的消息，打消了庞涓围城拖垮韩军的想法，从而决定攻城。钟离春回韩都请兵，许多韩国大夫不愿因孙膑与魏国交战，再次提出用孙膑换成皋。韩王犹豫再三，命太子和申大夫率韩国大

纪连海谈 三十六计

军前往成皋,但为留后手,不准他们与庞涓交战。韩国军队依照孙膑"树上开花"之计,四方出兵,虚张声势,庞涓错误地以为,韩军主攻方向在韩国太子一路,率主力迎击太子,结果申大夫率韩军主力突破魏军包围,将粮食和援军送进成皋。但太子不听劝告,违背孙膑之意,被庞涓大军围困在城西。孙膑再用"树上开花"之计,让成皋守城军队东门出,南门进,造成大军进城的假象。庞涓估计孙膑将从成皋西门突袭庞涓,所以调集大军埋伏在城西。谁知孙膑大军从魏军包围圈的另一方向突破,太子及所率将士顺利突围。

在与魏军的对垒中,孙膑连用了两次"树上开花"之计,先是通过虚中有实、实中有虚的办法,让申大夫突破魏军的包围圈,顺利将粮食和援军送进成皋城。接着,用"东门出,南门进"的招数,让魏军以为有大批军队进城的假象,又让被困在西门的太子从出乎庞涓意料的一个方向出城,把庞涓搞得晕头转向,只看到树上"繁花似锦"了,遂解了太子之围。

在危急时刻,当自己的力量比较小,却可以借友军势力或借某种因素制造假象,使自己的阵营显得强大,也就是说,在战争中要善于借助各种因素来为自己壮大声势。

三国中的张飞,无人不知是一员猛将,而且是一个有勇有谋的大将。刘备起兵之初,与曹操交战,多次失利。刘表死后,刘备在荆州,势孤力弱。这时,曹操领兵南下,直达宛城,刘备荒忙率荆州军民退守江陵。由于老百姓跟着撤退的人太多,所以撤退的速度非常慢。曹兵追到当阳,与刘备的部队打了一仗,刘备败退,他的妻子和儿子都在乱军中被冲散了。刘备只得狼狈败退,令张飞断后,阻截追兵。张飞只有二三十个骑兵,怎敌得过曹操大队人马?但张飞临危不惧,心生一计。

他命令所率的二三十名骑兵都到树林子里去，砍下树枝，绑在马后，然后骑马在林中飞跑打转。张飞一人骑着黑马，横着丈八长矛，威风凛凛站在长板坡的桥上。追兵赶到，见张飞独自骑马横矛站在桥中，好生奇怪，又看见桥东树林里尘土飞扬。追击的曹兵马上停止前进，以为树林之中定有伏兵。就这样，张飞只带了二三十名骑兵，就阻止住了追击的曹兵，让刘备和荆州军民顺利撤退，靠的就是这"树上开花"计，通过制造假象迷惑并吓住了敌军。

此计应用时，先要找准"树"，这树上本没有花，是"我"方知道的，但不能让敌人知道这种树没有花，才能让敌人相信确实树上开了花。因此，把不能开花的树，伪装上"花"，从而变不能为能，变无为有，变少为多，变假为真，让敌人上当受骗，是该计策的本旨。

按语还把此计解释为：把自己的军队布置在盟军阵地上，以造成强大声势慑服敌人。不过，理论上讲，此计应该是实用的，但古今战争史上，这方面的出色例子还是很少见的。但可以应用到商业竞争上，比如，一些皮包公司，并没有多少实力，却因为借助了某些社会关系，或者把公司挂靠到某些大的公司名下，以达到某些追名逐利的目的。

1871年，美国大资本家古尔德几乎收购了除国库以外的美国市场上的所有黄金，基本上控制了金价。但是，当时国库还有不少黄金，如果政府抛售黄金，金价势必下跌。因此，古尔德处心积虑，设法不让国库的黄金出笼。古尔德了解到格兰特总统有个妹妹嫁给了柯尔平上校，而柯尔平上校并不富有。于是，古尔德找到了柯尔平上校，十分热情地邀请他入股。柯尔平上校坦率地表示自己没有资本，古尔德对他说："不要紧，您不用拿一分钱。我很敬佩上校的为人和才能，想与您交个朋友。这点施予就算我的一点诚意吧！"两人最后签订了如下协议：柯尔

纪连海谈 三十六计

平在古尔德这里认购200万美元的黄金股,只要黄金价格上涨,柯尔平每周可领到黄金股的涨价费。若黄金下跌,柯尔平要作相应的赔偿。为防止金价下降,柯尔平不用古尔德示意,就自己主动通过妻子劝总统不要抛售国库的黄金。过了一段时间,市面上黄金渐少,金价飞速上升。到1871年9月22日,市面上无黄金供应,这引起全美国人民的强烈反响。迫于舆论压力,格兰特总统决定抛售国库的黄金。柯尔平劝说无效后,马上把这一消息通知古尔德,同时请总统暂缓一天宣布。就在这最后一天里,古尔德抛售出他手里所有的黄金,净赚2000多万美元。

古尔德抓住关键人物,找对了"树",把柯尔平上校拉近了利益共同体,借局布势,把国库本该抛售黄金的事变成了利于自己的势,从而满赚了一大把。这就是商业经营中典型的"树上开花"之计。

在生活中,当自己处于劣势的时候,常可以隐瞒自己的实力,明明乏力却故作很有实力的样子,让他人摸不清真相,用时下一个网络词语就是"装逼"。比如,有些青年人,没有多少学生,却喜欢在名片上打出什么国学大师的称号,满口之乎者也地卖弄自己;没有什么财富积累,又不肯低调做人,总喜欢要面子,讲排场,花父母的血汗钱,摆谱装富二代;不是脚踏实地干事业,通过艰苦的实践慢慢积累资本,打拼出一番天地,却总是张口哪位名人,闭口哪位大款,什么公司高管,等等,大搞噱头。这些都是生活中"树上开花"的小伎俩,整天摆摆花架子,令人生厌,忽悠来忽悠去,徒增笑料而已。

作为一条军事上的计谋,"树上开花"可以满足政治、商业角逐中或战场上稍纵即逝、瞬间制胜的需要,达到某种战略目的。但在日常生活中,我们应该以另一种心态对待这种现象。首先,我们自己要有"免疫力",不要被社会的浮躁之风感染了,不要卖弄来满足一时的虚荣心，不要想象着可以依靠耍小聪明做成什么大事。真的假不了，假的真不了，一时的小便宜不能代替一生的追求，"千学万学学做真人"才是正道。其次，面对那些喜欢做花里胡哨表面文章的人，好大喜功、习惯以假乱真的人，我们要睁大双眼，进行识别，谨防被表面现象蒙蔽了，小心被人带进沟里，当心被人利用了。

第三十计　反客为主

原文原典

乘隙插足，扼其主机①，渐之进也②。

按语

为人驱使者为奴，为人尊处者为客，不能立足者为暂客，能立足者为久客，客久而不能主事者为贱客，能主事则可渐握机要，而为主矣。故反客为主之局：第一步须争客位；第二步须乘隙；第三步须插足；第四足须握机；第五乃为主。为主，则并人之军③矣，此渐进之阴谋也。如李渊书尊李密，密卒以败；汉高视势未敌项羽之先，卑事项羽④，使其见信⑤，而渐以侵其势，至垓下一役，一举亡之。（《隋书·李密》）（《史记·汉高祖》）

注释

①乘隙插足，扼其主机：隙，空隙。扼，扼制。主机，指事物的要害之处。句意为找准漏洞插足进去，掌控他的要害关键之处。

②渐之进也：语出《易经·渐》卦。（渐卦解释见"树上开花"注释②）本卦《象》辞："渐之进也。""渐"就是渐进的意思。

③并人之军：并，合在一起。并人之军就是兼并别人的军队。

④卑事项羽：卑，低下，低劣。事，侍奉，服侍。句子意思是卑微

地服侍项羽。

⑤见信：见，表示被动，相当于"被"。见信即被相信。

明代罗贯中著《三国演义》第七十一回："拔寨前进，步步为营，诱渊来战而擒之，此乃反客为主之法。"这便是"反客为主"一词的出处。故事讲的就是三国时期，刘备统率大军前去攻打汉中。汉中的守将夏侯渊得到消息后，马上派人通知上司曹操，曹操听说后大吃一惊，立刻亲自率兵四十万前往抵御刘备的军队。夏侯渊知道曹操的援军马上就到，便派夏侯尚带兵进攻。刘备的将领黄忠见曹军前来挑战，就派大将陈式去迎战。夏侯尚和陈式交战了几个回合之后，夏侯尚便假装战败想要逃走，陈式乘胜追击。谁知走到半路，山上突然滚下来很多大木头，砸中了陈式，夏侯渊便生擒了陈式。黄忠听到部下的报告后，连忙去和谋士法正商量。法正说："夏侯渊这个人很浮躁，有勇无谋。我们可以采取步步为营的办法，激励军队向前推进，然后引诱夏侯渊来战，从而捉住他，这就是反客为主的战法。"黄忠采纳了他的建议，将阵地稳步向前推进。夏侯渊见蜀汉军队不断向自己这边推进，便组织人马进行反击，派夏侯尚率军出战。结果，夏侯尚与黄忠一交手就被活捉了。夏侯渊非常生气，出兵包围了黄忠的军队，还破口大骂。可是，任凭夏侯渊怎么辱骂，黄忠就是不出战。时间慢慢过去，曹军越来越疲惫。这时黄忠突然出战，夏侯渊来不及防范，被黄忠一刀砍成了两段，曹军大败。

蜀汉军队的这种打法，怎么就是用了"反客为主"的计策呢？本来，黄忠率部赴远攻打汉中，相对于驻守的夏侯渊是"客"。后来，蜀汉军队步步为营，引诱夏侯渊出来作战，则变成了攻者夏侯渊为

"客"，守者黄忠部为主。加上夏侯渊叫战时，黄忠不出战，消磨了夏侯渊的士气，趁他疲惫时，黄忠袭来，在战场上掌握了主动，这属于战场机变之计。

"客"与"主"是相对又共存的，缺了哪一方，另一方也就无所谓了。在共存的场合上，我们常说"客随主便"，也就是主人占据主导地位，说话、做事总是很主动；客人往往处于被动地位，所以要依随主人的方便或安排而行事。如果发生了角色转变，客人主动，主人就变得被动了，就出现了"反客为主"的现象。什么情况下会发生这样的事呢？主人不大热心，不会招待客人的时候，客人主动点，就反客为主呗。这是日常生活中常有的事，有时反而显得更亲切，主客关系更融洽了。

但如果用在军事上，作为一条计谋，就另当别论了。比如，客人早就觊觎主人占有的资源等，就利用一切可以利用的时机，钻了主人的空子，取而代之了。客人成了主人，那主人就只能屈居人下，或者只好远走，甚至搭上了性命，一山难容二虎，一室难容两主嘛。这不成了"鸠占鹊巢"吗？是不是有点不近人情了？但政治、军事斗争中是讲不得人情的。

东汉末年，袁绍的势力逐渐强大起来，一心想要统一北方。可是，袁绍筹集不到充足的粮草，常常为此事烦心。他的盟友韩馥得知消息后，主动借给他军需，帮助袁绍解决了暂时的困难。袁绍的谋士建议他设法夺下有"天下粮仓"之称的冀州，从根本上解决粮草短缺的窘况。冀州就是韩馥的管辖地区，袁绍虽然和他是盟友，但政治场上没有长久的朋友，袁绍为了自己的政治利益，已经顾不了许多了。怎样占据冀州呢？袁绍知道公孙瓒也有图谋冀州之心，便给他写了一封信，假称要和他一起攻打冀州。公孙瓒见信大喜，马上下令，准备发兵冀州。与此同时，袁绍又派人赶到韩馥的身边，向他吹风说："公孙瓒要联合袁绍攻打冀州。你和袁公本是盟友，何不主动联合袁公，请他带兵入城，共抗公孙瓒呢？"于是，韩馥便邀袁绍进入冀州。袁绍入城后，暗地里把自己的亲信一个个安插在冀州的重要位子上，这样一来，韩馥便被架空了。当韩馥觉察到袁绍图谋不轨时，已无力挽回，为防遇害，只好一个人逃走了。

袁绍入主冀州，在盟友面前玩"两面三刀"，先以联合抗公孙瓒为托词，不费一兵一卒即进入冀州，然后巧妙地"反客为主"，暗地里耍阴谋，偷梁换柱，安插了自己的人，演绎了一场"鸠占鹊巢"的好戏。这属于政治较量的一种计策。

同样是政治场上的较量，袁绍玩的是阴谋，而邓小平与美国国务卿舒尔茨的一次较量，则显示出一代伟人的睿智和机敏。邓小平被称为中国改革开放的总设计师，他是一位充分施展和运用《孙子兵法》的杰出的外交家。1983年2月，美国务卿舒尔茨访华，在邓小平会见他期间，双方就湖广铁路债券案时交换了意见。邓小平指出这一案件，无非是某些人用来破坏中美关系的棋子，要求美政府停止这一行为。而舒尔茨却以美国法制度独立，政府无权过问来狡辩，好像理由很充分似的。对此，邓小平没有丝毫的犹豫和迁就，立即反驳道："如此说来，美国实际上有3个政府——国会、内阁、法院，叫人家究竟同你们哪一个政府打交道才好？如果说美国人有权向我们索取赔偿，那么中国人民100多年遭受帝国主义的侵略压迫，蒙受那么大的损失，难道不可以判你们都来赔偿？如果一见面就谈赔偿，还谈什么发展关系？"邓小平的一席话，立时"反客为主"，抓住舒尔茨的漏洞，反驳得舒尔茨无言以对。

1979年11月，由美国公民杰克逊等九名持券人向美国阿拉巴马州地

方法院对中华人民共和国提起诉讼,要求偿还他们所持有的中国清朝政府于1911年发行的"湖广铁路债券"本息。美国地方法院受理了此案,即以中华人民共和国作为被告,通过地方法院邮寄将传票和起诉书副本送达给我国外交部长,要求中华人民共和国政府在传票送达后20天内对原告起诉书作出答辩,否则将进行"缺席审判"。对此,中国政府根据国际法原则曾多次向美国政府申明中国立场,但美国阿拉巴马州地方法院仍于1982年9月1日无理作出"缺席审判",要求中国政府向原告偿还4亿元。这种荒唐的"缺席审判",这种清朝时期的债券索赔,完全是别有用心的破坏中美关系的举动。

政治、军事斗争中,如果暂时处于弱势,就要先争取到客位,再寻找机会,循序渐进地反客为主,变被动为主动。在越来越激烈的商业竞争、就业竞争中,反客为主之计,也是适用的。比如河北大学新闻学院曾举行过一次"反客为主"的招聘活动。

大大小小的招聘会上,主人都是用人单位,以挑剔的目光选择人才;毕业生就是客人,要等待主人的挑选,听从主人的安排。而河北大学新闻学院广告系举办的"反招聘"活动,毕业生成了主人,参加招聘会的客人有Bestformulations、石家庄神威药业、保定金凤帆集团等近40家用人单位,一改传统的招聘方式。

活动分为人才信息发布会和"反招聘"洽谈会两部分。在上午的信息发布会上,广告系的30个毕业生向用人单位展示了他们分赴北京、上海、广州、天津、石家庄、昆明、厦门等地的实习作品,并介绍了自己的特长,提出了就业意向和条件。下午的洽谈会上,用人单位向学生介绍了单位各自的状况和人才需求信息。双方在自由、轻松的气氛中进行了长时间的交流、谈判,最终有近10名学生与用人单位达成了就业意向。

这次活动的主要策划人之一广告班班长王宏宇谈到举办此次活动的目的时说，"以前他也多次参加过人才交流会，几乎所有的招聘模式都一样，都分初试、笔试、面试几个步骤。整个过程要拖很长时间。假如单位在外地，还要花很多路费。有时候递上一份简历就没了下文，连展示自己的机会都没有。传统的招聘方式效率比较低，在一定程度上还是单向选择，而非真正意义上的双向选择。"

美国Bestformulations中国总部总裁杜先生在谈到传统招聘时也有同样的感受。他说："每年企业都要为招聘新人花去很大精力，而且仅凭简历就淘汰很多人，这其中难免会埋没许多真正的人才。'反招聘'则给了用人单位和大学生双方更多的互相了解和交流的机会，交流形式也更直接更便捷，效率当然更高。"他希望这种"反招聘"能在大专院校推广开来。

河北大学学生处处长认为，"这次活动是人才交流方式的一次创新，从形式上讲是人才市场由买方市场向卖方市场转化的一次大胆尝试。在这种'反招聘'活动中，'反客为主'的毕业学生有了更多的展示机会，就多了些主动权，活动实现了真正意义上的双向选择，增进了毕业生和用人单位之间的互相了解，效果会更好。"

总之，反客为主这一计策，无论应用到哪些领域，都是强调了抢夺主动权的重要性，所采用的手段，所走的途径，并不一定是以损害别人为前提，与一些不择手段的计谋相比，更阳光一些，也更招人喜欢一些。

败战计

原文

处于败军态势之计谋,潜龙勿用①。

注释

①潜龙勿用:出自《易经》第一卦乾卦。初九:潜龙,勿用。(即第一爻,编者注。)另:帛书《周易》的爻辞为——初九,潜龙勿用。"象"曰:天行健,君子以自强不息。潜龙勿用,阳在下也。

潜龙,今都写作"潜",帛书《周易》为"浸",帛书易传《二三子问》为"寖",三字古音同侵部,音近,所以"浸"或"寖"在这里都是"潜"的假借。《说文》:"潜,藏也。"

勿用,《归藏》云:"昔者桀筮伐唐,而枚占荧惑曰:'不吉。不利出征,惟利安处。彼为狸,我为鼠,毋庸作事,恐伤其父。'"这里面的"毋庸"就是"勿用",这是对"勿用"的最好注解,"勿用"者,"毋庸作事"之谓也。

《文言》云:"初九曰:'潜龙勿用。'何谓也?子曰:'龙德而隐者也。不易乎世,不成乎名;遯(同"遁")世无闷,不见是而无闷;乐则行之,忧则违之,确乎其不可拔,潜龙也。'"崔憬曰:"九者,老阳之数,动之所占,故阳称焉。潜,隐也。龙下隐地,潜德不彰,是以君子韬光待时,未成其行。故曰'勿用'。"王弼曰:"不为世所易。"

以上解释都是同一个意思，都是说，要像潜藏的龙那样不要有所施为。也就是说，在潜伏时期还不能发挥作用，必须坚定信念，隐忍待机，不可轻举妄动；时机未到，如龙潜深渊，应藏锋守拙，待机而动。因此，"勿用"不等于不用，而是该用的时候才用。所以要掌握合理时机，用的恰到好处。

另：苏轼所著《东坡易传》则云："'乾'之所以取'龙'者，以其能飞能潜也。飞者其正也，不能其正而能潜，非天下之至健，其孰能之？"这个解释与上述主流见解不同。

纪老师说

"败战计"，三十六计第六套也是最后一套计。顾名思义，"败战记"是战争中己方处于非常不利状况下，赖以反败为胜或者退而自保的一套计策。换言之，就是处于弱势方对待战局因时制宜所使用的计谋。就要被打败了，或者已经处于败绩，最危险的时刻就要到了，要么束手就擒，坐以待毙，要么力挽狂澜，转败为胜。越是在这时候，越看出巧妙用计的重要性了。所以，"败战计"是处在劣势中的劣势时，应该采用的计谋，虽然排在《三十六计》最后一组，却是尤为重要的一组。

在总说里，作者借用《易经》卦辞，已经阐述得非常明确，越是在劣势，越要保持冷静，越要坚定信念，隐忍待机，不可轻举妄动。尤其是指挥官，每一个决策，直接关乎成败，关系存亡的。所以，指挥者要善于从败绩中看到转机，从绝望中看到希望，从细微处着眼，从宏观上掌控，捕捉合理的时机，方能化险为夷，转败为胜，或者能够自保。

"败战计"包括美人计、空城计、反间计、苦肉计、连环计和走为上六计。

第三十一计　美人计

原文原典

　　兵强者，攻其将；将智者，伐其情①。将弱兵颓，其势自萎。利用御寇，顺相保也②。

按语

　　兵强将智，不可以敌，势必事③先。事之以土地，以增其势，如六国之事秦：策之最下者也。事之以币帛④，以增其富，如宋之事辽金：策之下者也。惟事之以美人，以佚⑤其志，以弱其体，以增其下之怨。如勾践以西施重宝取悦夫差，乃可转败为胜。

注释

　　①兵强者，攻其将；兵智者，伐其情：全句意思是对兵力强大的敌人，就攻击他的将帅；对聪明的将帅，就打击他的情绪。

　　②利用御寇，顺相保也：语出《易经·渐》卦。（卦名解释见计"树上开花"注②）本身九三"象"辞："利御寇，顺相保也"。是说利于抵御敌人，顺利地保卫自己。

　　③事：侍奉。

　　④币帛：泛指财物。

　　⑤佚：散失。

> 纪老师说

美人计，语出《六韬·文伐》："养其乱臣以迷之，进美女淫声以惑之。"意思是说对于用军事行动难以征服的敌方，要使用"糖衣炮弹"，先从思想意志上打败敌方的将帅，使其内部丧失战斗力，然后再行攻取。

在古代，就有"红颜祸水"，还有"英雄难过美人关"之说。为什么呢？因为古代的君王都沉迷声色犬马，过着骄奢淫逸的生活，上有所行，下必效之，所以社会风气也好不到哪儿去，必然造成阶级对立，矛盾加剧，怨声载道。所以，君王三宫六院，爱江山更爱美人，整天躲在女人的石榴裙下享受，必然荒废朝政，更有甚者被女人专权，久而久之，必然断送了江山，商纣王之宠妲己就是一例。为文臣武将者，在那样的大染缸里，也逃不开一个色字，且在相互攀比，相互倾轧中，很多时候的败也可归因于女人，吴三桂"冲冠一怒为红颜"即为此例。

女人被视为男人的"玩物"，这在奴隶社会、封建社会时期如此，在男权主义依然强盛的当今某些地域也是如此。那么，把"美女"当作礼物送给有权、有势，或者军事上占据优势地位的军队，就成为可能，并且屡见不鲜了。为什么要送美女？因为美女是"祸水"，就要投其所好，让美女祸害敌人。因为美女可以消磨敌人的斗志，扰乱敌人军心，毁坏对方身体，还可以获取重要信息，等等，这就是"美人计"的本意。

如何使用好本计？首先，要了解敌人，投其所好。换句话说，本计的前提是，敌人好色，或者有被色相诱惑的可能，才能有效使用该计的前提。因为"美人"只是外因，外因必须通过内因才能起作用。其次，送出的"美人"必须能够有效地"伐情以损敌"，也就是"美人"需被

纪连海谈 三十六计

敌人所接受，才能有效地消磨敌之意志，挫败敌之锐气，获取敌人的信息。还有最重要的一点，就是这"美女"应该始终为我掌控利用。最后，"美人计"的最终目的是要获取敌方关键信息，或者是摧毁敌人的精神壁垒，但仅凭此计是达不到彻底歼灭敌人的目的，常常还需要诉诸武力。所以，施用美人计只是辅助手段，还要积极创造或寻找发动武力进攻的最佳时机。

春秋时吴越之战，越王勾践先败于吴王夫差。夫差罚勾践夫妇在吴王宫里服劳役，借以羞辱他。越王勾践在吴王夫差面前卑躬屈膝，百般逢迎，骗取了夫差的信任，终于得以回国。勾践被释回越国之后，卧薪尝胆，奋发图强。但吴国正处在鼎盛时期，靠武力，越国一时半会儿是不能取胜的。越大夫文种向勾践献计："高飞之鸟，死于美食，深泉之鱼，死于芳饵，要想复国雪耻，应投其所好，衰其斗志，这样，可置夫差于死地。"于是勾践挑选了两名绝代佳人，西施和郑旦，送给夫差，并年年向吴王进献珍奇珠宝。夫差已被胜利冲昏了头脑，自认为勾践已臣服于他，所以没有丝毫怀疑。于是，夫差整日与美人饮酒作乐，连大臣伍子胥的劝谏也完全听不进去。后来，吴国进攻齐国，勾践还出兵帮助吴王伐齐，借以表示忠心，麻痹夫差。吴国打胜之后，勾践还亲自到吴国祝贺。夫差贪恋女色，一天比一天厉害，根本不想过问政事。伍子胥力谏无效，反被逼自尽。勾践看在眼里，喜在心中。公元前482年，吴国大旱，勾践乘夫差北上会盟之时，突出奇兵伐吴，吴国终于被越所灭，夫差也只能一死了之。

当然，越国的"美人计"只是麻痹吴王的一个方面，取得如此好的效果，还是有多方面原因的。首先是越国励精图治，逐渐强大起来，有实力可与吴国抗衡了；其次是越王勾践善于伪装自己，极尽屈膝逢迎之所能，从而使吴王夫差飘飘然不知底细，完全没有了警觉之心；最后是选择了好的时机，趁火打劫，一举灭掉了吴国。这些因素综合作用，缺一不可，但"美人计"也确实起到了举足轻重的作用。

  上例"美人计"送了美人，还有不送美人的"美人计"。汉朝从建国开始就被笼罩在匈奴的阴影之下。有一次，匈奴南下，太守韩王信被迫投降匈奴。刘邦听后，大怒，遂引三十万大军北上攻打匈奴。看到匈奴兵都是老弱病残、用的都是锈刀，刘邦求胜心切，带领小股骑兵追击匈奴人，不料中了敌人的埋伏，被困在白登山。这时，汉军的后续部队已被匈奴人阻挡在各要路口，无法前去解围，形势万分危急。到了第四天，被困汉军的粮草越来越少，刘邦君臣急得就像热锅上的蚂蚁，坐立不安。谋士陈平灵机一动，从匈奴单于的夫人阏氏身上想出了一条计策。在得到刘邦允许之后，陈平派一名使者带着一批珍宝和一幅画秘密会见了阏氏。使者对阏氏说："这些珍宝是大汉皇帝送给您的。大汉皇帝欲与匈奴和好，特送上这些珍宝，请您务必收下，望您在单于面前美言几句。"使者又献上一幅美女图，说道："大汉皇帝怕单于不答应讲和的要求，准备把中原的头号美人献给他。这是她的画像，请您先过目。"阏氏接过来一看，真是一个貌似天仙的美女：眉似初春柳叶，脸如三月桃花；玉纤纤葱枝手，一捻捻杨柳腰；满头珠翠，引得蜂狂蝶浪；双目含情，令人魂飞魄舞。看了美女图后阏氏心想：要是大王（匈奴单于）打败了刘邦，入主中原，肯定会娶中原的美女当阏氏，所以，为了能坐稳皇后的位置，还是把大王说走为妙！于是，阏氏说："珍宝留下吧，美女就用不着了，我请单于退兵就是了。"当晚，阏氏来到单于大营，她说："听说汉朝的援军就要到了，到那时我们就被动了。不如现在接受汉朝皇帝的讲和要求，趁机向他们多索要一些财物。"单于

经反复考虑，觉得夫人的话很有道理。双方的代表经过多次谈判，终于达成了协议。单于得到物质上的满足后，放走了刘邦君臣。陈平因这次谋划有功，后来被刘邦封为曲逆侯。

陈平利用女人容易争风吃醋的心理特点，假装献给单于美女，迫使阏氏说服单于退兵，从而达到了讲和的目的。陈平的美人计妙就妙在根本没有美女，但同样收到了良好的效果。

"美人计"自古以来就大量地被应用到间谍活动中。现在，我们可以给"美人计"换一种说法，也就是以"性诱惑"为主要手段，利用美女或美男引诱目标上钩，借助先进的窃听、摄影录像等间谍工具，偷录偷拍各种"色情证据"，通过讹诈、收买、策反等措施，逼迫或收买掌握着对方各种机密的人物为自己服务，从而获取各种信息，这就是世界各国情报安全机构广泛使用的间谍手段。近现代社会历史中，性间谍在政治、战争、外交、经济、科技等领域都曾发挥过巨大的作用。各国都曾招募、培训过大量的性间谍，从事各种间谍活动，包括现在也大行其道，不排除我们身边就有这样的间谍。这不是危言耸听，前几天网上就曾曝出过日本间谍在我国从事非法活动的消息，不再赘述。

《水浒传》中的宋江，一生志向就是报效朝廷，不得已入梁山后，日夜想着招安大事。第七十一回，梁山英雄排定座次后，宋江要到京城看花灯，实则是为自己的招安探探路，而为他完成这件大事的关键人物就是燕青。初到东京，燕青就用自己的口才和办事能力先后两次帮宋江搭上了徽宗皇帝的宠姬李师师，引宋江进院与李师师对坐饮酒。徽宗从地道来时，宋江一伙"闪在黑暗处"，偷窥了皇帝与师师的幽会，得睹天颜。此后，梁山招安遇到阻碍，两赢童贯，三败高太尉，威名大振的同时却也几乎把招安之路堵死了。高俅等人根本无心相助，此时燕青说

"枕头上关节最快。小弟可长可短，见机而作"（第八十一回），提议走李师师这条门路，事实证明这个策略很成功。因为上一次的突出表现，宋江放心地交与燕青一手操办。二到东京的浪子燕青果然不负重托，以琴箫之和迷住李师师，"端的是声清韵美，字正腔真"，进而由李师师推介面见皇帝；凭一唱一哭打动了徽宗，借机将宋江欲受招安的意思和盘托出，并巧妙地使徽宗了解了童贯、高俅等人兵败梁山的实情，从而促使徽宗下定了招安梁山好汉的决心。整件事环环相扣，进退有序，由此观之，燕青实为梁山泊一流的外交人才。不仅如此，还有两个细节最为人称道：一是他借机为自己求取了一封特赦文书，二是他看出李师师对自己有那么一点意思，他马上提议与李师师拜为姐弟，书上说"是拜住那妇人一点邪心"。李师师未必不知道燕青的用心，然而聪慧如她，怎能不知其中利害关系？于燕青，是招安当头，万一和李师师闹出些什么八卦绯闻，变成和皇上争风吃醋，别说招安的事会搞砸，连命都得送掉。于李师师，身为皇帝的女人，也有身不由己之苦。于是，顺水推舟，两人成了姐弟，不管怎样，面上得规规矩矩的。燕青就利用这点恰到好处的暧昧"中间里好干大事"，圆满完成了招安的重任。

"将智者，伐其情"，这是行使美人计的诀窍。贾宝玉曾说："女儿是水做的，男儿是泥做的。我见了女儿就觉得清爽，见了男儿就觉得浑身不自在。"其实，不光是贾宝玉，一般男人都有这副德行。历史上，因为迷恋女色而亡国，或者误事，落得身败名裂的比比皆是。常言说的好，饱思淫欲，在现在和平建设年代，有些党的干部在物欲横流的和平温水里长大，逐渐丧失了信仰，磨灭了党性原则，刚解决了温饱问题就忘乎所以，耍弄手中的权术，不断膨胀自己的贪欲，从追求物质的享受，到寻求感官上的刺激，结果很多人栽在了女人的石榴裙下，被人民唾弃，遗臭万年。这样的例子大家都耳熟能详了，就不再一一举例了。

所谓异性相吸，这个"美人计"中的美人，不仅限于美女，换成美男也同样适用。尤其是男女平等的当今社会，男女各顶半边天的年代，当家做主了的广大女性逐渐走上了重要岗位，使用"美男计"便不是新鲜事了。说白了，人是有感情的，不管哪一方，一旦为情所困，难免会做出"傻事"，所以谁都有可能被人利用，谁都有可能利用别人。

所以，"美人计"无处不在，无时不在，既可以用在政治角逐场上，也可以用在军事斗争中，还可以用在商业间谍中；既可以用美女，也可以用帅男；既可以用在现实世界，也可以用于虚拟的网络世界。因此，懂得此计，既可以用，更重要的是要防，人不分男女，位不分高下，财不论多寡，权不论大小，每个人都要加强自律，提高拒腐防变的能力，恪尽职守，人尽其责，修身养德，腐败便没有滋生的土壤，则国家就会越来越强大，社会越来越和谐，小康社会便越来越近，"中国梦"就会早日实现。

繁花似锦，任其自由开放，才开得更烂漫，人尽可以欣赏。但如果折枝插在自己的花瓶里，反而会失去自然的美。人，不可太贪，占有的欲望不可毫无节制，否则就会变成欲望的奴隶，被人利用，成为"美人计"的牺牲品。

第三十二计　空城计

原文

　　虚者虚之，疑中生疑①。刚柔之际，奇而复奇②。

按语

　　虚虚实实，兵无常势③。虚而示虚，诸葛而后，不乏其人。如吐蕃陷瓜州，王君焕死，河西汹惧④。以张守珪为瓜州刺史，领余众，方复筑州城。版榦裁立⑤，敌又暴至⑥。略⑦无守御之具，城中相顾失色，莫有斗志。守珪曰"徒众我寡，又疮痍之后，不可以矢石⑧相持，须以权道⑨制之。"乃于城上，置酒作乐，以会将士。敌疑城中有备，不敢攻而退。又如齐祖珽为北徐州刺史，至州，会有陈寇⑩，百姓多反，珽不关城门。守陴者⑪，皆令下城，静坐街巷，禁断行人，鸡犬不乱鸣吠。贼无所见闻，不测所以⑫，或疑人走城空，不设警备。珽复令大叫，鼓噪聒天⑬，贼大惊，顿时走散。

注释

　　①虚者虚之，疑中生疑：第一个"虚"为名词，意为空虚的，第二个"虚"为动词，使动，意为使它空虚。全句意思是空虚的就让它空虚，使他在疑惑中更加产生疑惑。

　　②刚柔之际，奇而复奇：语出《易经·解》卦。解，卦名。本卦

为异卦相叠（坎下震上）。上卦为震为雷，下卦为坎为雨。雷雨交加，荡涤宇内，万象更新，万物萌生，故卦名为解。解，险难解除，物情舒缓。本卦初六。"象"辞曰："刚柔之际，义无咎也"，是使刚与柔相互交会，没有灾难。

③兵无常势：出自《孙子兵法·虚实篇》。常，不变；势，形势。用兵无一成不变的形势。

④汹惧：指惶恐不安。

⑤版幹裁立：版，筑土墙用的夹板。幹，指的是柘木，可用作立柱。裁，古同"才"，仅；方。全句意为筑城墙用的夹板和立柱刚刚立起来。

⑥敌又暴至：暴，突然；猝然。敌人又突然打到。

⑦略：全；皆。

⑧矢石：箭与礌石，指作战的武器。相持，指双方对立、争持，互不相让。

⑨权道：变通之道；临时措施。

⑩陈寇：南陈入侵。

⑪守陴者：城上的矮墙。亦称"女墙"；俗称"城垛子"。

⑫不测所以：所以，所用；用来。全句意思是摸不清守城所用的路子。

⑬鼓噪，指鸣鼓喧哗，喧闹，起哄。聒天，声音震天。

纪老师说

"空城计"出自《三国演义》的"武侯弹琴退仲达"这一经典故事。书中讲，诸葛亮派马谡驻守街亭，不久就有探马报说，街亭、列柳城尽皆失了。情急之中，孔明将身边可派的人马一一分派出去，于半路去收拾残局。分配停当，好不容易可以松口气了，又有十余次飞马报道："司马懿引大军十五万，望西城（西城，古县名。汉时置西城县，治所在今陕西省安康市西北）蜂拥而来！"真是越怕什么就来什么，容不得人有半点喘息之机。而此时，诸葛亮身边没有大将，只有一班文官，所带领的五千军队，也有一半运粮草去了，只剩2500名老弱士兵在城里。众人听到司马懿带兵前来的消息都大惊失色。诸葛亮登城楼观望后，对众人说："大家不要惊慌，我略用计策，便可教司马懿退兵。"于是，诸葛亮传令，把所有的旌旗都藏起来，士兵原地不动，如果有私自外出以及大声喧哗的，立即斩首。又叫士兵把四个城门打开，每个城门之上派二十名士兵扮成百姓模样，洒水扫街。诸葛亮自己呢，披上鹤氅，戴上高高的纶巾，领着两个小书童，带上一把琴，到城上望敌楼前，凭栏坐下，燃起香，然后慢慢弹起琴来。

　　司马懿的先头部队到达城下，见了这种气势，都不敢轻易入城，便急忙返回报告司马懿。司马懿听后，笑着说："这怎么可能呢？"于是便令三军停下，自己飞马前去观看。离城不远，他果然看见诸葛亮端坐在城楼上，笑容可掬，正在焚香弹琴。左面一个书童，手捧宝剑；右面也有一个书童，手里拿着拂尘。城门里外，二十多个百姓模样的人在低头洒扫，从容淡定，旁若无人。司马懿看后，疑惑不已，思忖良久，终不敢贸然采取行动。便来到中军，令后军充作前军，前军作后军撤退。他的二子司马昭说："莫非是诸葛亮家中无兵，所以故意弄出这个样子来？父亲您为什么要退兵呢？"司马懿说："诸葛亮一生谨慎，不曾冒险。现在城门大开，里面必有埋伏，我军如果进去，正好中了他们的计。还是快快撤退吧！"于是各路兵马都退了回去。

纪连海谈 三十六计

　　诸葛亮空城退司马懿的故事流传开来后，还被改编成各种戏曲，更让它家喻户晓、妇孺皆知了。被作为军事计谋，编入《三十六计》以后，流传开来，它的含义被进一步拓展、延伸，"空城计"更具有活力了。在敌众我寡的情况下，为了自保，可以采用虚实结合之法，让敌人摸不清底细不敢妄动，或者给敌人造成错觉，从而被吓退了，这就是所谓"空城计"。可见，此计并不局限于守城，不要被字面意思困住了。

　　其实，在诸葛亮唱"空城计"之前，早已有人使用过"空城计"。春秋时期，楚国的令尹公子元，在他哥哥楚文王死了之后，非常想占有漂亮的嫂子文夫人。他用各种方法去讨好，文夫人却无动于衷。于是他想建立功业，显显自己的能耐，以此讨得文夫人的欢心。公元前666年，公子元亲率兵车六百乘，浩浩荡荡，攻打郑国。楚国大军一路连下几城，直逼郑国国都。郑国国力较弱，都城内更是兵力空虚，无法抵挡楚军的进犯。此情此景，与诸葛亮的西城极为相似。在这命悬一线的危急时刻，诸位大臣慌乱无主，有的主张出钱请和，有的主张拼一死战，有的主张固守待援。这几种主张都难解燃眉之急。上卿叔詹说："请和与决战都非上策。固守待援，倒是可取的方案。郑国和齐国订有盟约，而今有难，齐国会出兵相助。只是目前空谈固守，恐怕也难守住。公子元伐郑，实际上是想邀功图名讨好文夫人。他一定急于求成，又特别害怕失败。我有一计，可退楚军。"于是，如此这般，郑国按叔詹的计策，在城内作了安徘。

　　楚军先锋到达郑国都城城下，只见郑国国都内看不见一兵一卒，店铺照常开门，百姓往来如常，不露一丝慌乱之色。而且还大开城门，放下吊桥，摆出完全不设防的样子。见此情景，楚军心里起了怀疑，莫非城中有了埋伏，诱我中计？遂不敢轻举妄动，原地等待公子元。等公子元赶到城下，也觉得好生奇怪。他率众将到城外高地眺望，见城中确实空虚，但又隐隐约约看到了埋伏着的郑国旌旗甲兵，似有杀气。公子元认为其中有诈，不可贸然进攻，先进城探听虚实，于是也按兵不动。

这时，齐国接到郑国的求援信，已联合鲁、宋两国发兵救郑。公子元闻报，知道三国兵就要到了，楚军定不能胜。好在也打了几个胜仗，还是见好就收，趁早撤退为妙。他害怕撤退时郑国军队会出城追击，于是下令全军连夜撤走，人衔枚，马裹蹄，不出一点声响。所有营寨都不拆走，旌旗照旧飘扬。第二天清晨，叔詹登城一望，说道："楚军已经撤走。"众人见敌营旌旗招展，不信已经撤军。叔詹说："如果营中有人，怎会有那样多的飞鸟盘旋上下呢？他也用'空城计'欺骗了我，匆忙撤兵了。"真是兵不厌诈啊，这就是中国历史上第一个使用"空城计"的战例，而且双方都使用了"空城计"，空对空，虚对虚，真是妙绝。只可惜，此战例未能借助《三国演义》这样的名著传播，所以知之者甚少。

从上面两例来看，"空城计"的奇妙之处就在于：善于正确、及时地把握对方的战略背景、心理状态、性格特点等，因时、因地、因人地以奇异的谋略解除自己的危机。三国时，诸葛亮之所以能大胆地以"空城"退敌，就是他对司马懿谨慎、多疑而心虚的心理状态了如指掌，也知道司马懿知道自己一贯谨慎，因此用独出心裁、奇异的思维方式成功地化解了一时的危局。试想，如果诸葛亮面对的是第一次交战的对手或者是反复使用同一计策，那结果就不会如人所料了。所以，该计在实际战略中，必然中蕴藏着偶然，风险中包含着机遇，险中求胜，出其不意。但是，就因为祸福参半，此计不可机械模仿，而是根据具体的情形而定。

纪连海谈 三十六计

　　"空城计",不仅限于"城"的攻守战中,没有"城",也可以用此计。西汉时期,北方匈奴势力逐渐强大,不断兴兵进犯中原。飞将军李广任上郡太守,抵挡匈奴南进。一天,皇帝派到上郡的宦官带人外出打猎,遇到三个匈奴兵的袭击,宦官受伤逃回。李广大怒,亲自率领一百名骑兵前去追击。一直追了几十里地,终于追上,杀了两名,活捉一名。正准备回营时,忽然发现有数千名匈奴骑兵也向这里开来。匈奴队伍也发现了李广,但看见李广只有百名骑兵,以为是为大部队诱敌的前锋,不敢贸然攻击,急忙上山摆开阵势,观察动静。李广的骑兵非常恐慌。李广很沉着,他首先稳住队伍:"我们只有百余骑,离我们的大营有几十里远。如果我们逃跑,匈奴肯定会追杀我们。如果我们按兵不动,敌人就会疑心我们有大部队行动,绝对不敢轻易进攻的。现在,我们继续前进。"到了离敌阵仅二里地光景的地方,李广下令:"全体下马休息。"李广的士兵卸下马鞍,悠闲地躺在草地上休息,看着战马在一旁津津有味地吃草。匈奴部将感到十分奇怪,派了一名军官出阵观察形势。李广立即命令上马,冲杀过去,一箭射死了这个军官。然后又回到原地,继续休息。匈奴部将见此情形,更加恐慌,料定李广胸有成竹,附近定有伏兵。天黑以后,李广的人马仍无动静。匈奴部将怕遭到大部队的袭击,慌慌张张引兵逃跑了。李广的百余骑安全返回大营。

　　所以"空城计"应用很广泛,也经常用在商业竞争中,而且还可以反其道而用之。比如在某一年,我国南方某省的茶叶丰收了,本来库存量就不小的茶叶进出口公司更增加了库存,形成了积压。如何把茶叶尽快销出去,让茶农丰收增收呢?正巧了,有外商前来询问。该进出口公司感到这是一个极好的机会,如何利用好这个机会,既把茶叶卖出去,同时还设法卖个好价钱,确实需要动点心思了。为此,他们做了周密的布置。在向外商递盘时，我方将其他各种茶叶的价格按当时国际市场的行情逐一报出，唯独将红茶的价格报高了。外商看了报价，当即提出疑问："其他茶叶的价格与国际市场行情相符，为什么红茶的价格要那么高？"我方代表坦然地说道："红茶报价高是因为今年红茶收购量低，库存量小，加上前来求购的客户很多，所以价格就只得上涨。中国人有句古话叫'物以稀为贵'，就是这个意思。"外商对我方所讲的话将信将疑，谈判暂时中止了。随后的几天，又有客户前来询盘，我方照旧以同样的理由、同样的价格回复他们。虽然外商对红茶报价高心存疑问，但他们只能靠间接的途径通过其他渠道了解。而所谓其他的途径，就是向其他客户去询查，可询问的结果与自己获得的信息是一致的。于是，外商们纷纷与我方签订了购销红茶合同，唯恐因来迟而无货可供。这样一来，其他客户纷纷仿效，积压的红茶不仅在很短的时间内被抢购一空，而且还卖了个好价钱，在商战中，创造了"反空城计"的典范。

商人以追求利润最大化为根本目的，如何在买与卖这一对矛盾中，抓住对方心理特点，在短时间内示形以假，故意制造虚中有实、实中有虚的氛围，促成买卖。所以，我们要从两方面看待这条计谋，既要适当、巧妙地去用，又要有心去防，切莫上当受骗。尤其是一些"皮包公司"，故意虚张声势，不惜花血本打造"空壳子"，打肿脸充胖子，却毫无实力可言。比如某些皮包公司揽下工程，既没资质，也没能力，还光想赚大钱，建了豆腐渣工程，坏了大事，祸国殃民。更有甚者，打着某某公司的旗号，招摇撞骗，先以小利引人上钩，赚个盆满钵满，然后就销声匿迹了。这些都是"空城计"的表现，在生活中危害极大。

当然，这仅是个例，况且对方贵进贵卖，供需平衡，不会造成损失。但从长久的合作来说，还需要以诚信为本，互惠互利为前提，靠坑

蒙拐骗赢得了一时，终究不会长久的。

总而言之，"空城计"是一种被动作战时的"险招"，是处在被动位置时不得已而采取的措施。当那些实力空虚、因遭受意外压力被迫走投无路的一方，采用此招，目的就是企图蒙混过关或避免遭受更大的损失。由于此计具有很大的不确定性和风险性，有许多主动权和机遇还掌握在对方手里，因而，除非在万不得已的情况下，否则不宜使用此计。同时，使用该计，一定要做好两手准备，一旦被敌人识破，要尽可能地减少损失，或者能绝地逃生。

在生活中，"空城计"的应用也很广泛，就连肚子饿了，都习惯说肚子唱"空城计"了。当然，这种说法与本意已相去甚远了，但足以说明这个计名对人们生活的的广泛影响。

第三十三计　反间计

原文

疑中之疑①。比之自内，不自失也②。

按语

间者，使敌自相疑忌也；反间者，因敌之间而间之也。如燕昭王薨③，惠王自为太子时，不快于乐毅④。田单乃纵⑤反间曰："乐毅与燕王有隙，畏诛，欲连兵王齐⑥。齐人未附，故且缓攻即墨，以待其事。齐人唯恐他将来，即墨残矣⑦。"惠王闻之，即使骑劫代将，毅遂奔赵。又如周瑜利用曹操间谍，以间其将⑧；陈平以金纵反间于楚军，间范增，楚王疑而去之。亦疑中之疑之局也。

注释

①疑中之疑：在疑阵中再布疑阵。

②比之自内，不自失也：语出《易经·比》卦。比，卦名，本卦为异卦相叠（坤下坎上）。本卦上卦为坎为相依相赖，故名"比"。比，亲比，亲密相依。本卦六二"象"辞曰："比之自内，不自失也。"意思是说亲近并依靠敌人内部的人员，自己就不会有损失。

此计运用此象理，是说在布下一重重的疑阵之后，能使来自敌人内部的间谍为我所用，则我方就不会有什么损失了。

③薨：古代称诸侯或有爵位的大官死去，也可以用于皇帝的高等级妃嫔和所生育的皇子公主，或者封王的贵族。

④乐毅：子姓，乐氏，名毅，字永霸，战国后期杰出的军事家，官至燕上将军，受封昌国君，辅佐燕昭王振兴燕国。

⑤纵：发，放。引申为指派。

⑥欲连兵王齐：王，动词称王。句意为：想联合齐国军队在齐国称王。

⑦即墨残矣：即墨城就被攻陷了。乐毅联合周边国家一起进攻齐国，齐国因寡不敌众，不得不退守即墨与莒城两个地方。田单带领家兵留守即墨。后来即墨将领战死沙场，全城百姓推荐田单为军事将领，与乐毅对抗四年多时间。

⑧指的是周瑜用反间计，让蒋干传递假信息给曹操，让曹操认为蔡瑁、张允是周瑜的内应，因而杀了这两个精通水战的将领。

纪老师说

《孙子兵法》特别强调"知己知彼，百战不殆"的作战原则。"知己"容易，"知彼"就需要通过多种途径和方法，如战地侦察等。其中用间就是最直接、最有效的途径之一。孙子认为，将帅打仗必须事先了解敌方的情况，要准确掌握敌方的情况，不可靠鬼神，不可靠经验，"必取于人，知敌之情者也。"这里的"人"，就是间谍。《孙子兵法·用间篇》中说："用间有五：有因间，有内间，有反间，有死间，有生间。五间俱起，莫知其道，是谓神纪，人君之宝也。"这五间中，他又很重视反间，他进一步解释说："反间者，因其敌间而用之。"唐代杜牧对"反间计"的解释更为清楚，他说："敌有间来窥我，我必先知之，或厚赂诱之，反为我用；或佯为不觉，示以伪情而纵之，则敌人之间，反为我用也。"后来，"反间计"又被收入《三十六计》中，更为古今政治家、军事家、商家所推崇。

从古至今，间谍在政治、军事甚至经济领域，均占有很重要的地位。尤其是用好"反间计"，既需要胆量和魄力，更需要精心策划，要用的不露痕迹，才能有效，实在是一门大学问。根据杜牧的解释，用"反间计"可以通过两种渠道，一种是重金贿赂或者胁迫利用敌方的间谍，如按语中提到的，陈平先用重金使人到楚国散步谣言，楚将范增和钟离昧失去项王信任。另一种是发现敌方间谍，装作不知，故意释放给地方间谍假的信息，让敌方上当受骗，牵着敌人的鼻子走，这是间接利用敌方间谍的策略。如周瑜利用曹操派来的蒋干传递假消息给曹操，借曹操之手杀了善于水战的蔡瑁、张允。

战国时，齐国大将田忌、段朋率大军攻打鲁国。他们听说鲁国的将领是名不见经传的吴起时，就很不以为然。两军对垒，鲁军一直按兵不动，田忌暗地里派人去鲁营打探实情，只见吴起正和军中最低等的士兵们席地而坐、分羹同食，田忌听报，大笑说："将尊则士畏，士畏则战力，吴起竟然如此低贱，怎么能威服将士呢，我毫无顾虑了。"于是，田忌又派亲信张丑以谈和为名，前去鲁营探听虚实，了解相关信息。谁知，这些小伎俩吴起早就料见得一清二楚，所以早就把精锐的部队藏于后营，故意不给张丑看到，反而特意让他看到鲁营里到处是老弱病残的士兵，士气萎靡不振。同时，吴起也装作低声下气、极力讨好的样子，言来言去，请求与齐军议和。田忌听完张丑的汇报后，更加轻视鲁军，从而放松了应有的警惕性。一天深夜，吴起亲率一队精锐的兵马前去齐营偷袭，趁混乱时放起大火，齐军拼命突围，又被鲁军的伏兵掩杀，齐军大败而归。逃回齐国后，田忌责怪张丑的情报有假，张丑这才知道，是吴起的"反间计"害了他和齐军，田忌万般感叹道："吴起用兵，有比孙武、穰苴，我不如也。"

吴起的这个反间计，可以说是杜牧所说的第二种，明知张丑谈判是假，探听虚实是真，却故意装作不知，故意让张丑把鲁军不堪一击的假象传递给田忌，从而产生轻敌思想，被鲁军突袭而大败。吴起之"反间"计无声无息地让齐军吃了大亏，可见用计的奇妙。

除了杜牧解释的两种情况以外，分化离间敌人，使他们"窝里斗"，也是"反间计"的一种。此法就是在敌人之间或内部挑拨是非，引起纠纷，制造隔阂，破坏团结，使之反目为仇。分化离间首先要摸清敌人之间的分歧，要有隙可乘，才能从心理上，即从根本上把敌人分散开来。如此这般以后，敌人的哪部分遇到危难，其他部分都只能袖手旁观，甚至幸灾乐祸。所以分化离间也是一种有效的分敌之法。这一计谋堪称"四两拨千斤"，不论在古代还是在现代战争中，都是最高明的心理战术之一。

近来热播的谍战大片中，不乏有精彩的反间计情节。如谍战剧《潜伏在黎明之前》就是在人民解放军转入战略反攻阶段的紧要关头，手握重兵的国民革命军旅长战守平决定择机起义，投向解放军的阵营。为了离间他和解放军的关系，国民党保密局的头目沈在新派人冒充解放军刺杀战守平的妻子。在战守平正准备发动起义千钧一发之际，家中变故的消息传来，于是起义的号令被硬生生摁了下来，敌人的反间计阴谋暂时得逞。经典谍战剧《潜伏》中的地下党余则成潜伏到军统内部，在吴站长面前以师徒关系拉近距离，帮吴站长收集古董搜刮财产，因此深得吴站长的信任。他平时注意不断地加深敌人之间的误会，深化他们之间的相互猜疑，终于抓准时机，让所有证据的矛头都指向了马奎。马奎百口难辩，被吴站长认定是内奸抓了起来。

在解放战争史上，"反间计"曾立下了汗马功劳。1948年8月，辽沈战役即将拉开战幕，确定辽沈战役是一场"关门打狗"的空前规模的大歼灭战。因为锦州是东北通向关内的大门，先打下锦州，就可以把蒋介石部队堵在东北，实施关门打狗，就能取得整个东北战场的主动权。如何神不知、鬼不觉地将我北满、东满数十万大军南调锦州方向呢？当时的参谋长刘亚楼提出，可派出一部电台发假情报迷惑敌人，造成他们判断和指挥上的失误。经过研究，东北局社会部向东北野战军司令部建议我军以四个师的兵力向南开进，作出佯攻沈阳的假象，将敌人的注意力吸引到东线上来，而我方进攻锦州的大军则趁机偷偷沿四平、郑家屯、阜新西线迅速南下，出其不意地进入锦州外围，做到"明修栈道，暗度陈仓"。佯动过程中，我方利用已被我军破获、敌人尚未察觉的一部特务电台（编号257），不断编造假情报，以骗敌上钩。为此，我野战司令部先以这部257号电台的名义，给蒋军长春谍报站发出"请示"电，说东北野战军司令部有一个作战参谋王展玉，可以拉笼使用，很快获得批复。我军佯动开始后，257号电台发出情报，称共军有四个师正在白城子至四平、吉林至沈阳之间向南运动。沈阳守敌经过空中侦察和地面特务报告，发现确实有共军"大部队"正向南开进，民工大队也沿着吉沈公路疾驰，于是迅速判断：共军"主力"将要围攻沈阳。并认为王展玉的情报无误，给予嘉奖。但是，东北"剿总"总司令卫立煌十分精明，对此心有疑虑。他也考虑到了我军的计划：共军为何不打孤城长春，而偏要远取沈阳？如果共军在锦州做文章，而一旦锦州失守，后果将不堪设想。于是他急令空军进行侦察，但确实找不到共军攻打锦州的迹象。

这样，我军利用敌电台和假投诚的间谍王展玉，成功地实施了"反间计"，使"明修栈道，暗度陈仓"之计成功。

辽沈战役全面打响后，我军势不可当。战役中后段，当廖耀湘兵团试图与葫芦岛之敌南北会合时，257号电台向敌发出"共军有两个纵队向山海关开去"的假情报。此时廖耀湘兵团南逃，正好与我辽南地区的独立第二师迎头相遇。廖耀湘误认为与我军开往山海关的两个纵队主力遭遇，匆忙向营口撤退。257号电台又发出假情报："共军有大量轻骑兵向营口开进。"廖耀湘顿感四面楚歌，因而顾虑重重，最后竟然慌不择路，用明码发报。我军截获电报，明晰了廖耀湘的作战计划，最终紧急部署部队，将敌人一网打尽，取得了辽沈战役的胜利。

辽沈战役，是现代战争中利用信息技术作为手段，实施"反间计"的典型战例。在当代，信息化战争为特点的作战中，信息对抗更为激烈，利用"黑客"攻击对方信息指挥系统，或者实施电子干扰战，虚实结合，让敌人真假难辨，等等，也有"反间计"的特点。

"反间计"不仅仅被广泛应用到政治、军事斗争中，还应用到商业竞争中。如，在美国内战期间，西联电报公司在美国处于垄断地位，其总经理是诡计多端的老范德比。古尔德早就看上了西联电报公司，只是老范德比不好对付，只好等待时机。老范德比死后，由其大儿子威廉·范德比继任老板。古尔德看到时机已到，想出一着妙棋。他先花了100万美元开了一条新电报线路，成立了太平大西洋电报公司。威廉·范德比意识到了古尔德的威胁，立即派人与他谈判。经过讨价还价，威廉以500万美元买下了太平大西洋公司。太平大西洋公司的设备及人马全都转入了西联电报公司。而且，由于知识与技术的原因，太平大西洋公司的艾克特还做上了西联的总工程师。威廉·范德比十分得意，认为不仅扩大了实力，而且还引进了一员虎将。

后来，爱迪生发明了四重发报机，比原来的电报效率提高了一倍以上。西联公司派艾克特与爱迪生谈判。临行前，威廉叮嘱艾克特要用低于5万美元的价格收买爱迪生的专利。威廉·范德比自以为西联是一垄断公司，爱迪生别无他择，一定稳操胜券。然而，艾克特是古尔德预先设下的内线。他一边与爱迪生谈判，一边把谈判的进展告诉古尔德。在谈判的第一天夜间10点，古尔德与艾克特一同乘车赶到爱迪生家，把爱迪生请上马车，然后直奔古尔德公馆而去。一到古尔德家，艾克特忙说："我今天上午跟你谈判的时候，是代表西联。现在我代表的是现在成立的美联电报公司。我与古尔德先生愿意出10万美元收买你的专利，而且要请你出任本公司的总工程师，薪水好说。"爱迪生是一科学家，不懂生意经，他觉得这个条件比西联公司的好多了，因此就应诺下来。古尔德以撤走西联公司总工程师和掌握爱迪生这张王牌的有利条件，要挟西联。威廉·范德比如梦初醒，大呼上当，然而又对已成定局的事束手无策，只好同意两家公司合并，由古尔德任总经理。

就这样，古尔德假意把刚成立的太平大西洋公司卖给威廉，其醉翁之意就在于在西联里安插自己的人马，实际是用"反间计"，从内部瓦解搞垮威廉。其中一个重要的棋子就是艾克特，他实际上是古尔德的人。可以想象，西联如果不答应古尔德的条件，肯定会走向破产。

抛开"你死我活"的战场和"成者为王败者为寇"的政治舞台不论，在今天的现实生活中，依然有很多诸如"反间计"一类的阴谋，就发生在我们的身边，随时威胁着国家的安全和我们的切身利益。预防"反间计"，从国家和政府、军队等重要部门来说，首先就要加强信息封锁，加强保密工作管理，在军事重地、网络安全方面舍得投资，不断

提升国民安全防范意识和国家的安全防范能力。其次，要选择立场坚定的人用作间谍，选择可靠之人掌握国之命脉，不能轻易被敌方策反，为敌所用。最后，对我方获取的情报，不管来自何时、何地、何方，都要认真加以甄别，不给敌方以"反间"的机会。

在日常生活中，在人与人之间的交往中，一定要防范好，切莫中了"反间计"的招。最根本的是要加强自我修养，"闲谈莫论人非"，不要凭义气妄论是非，不做是非的传播者。同时，无论你在何岗位上，对道听途说的"新闻"要有鉴别力，用心把某些别有用心的人的话筛查好，不要听一是一，被人挑唆利用。

第三十四计　苦肉计

原文原典

人不自害，受害必真。假真真假，间以得行①。童蒙之吉，顺以巽也②。

按语

间者③，使敌人相疑也；反间者，因敌人之疑④，而实其疑也；苦肉计者，盖假作自间以间人⑤也。凡遣与己有隙者以诱敌人⑥，约为响应，或约为共力者：皆苦肉计之类也。如：郑武公伐胡而先以女妻胡君，并戮关其思⑦；韩信下齐而郦生遭烹⑧。

注释

①假真真假，间以得行：以假作真，以真作假，那么离间计就可得以施行了。

②童蒙之吉，顺以巽也：语出《易经·蒙》卦（卦名解释见第十四计"借尸还魂"计注③）。本卦六五"象"辞："童蒙之吉，顺以巽也。"本意是说幼稚蒙昧之人之所以吉利，是因为柔顺服从。顺以巽，《周易浅述》云："舍己从人，顺也；降志以求，巽也。"

本计用此象理，是说采用这种办法欺骗敌人，就是顺应着他那柔弱的性情达到目的。

③间者：这里指间谍。

④因敌人之疑，而实其疑也：因，凭，利用。实其疑：实，充实，加深。全句译为：利用敌人多疑的心理，用欺骗的办法，更加深他们的疑心。

⑤假作自间以间人：假装自己内部有矛盾，去离间敌人。

⑥遣与己有隙者以诱敌人：派与自己有矛盾的人到敌方去引诱敌人。

⑦妻：以女嫁人。戮：杀。关其思，是郑国武公时期的谋士，时称大士。因建议攻打胡国被郑武公杀。

⑧下齐：攻克齐国。郦生：即刘邦手下非常有名的谋士郦食其。郦食其自愿到齐国劝降，已初步达成意向，所以对韩信军不作戒备。韩信攻克历下主力，直扑临淄，齐国田横以为中了郦食其的奸计，愤而烹杀之。

纪老师说

说到"苦肉计"，人民自然回想起一个歇后语：周瑜打黄盖——一个愿打，一个愿挨。而且这个故事也是尽人皆知的了。这个智谋故事开始于《三国演义》第四十六回"用奇谋孔明借箭，献密计黄盖受刑"，结束于第四十九回"七星坛诸葛祭风，三江口周瑜纵火"。诸葛亮草船借箭以后，又不谋而合地与周瑜提出了火攻曹操水旱大营的作战方案。恰在此时，已投降曹操的荆州将领蔡和、蔡中兄弟，受曹操的派遣，来到周瑜大营诈降。心如明镜的周瑜又装疯卖傻，将计就计，故意接待了二蔡。一天夜里，周瑜正在帐内静思，黄盖潜入帐中来见，也提出火攻曹军的作战方案。周瑜告诉黄盖，说他正准备对曹操实行诈降计。并说："要使曹操上当，必须有人受些皮肉之苦。"黄盖当即表示："为报答孙氏厚恩和江东的事业，甘愿先受重刑，尔后再向曹操诈降。"

第二天，周瑜召集诸将于大帐之中，他命令诸将各领取三个月的粮草，分头作好破曹的作战准备。黄盖打断周瑜的话茬，抢先说："不要说三个月，就是支用三十个月的粮草，也无济于事。如果这个月内能打败曹操，那再好不过了；如一月之内不能击溃他，倒不如依了张子布的主意，干脆束手投降。"周瑜闻听到这种灭动摇军心的投降论调后，勃然大怒，喝令左右将黄盖推出帐外，斩首示众。黄盖也不示弱，他以江东旧臣的资格倚老卖老，根本就没把周瑜放在眼里。这就越发使周瑜怒不可遏，他立命从速斩决。大将甘宁以黄盖乃东吴旧臣为由，替黄盖求情，被一阵乱棒打出大帐。众文武一见，都一齐跪下，苦苦为黄盖讨饶。看众人的面子，周瑜这才松了口，将立即斩决改为重打100脊杖。众文武还觉得杖罚过重，仍苦求周瑜抬手。周瑜此次寸步不让，他掀翻案桌，斥退众官，喝令速速行杖。行刑的士兵把黄盖掀翻在地，剥光衣服，狠狠地打了50脊杖。众官员见状再次苦苦求免，周瑜这才恨声不绝地退入帐中。

这50军棍将黄盖打得也真够惨的，他皮开肉绽，鲜血迸流，一连昏死过几次。其他将领来探视时，黄盖守口如瓶，只是长吁短叹，似乎有许多隐情。当他的密友阚泽抱着怀疑的态度前来探视时，黄盖才道出了实情，并转请素有忠义和胆识的阚泽替他潜去曹营代献诈降书信。老谋深算的曹操，面对潜至的阚泽和诈降书，将信将疑。但阚泽也决非等闲之辈，他既具胆识，又能言善辩，最终使曹操不得不信。恰在此时，已混入周瑜帐下的蔡中、蔡和两人也遣人送来了周瑜怒杖黄盖的密报。阚泽离开曹营回去之后，又使人给曹操带去了密信，进一步约定了黄盖来

降时的暗号和标识。这期间,蔡和、蔡中也从江南岸为曹操暗通消息。这一切,做得天衣无缝,更使曹操对黄盖"投降"一事深信不疑了。

曹操水军多由北方人组成,他们不适应水上生活,不少人因颠簸晕船而发生疾病。为了为火攻创造更有利的条件,周瑜又巧妙地让庞统潜至曹营,为曹操献上了将战船拴到一起的"连环计"。建安十三年(208年)十一月二十日,孙刘联军方面已作好大战前的准备与部署,已万事俱备只欠东风了。诸葛亮设坛祭风三日,是夜将近三更时分,果然东南风渐起,并越来越急。黄盖也将准备好的二十只大船,装满芦苇干柴,浇上鱼油,铺好引火用的硫黄、焰硝等物,然后用青布油单遮盖好,船头还钉满大钉,船上又竖起诈降的联络标识"青龙牙旗"。每条大船后面各系着行动便捷的小船。黄盖还特派小卒持书与曹操约定当晚来降。周瑜也安排好接应的船只和进攻的后续队伍。江北的曹操,正在大寨中与诸将等待消息时,黄盖的密信送到。曹操见书大喜,与诸将来到水寨的大船之上,专等黄盖的到来。当黄盖的船队远远驶来时,曹操的部下程昱却看出了破绽,他认为满载军粮的船只不会如此轻捷,恐怕其中有诈。曹操一听有所醒悟,但为时已晚。曹军战船被冲过来的孙刘火船引燃,因各船被铁锁连在一起,所以水寨顿时成为一片火海。大火又迅速地延及北岸的曹军大营。危急中,曹操在张辽等十数人护卫下,狼狈换船逃奔北岸。孙刘的各路大军乘胜同时并进,取得赤壁大战的胜利,周瑜、黄盖的"苦肉计"至此已圆满完成。

此故事历史上没有记载,为《三国演义》虚构,但情节真实可信,很好地诠释了"苦肉计"的含义。每个人都有一种自我保护的本能,所以一般不会自我伤害,或者损失自己内部人员。"苦肉计"就是利用了这种"人之常情",反其道而行之,骗取敌人的信任,或派人打入敌人内部，获取信息，或者迷惑麻痹敌人，分化瓦解敌人，或在时机成熟的时候，作为内应，协同向敌人发动突然袭击。

南宋时，金兵南侵，金兀术与岳飞在朱仙镇摆开决战的战场。金兀术有一义子，名叫陆文龙，年方十六岁，英勇过人，是岳家军的劲敌。陆文龙本是宋朝潞安州节度使陆登的儿子，金兀术攻陷潞安州，陆登夫妻双双殉国。金兀术将还是婴儿的陆文龙和奶娘掳至金营，收为义子。陆文龙对自己的家世至今完全不知。一日，岳飞正在思考破敌之策，忽见部将王佐进帐。岳飞看见王佐脸色蜡黄，右臂已被斩断（已敷药包扎），大为惊奇，忙问发生了什么事。原来王佐打算只身到金营，策动陆文龙反金。为了让金兀术不猜疑，才想到了断臂之计。岳飞十分感激，泪如泉涌。王佐连夜到金营，对金兀术说道："小臣王佐，本是杨幺的部下，官封车胜侯。杨幺失败后，我只得归顺岳飞。昨夜帐中议事，小臣进言，金兵二百万，实难抵挡，不如议和。岳飞听了大怒，命人斩断我的右臂，并命我到金营通报，说岳家军即日要来生擒狼主，踏平金营。臣要是不来，他要斩断我的另一只臂。因此，我只得来哀求狼主了。"金兀术同情他，叫他"苦人儿"，把他留在营中。王佐利用能在金营自由行动的机会，接近陆文龙的奶娘，说服奶娘，一同向陆文龙讲述了他的身世。文龙知道了自己的身世后，决心要为父母报仇，诛杀金贼。王佐指点他不可造次，要伺机行动。金兵此时运来一批轰天大炮，准备深夜轰击岳家军营，幸亏陆文龙用箭书报了信，使岳家军免受损失。当晚，陆文龙、王佐、奶娘投奔宋营。王佐断臂，终于使猛将陆文龙回到宋朝，立下了不少战功。

总而言之，"苦肉计"不同于其他计谋，是需要己方首先主动付出相当的代价，甚至要作出较大的牺牲，以此来换取计策的顺利实施。若此计能够成功，则可得补偿，若不能成功，便等于弄巧成拙了。所以，此计不宜轻用，用则就要有必胜的把握。大致来说，此计可以分二步进行：第一步，要取得敌人的信任。做到这一点是计策成功与否的关键，光靠自我伤害或唱"愿打愿挨"的双簧是远远不够的，还要精心设计"骗局"，让敌人信假成真，或者信真成假。如，还要通过散布舆论，派遣助手等，多管齐下，把假的做成"真"的，方能奏效。第二步，寻找一切可以利用的机会，或离间瓦解敌人，或窃取有价值的情报，或实施暗杀、加害于人，或藏匿待机做大部队的行动内应，等等，这才是"苦肉计"的最终目的。

而在商业竞争中，或在谈判时，可以通过自我作践、自我贬损等措施，来博取他人的同情，从而做出让步。如，卖家为了卖出货物，打出"放血大甩卖"等宣传，或谎称多少钱进的，本着卖，回笼资金，或者干帮忙，等等，说得可怜巴巴的，不由得你不信，不由得你不买，这就是"苦肉计"，或者说唱"苦情戏"。比如，现在社会上有一种职业乞丐，为了博得人们的同情，通过拐骗儿童，残忍地把他们弄伤残，或者用道具，把自己装扮成残疾人，配上哀哀的音乐，在大街上引得许多人施舍，就是绑架利用了人们的善良之心。人类的同情、怜悯之心，常使人们主动去同情那些弱者和受害者，常常可以达到"弄假成真""变黑为白"的效果。所以为了获取更多的同情，主动做些自我牺牲，也是苦肉计的一种用法。

例如，一次，一个第三世界的国家要向某日本厂商购买一成套设备，这个日本厂商原以为买方不了解行情，所以便漫天要价，企图借机发一笔横财。但万万没想到这一伎俩被当场拆穿，所以被迫进行了第一次大幅度降价。当买方人员第二次提出降价的要求时，日本厂商为了不使谈判进入僵局，便邀请买方到其所住的旅馆进行洽谈。当买方人员走进他的房间时，只见日本厂商的头上缠着毛巾，腰上围着毛毯，胡子没刮，头发也没梳，有气无力地倚在床头的墙边，手里抓着一把药片。日本厂商可怜巴巴地对买方人员说："我已经被你们逼到悬崖边上了，如果你们不高抬贵手，我会因谈判失败而被老板辞退。我被你们压得心里着急，昨晚一夜没有睡好，现在头也晕，胃也痛，腰也难受，希望你们能为我想一想。"日本厂商的这一招确实打动了买方的人员，他们见日本厂商说得如此可怜，又如此诚恳，都动了恻隐之心，在条件上有意无意地做了较大的妥协和让步。日本厂商占了便宜，立即不见了可怜的样子。

　　日本厂商自我装扮成可怜的样子，是一种"自贱"的做法，虽不是直接的肉体上的自我伤害，但却仍可以收到使人同情、信任的效果。这种方法应属于精神上或是个人形象上的自我损害，是"苦肉计"的活用。由此可见，要获得同情一定要在"苦肉"上面做文章：既可以是自我伤害，自残身体；也可以是假装受冤屈，与自己人有矛盾；还可以舍弃自己人，以伤残或牺牲自己人为手段；还可以是装可怜。

　　当然，并不是所有的"苦肉计"都能奏效。所以，在使计之前，首先要慎重考虑，认真分析主客观条件，然后选择好"下药"的对象，因人而异选择不同的策略。其次，在施行中，要假戏真做，不让敌人瞧出破绽，还要严加保密，计划知道的人越少越好。最后，自我牺牲的人要果断，分寸要掌握好，不要因小失大，赔了夫人又折兵。总之，"苦肉计"既是一条苦计，又是一招险计，用时要慎之又慎。

　　在日常生活中，用"苦肉计"的人和事屡见不鲜。有的是装可怜，博取人们的同情，从而不劳而获的；有的通过自残，加上编造谎言，逃

避惩罚的；有的是在工作中拈轻怕重，故意装病、装可怜，来逃避义务的；还有的在买卖中以低价卖的假象吸引顾客的；等等。面对这些别有用心的"苦肉计"表演者，我们要做到心中有数，善于用火眼金睛发现问题，既不要让弱者被冷落，也不要让善良者受欺骗、受损失。

第三十五计　连环计

原文原典

将多兵众，不可以敌，使其自累①，以杀其势。在师中吉，承天宠也②。

按语

庞统使曹操战舰勾连，而后纵火焚之，使不得脱。则连环计者，其结在使敌自累，而后图之③。盖一计累敌，一计攻敌，两计扣用，以摧强势也。如宋毕再遇尝引敌与战，且前且却，至于数四。视日已晚，乃以香料煮黑，布地上。复前博战，佯败走。敌乘胜追逐。其马已饥，闻豆香，乃就食，鞭之④不前。遇率师反攻，遂大胜。皆连环之计也。

注释

①自累：自我束缚，自我钳制。

②在师中古，承天变也：语出《易经·师》卦（卦名讲释见前第二十六"指桑骂槐"计注②）。本卦九二"象"辞曰："在师中吉，承天宠也。"是说主帅身在军中指挥，吉利，因为得到上天的宠爱。此计运用此象理，是说将帅巧妙地运用此计，克敌制胜或脱离凶险，就如同有上天护佑一样。

③其结在使敌自累，而后图之：结，关键。图，图谋；谋取。句意为：连环计的关键就是使敌人自我钳制，然后谋取它。

④鞭之：鞭，动词，用鞭抽打。之，代词，指战马。

纪老师说

顾名思义，"连环计"就是两个或两个以上的计策连用。至于连接方式，要么是一个接一个，时间上先后排列的，前面的计策是后面的基础；要么是大计策中套用小计策，其关系是包含与包含的关系。这些都属于连环计的范畴，就是计策与计策之间有着某种内在的联系。但是，如果是多个计策连用，计策与计策之间没有什么内在联系，只是时间先后相继，地点或对象是同一的，或者有紧密联系的，这就不算是"连环计"。所以，"连环计"是"三十六计"之一，是多个计策，统一在目标一致的大计之中，可以看作大计中有小计，小计之间有着某种内在联系，而不是几个计谋的联合，简单地累加叠用。

"大凡用计者，非一计之可孤行，必有数计以襄（辅助）之也。……故善用兵者，行计务实施。运巧必防损，立谋虑中变。"《三国演义》中的赤壁之战，就运用了最为经典的"连环计"，也是该计的"发源地"。战例中用到了哪些计策，如何连环的，我们来分析一下。周瑜先用了反间，让曹操误杀了熟悉水战的蔡瑁、张允，使得曹营再也没有熟悉水战的将领了，这个经过我们在第三十三计"反间计"中已有论述。接着，又让庞统向曹操献上锁船之计，这个是怎样完成的呢？原来，蒋干偷书信给曹操，让他误杀蔡张二人后，又被曹操再次到周瑜处探听黄盖投降的虚实。周瑜一见蒋干，就怒责他盗书逃跑，坏了东吴的大事。周瑜说："莫怪我不念旧情，先请你住到西山，等我大破曹军之后再说。"把蒋干给软禁起来了。其实，周瑜想再次利用这个过于自作聪明的呆子，所以名为软禁，实际上又在诱他上钩。一日，蒋干心中烦闷，在山间闲逛。忽然听到从一间茅屋中传出琅琅书声。蒋干进屋一看，见一隐士正在读兵法，攀谈之后，知道此人就是名士庞统。庞统说："周瑜年轻自负，难以容人，所以隐居在山里。"蒋干果然又自作聪明，劝庞统投奔曹操，夸耀曹操最重视人才，先生此去，定得重用。庞统应允，并偷偷把蒋干引到江边僻静处，坐一小船，悄悄驶向曹营。曹操得了庞统，十分欢喜，言谈之中，很佩服庞统的学问。曹操带领庞统巡视了各营寨后，请庞统提意见。庞统说："北方兵士不习水战，在风浪中颠簸，肯定受不了，怎能与周瑜决战？"曹操问："先生有何妙计？"庞统说："曹军兵多船众，数倍于东吴，不愁不胜。为了克服北方兵士的弱点，何不将船连锁起来，平平稳稳，如在陆地之上。"曹操果然依计而行，用铁锁链把大小战船连了起来，还铺上了木板，将士、战马在上面行走如履平地，都十分满意。接下来，就是"苦肉计"黄盖诈降，引火船火烧赤壁了。这一计谋在上面一计中有论述。如此这般，三计连环，打得曹操大败而逃。

综观赤壁之战中的连环各计，每条计策都可以独立使用，只要三计中有一计奏效，都能发挥重要的作用，都可以用火攻的办法制胜。更何况这三条计谋前后相继，左右掩护，环环相扣，相辅相成，所以此"连环计"才成为计谋中的"王中之王"。

如此看来，善于用谋者，运筹帷幄，必是料事长远，多手准备，而不是仅靠一计，成不成就一锤子买卖，这叫孤注一掷。第一计成功了，下一步怎么办？不成功如何应对，怎么办？这些都要考虑周全，不可过于自负，抱着必胜的信息用计，也不可靠赌运气。一计不成，再生

纪连海谈 三十六计

一计；一计成了，接着用下一计，环环相扣，相辅相成，这样才会使对方防不胜防。智者千虑必有一失，更何况战场局势瞬息变化，所以我们要制定多种作战方案，随时备用、调整，始终掌控局势变化，保持有利态势。

宋代将领毕再遇就曾经运用"连环计"，打过漂亮的仗。他分析金人强悍，骑兵尤其勇猛、快捷，如果与他们硬碰硬地对面交战，必定会造成重大伤亡。所以他用兵主张抓住敌人的重大弱点，设法钳制敌人，寻找良好的战机，不战则已，战则必胜。一次，他们又与金兵遭遇，他命令部队不得与敌正面交锋，而是采取游击流动战术。敌人前进，他就令队伍后撤，等敌人刚刚安顿下来，他又下令出击。等金兵全力反击时，他又率队伍跑得无影无踪。就这样，退退进进，打打停停，几次三番，就把金兵搞得疲惫不堪了。金兵想打又打不着，想摆脱又摆不脱。更让金兵想不到的是，这还只是疲军之计，仅为下面计策做好了铺垫而已。果不其然，到了傍晚时分，金军已被折腾得人困马乏，正准备回营休息。毕再遇却又派兵来袭扰，金兵怒不可遏，再次出战，恶狠狠地追击这些只扰不打的宋军。可是，没追出多远，他们的战马就都低头吃东西，怎么打也不向前追击了。这是怎么回事？原来，毕再遇安排人准备了许多用香料煮好的黑豆，偷偷地撒在阵地上，然后才突然袭击金军，没战几时，就又回头撤走。金军的战马又累又饿，闻到地面上香香的黑豆，哪顾得上跑路追宋军？那是你们人类的事，到饭点了，你们不给我吃东西，你还想让我跑？金军调不动战马，在黑夜中，一时没了主意，显得十分混乱。毕再遇见时机成熟，就调集全部队伍，杀了个回马枪，从四面包围过来，杀得金军人仰马翻，横尸遍野。

毕再遇先用"扰而不打"的计谋，使敌军将士、战马疲劳不堪，然后用黑豆使敌人的战马不受金兵驱使，让骑兵失去了自己的优势，从而一举击败敌人，也是非常巧妙的"连环计"。

"连环计"还是元杂剧名。东汉末年，太师董卓专权，四处钻营，贿赂权贵，专横跋扈，且怀有篡逆之心，朝野上下对此深恶痛绝，却敢怒不敢言。正直的大臣们都想除掉他，但又苦于无好计可施。司徒王允，深夜独自到花园，望着天空一轮明月，心里想着国家大事，感叹时局，忧愤交加，不觉潸然泪下。忽然听见牡丹亭处有人长叹，走过去一看，原来是家中十六岁的美丽歌女貂蝉。这女孩儿自幼父母双亡，流落在司徒王允家，学习歌舞，十六七岁已经是色艺双全。问她为何长叹，貂蝉跪道："我自入府，大人待我恩重如山，我不知如何报答才好。最近见大人总是愁眉不展，一定是有难办的大事，但又不敢问，故而长叹，如果我能与大人分忧就好了。"王允一听，猛然醒悟说："没想到汉朝天下，竟在一个女子手中啊！"他把貂蝉领到亭内，跪在地上给貂蝉叩头。貂蝉忙问："大人，你这是干什么？有用我之处，尽管吩咐。"王允见貂蝉十分坚决，就说："董卓和吕布都是好色之徒。我收你为义女，先把你许给吕布为妻，然后再献给董卓为妾，你在他们二人之间周旋，见机行事，挑拨离间。设法让吕布杀掉董卓，以保住汉朝江山。"貂蝉听后，满口答应，并发誓说："如果我不按大人说的去做，不报大义，我当被乱刀砍死！"吕布是董卓的义子，威猛无比，众官畏惧他们父子。

王允连夜差人去打造金冠一顶，秘密送给吕布。吕布答谢，来到王允家中。王允设宴款待。席间，王允告诉吕布，极力夸赞，并让貂蝉前来敬酒。貌似天仙的貂蝉把吕布看得神魂颠倒，王允借故离开时，吕布与貂蝉山盟海誓。王允见时机成熟，便答应把她许配给吕布，吕布自是

满心欢喜。没过几天，王允在朝堂见到董卓，趁吕布不在，邀请董卓过府宴饮，董卓很痛快就答应了。在宴席上，王允极尽恭敬、逢迎之辞，且以尧舜之比奉承王允有帝王之兆，正中董卓下怀，视王允为知己心腹。不久，王允又献上歌舞，貂蝉的才貌让董卓垂涎不已，王允借机又把貂蝉送与董卓，让他连夜带走。就这样，王允巧妙地在董卓与其义子吕布之间，埋上了一颗刺。貂蝉果然不负王允，在他们父子之间周旋，巧妙地进行了离间，最后，借吕布之手杀死了董卓。至此，王允用美人来，反间董卓父子的"连环计"大功告成。

白崇禧毕业于保定陆军军官学校，戎马一生，很会用兵，素有"小诸葛"美称。在对日作战中，他和李宗仁共同指挥了"台儿庄大捷"，在"桂南战役"中又两度挫败日军。因此，他被外国军事顾问认定是中国最懂得军事的人，毛泽东也称其为"中国境内第一个狡猾阴险的军阀"，连以骁勇善战著称的林彪都曾在他手下吃过亏。

解放战争后期，白崇禧据守湘赣，利用有利地势，负隅顽抗。湘赣战役打响后，林彪采取包抄迂回战术，想聚歼白部。结果白崇禧利用有利地势势，避其锋芒，并不与四野正面作战，两次金蝉脱壳都让四野扑了个空。于是，毛泽东审时度势，认为白的主力必将撤回广西老巢，所以决定不管白崇禧怎样部署，先占领白部后方，完成大包围，逼虎出山，然后再回打白部。于是，毛主席命令四野向湘西迂回包抄阻断白崇禧后路，又命东路从江西广东交界地进攻衡阳、宝庆（今邵阳）一线，切断白崇禧西窜南逃的退路。毛主席的这招果然戳到了白崇禧的软肋，白崇禧不得不调主力回守衡阳、宝庆一带，被我军重创，元气大伤，残部逃到了广西，招兵买马企图保住广西老巢。

毛主席电令东路陈赓、叶剑英部发动广州战役，拿下广东后合围广西，堵死白崇禧东退道路。二野主力已突破国民党军川黔防线后已逼近贵阳，于是毛主席电令其一部分由湘西南直插百色、果德（今平果），切断白崇禧部入滇的退路。这样白崇禧就只剩下海南越南可退了，他决定破釜沉舟，率主力兵团南下进据广西东南的博白、郁林（今玉林）、岑溪一线，企图与广东败退下来，据守钦州、合浦和雷州半岛顽抗的余汉谋部夹击陈赓部，打开通往海南的通道。毛主席决定将计就计，迅速收紧袋口，造成关门捉贼之势，合力围歼白崇禧。在毛主席的精心部署下，白崇禧部全线溃退，损失惨重，他只身飞逃海南岛。

白崇禧逃到海南岛并不甘心，一方面电令第一兵团负隅顽抗，阻止解放军南下，另一方面命令他的嫡系部队从钦州龙门港撤退到海南岛。毛主席看透了白崇禧的用意，深知白部逃至海南岛将会引来更大麻烦，遂果断下令阻止钦州敌军，务求一网打尽。陈赓部四天行军六百里，几乎与敌军同时到达钦州，全歼顽敌，出色完成阻击任务。白崇禧没有接回一兵一卒，空手而归。

解放战争中，毛泽东主席运筹帷幄，先把白崇禧从湘赣调出，重创其部；接着，"关门捉贼"，在广西迫使其全线溃退，只身飞往海南岛；其后又出奇兵，令陈赓部长途奇袭钦州之残敌，断了白崇禧的最后一线希望。这组"连环计"，打得白崇禧部一败再败，取得了重大胜利。一方面，是因为解放全中国是顺民心、得民意，是大势所趋；另一方面，也是毛泽东高瞻远瞩，洞察白崇禧的心思，巧妙用计，精心布局，远胜于这个"小诸葛"，推动了历史的进程。

在物欲横流的今天，有很多社会的寄生虫，把自己的聪明都用在了歪门邪道上去了。比如，现在让人提起来恨得牙根都痒的电信诈骗、针对老年人的销售陷阱，大都是利用了"连环计"，一步一步引诱人们上当受骗的。大部分老人最关心的问题是两个本钱——身体健康和积蓄增值。所以针对老年人的骗局也多由此下手，尤其是针对农村老人的骗局正开展得如火如荼。首先，农村空巢老人多，他们渴望人的关爱，于是，骗子们就来到农村送温暖，什么免费体检了，送健康了，免费赠送试用新产品，等等，让你心理上先接受、信任他们。接着，就开始推销他们的产品，虚构很高的价格，然后以支援农村、关爱老年人的幌子，猛降成交价，让老人们觉得捡了大便宜，喜滋滋地买下产品，连环计告成，大把的钞票进入这些人的腰包。还有那些电信诈骗的，打着各种网站的旗号，甚至是移动公司给你发信息，发给你链接，等等，诈骗的方式五花八门，一般也是多种形式联合用，忽悠得你乖乖输入密码，乖乖得掏钱。

所以，我们要对这些不法分子严加防范。首先，不要有贪小便宜的习惯，不给不法分子有可乘之机。其次，凡是这类诈骗，假的真不了，自以为很聪明，编织的情节总是有漏洞的，我们要善于观察，好好留意。对不明网络链接尽量不要点开，密码要做好防护工作，等等。因此，读关于计谋的书，不光是军事家、政治家为了在斗争中需要，我们也可以了解一些计谋特点，在生活中要加以留意，谨防上当受骗。

第三十六计　走为上

原文原典

全师避敌①。左次无咎，未失常也②。

按语

敌势全胜，我不能战，则：必降、必和、必走。降则全败，和则半败，走则未败。未败者，胜之转机也。如宋毕再遇与金人对垒，度③金兵至者日众，难与争锋④。一夕拔营去，留旗帜于营，豫⑤缚生羊悬之，置其前二足于鼓上，羊不堪悬，则足击鼓有声。金人不觉为空营，相持数日，乃觉，欲追之，则已远矣（《战略考·南宋》）。可谓善走者矣！"

注释

①全师避敌：全军退却，避开强敌。

②左次无咎，未失常也：语出《易经·师》卦（卦名讲释见前第二十六"指桑骂槐"计注②）。本卦六四"象"辞曰："左次无咎，未失常也。"次，指行军在一处停留三宿以上。全句是说军队在左边扎营没有过错，也没有违背行军的常理。

③度：考虑，打算。

④争锋：争胜，争强。

纪连海谈

⑤豫：预先，事先。通"预"。

纪老师说

"三十六计，走为上计"，这是我们非常熟悉的一句话，在电影里、小说中常听到、看到。原指无力抵抗敌人，就只能逃走，也就是事情已经到了无可奈何的地步，没有别的好办法，只能出走。但作为"三十六计"中的计谋，就不应该理解为"打不过就跑"了，试想：为人们所推崇的《三十六计》，怎么会把逃跑作为"上策"呢？也不能断章取义，理解为"三十六计"中，"走"为上策。而是结合"按语"来理解，在处于劣势所采取的"降、和、走"三种策略中，"走"为上策。

"走为上"计出自《南齐书·王敬则传》："檀公三十六策，走是上计，汝父子唯应急走耳。"本意是讥笑檀道济走避魏军的事。"檀公"即南朝刘宋的大将檀道济，他足智多谋，曾与北魏军作战，在粮草不继的困境中，以"唱筹量沙"的逼真表演迷惑对手，然后命令士兵全副武装，他身披白服，乘车大模大样地带领队伍，从魏军眼皮子底下退出包围圈，因而"雄名大振"。

除此之外，"走"在我国古代其他兵法中也有论述。如《淮南子·兵略训》："实（力量强大）则斗，虚（寡不敌众）则走"。我国另一部兵书《兵法圆机·利》也有："避而有所全，则避也"。《孙子·虚实篇》："退而不可追者，速而不可及也"。《吴子·料敌》也说："所谓见可而进，知难而退也"。由此可见，"走"是兵家常为之事。

俗话说，"胜败乃兵家常事"。当败局已定时，除了战斗到底，

"宁为玉碎"以外，还可以有三种选择：要么投降，要么讲和，要么退却。"玉碎"不可取，俗话说"识时务者为俊杰"，还说"留得青山在不愁没柴烧"，如果明知道有存生的希望却自取灭亡，那是愚蠢的举动。而为了求生存，选择投降，那是没了骨气，与"玉碎"没有什么区别，都以全败告终。与敌人讲和，敌人处于全胜的优势，你已没有谈判的资格，人家未必肯接受你的谈判条件；为了保存实力，积极主动地退却，便是最好的选择了。这里的退却不是贪生怕死的逃跑主义，不是毫无章法的溃退，而是有计划、有目的地避开强敌，寻找机会保存实力。

"走"，是主动退却，可以以退为进，伺机歼敌。春秋初期，楚国日益强盛，胁迫陈、蔡、郑、许四个小国出兵，在楚将子玉率领下攻打晋国。楚国还作战。此时晋文公刚攻下依附楚国的曹国，早知晋楚之战是迟早发生的事。子玉率部浩浩荡荡向曹国进发，晋文公闻讯，分析了形势。他对这次战争的胜败没有把握，楚强晋弱，其势汹汹，他决定暂时后退，避其锋芒。对外假意说道："当年我被迫逃亡，楚国先君对我以礼相待。我曾与他有约定，将来如我返回晋国，愿意两国修好。如果迫不得已，两国交兵，我定先退避三舍（古时一舍为三十里）。现在，子玉伐我，我当实行诺言，先退三舍。"于是，他撤退九十里，到了晋国边界城濮，仗着临黄河，靠太行山，足以御敌。他还事先派人往秦国和齐国求助。

子玉率部追到城濮，晋文公早已严阵以待。晋文公已探知楚国左、中、右三军，以右军最薄弱，其前头为陈、蔡士兵，他们本是被胁迫而来，并无斗志。子玉命令左右军先行挺进，中军继之。于是，楚国的右军直扑晋军。晋军忽然撤退，陈、蔡军的将官以为晋军惧怕，又要逃跑，就紧追不舍。正追着，冷不防晋军中杀出一支军队，驾车的马都蒙

纪连海谈 三十六计

上老虎皮。陈、蔡军的战马以为是真虎,吓得乱蹦乱跳,转头就跑,骑在马上的士兵怎么也控制不住,被打得大败。晋文公又派士兵假扮陈、蔡军士,向子玉报捷:"右师已胜,元帅赶快进兵。"子玉登车一望,只见晋军后方烟尘蔽天,他以为是晋军狼狈逃窜,大笑道:"晋军不堪一击。"其实,这是晋军诱敌之计,他们在马后绑上树枝,来往奔跑,故意弄得烟尘蔽日,制造败逃的假象。子玉急命左军并力前进。晋军上军故意打着帅旗,往后撤退,把楚左军引进的伏击圈,又遭歼灭。等子玉率中军赶到,晋军三军合力,已把子玉团团围住。子玉这才发现,右军、左军都已被歼,自己已陷重围,急令突围。虽然他在猛将成大心的护卫下,逃得性命,但部队伤亡惨重,只得悻悻回国。

在这个故事中,晋文公的几次撤退,都不是消极逃跑,而是主动退却,寻找或制造战机。这种"走",是"能使之不能"伪装的退却,麻痹敌人,使之骄傲轻敌,以便诱敌深入,聚而歼之。还可以诱使敌人分兵,实施各个击破战术。总之,这种"走"实际是为"进",正如只有缩回拳头,才能有力地击打出去,给对手造成伤害。

还有的"走",是为了避敌锋芒,保全兵力,含有"急流勇退"之意。公元前206年,西楚霸王项羽听说沛公刘邦攻取咸阳后,欲在关中称王,十分恼怒。在谋臣范增的建议下,项羽在鸿门设下酒宴,准备在席间寻机刺杀刘邦。刘邦深知赴鸿门宴凶多吉少,但项羽兵强势壮,如果不去便会招致说话间就被灭了祸患。于是,刘邦带着谋士张良、武将樊哙以及卫士来到鸿门。入席后,刘邦对项羽说:"我和将军并力攻秦,将军转战在黄河北,我作战于黄河南,但自己没料到先攻进函谷关,打败秦军。现有坏人散布流言,使将军与我发生了误会。望将军三思而后行啊!"这番话说得项羽心软了。范增见项羽无意杀刘邦,找来项庄舞剑，想伺机刺杀刘邦。张良的好友项伯看出范增的用心，于是也拔剑起舞，不时用身体掩护刘邦，使项庄难以下手。在这千钧一发之际，张良授意武将樊哙入帐。樊哙仗剑持盾闯进帐中，目视项羽，怒发冲冠。项羽赐他一碗酒和一条猪腿，樊哙狼吞虎咽地喝了酒吃了肉，并说："……沛公（刘邦）先破秦入咸阳，毫毛不敢有所近，封闭宫室，还军霸上，以待大王来。……"陈述刘邦的劳苦功高和赤胆忠心，指责项羽听信流言蜚语。项羽一时无言以对。

刘邦借口上厕所，与张良、樊哙一同出帐。樊哙护送刘邦抄小路即刻脱身。张良估计二人已走远，才回帐向项羽辞谢道："沛公不胜酒量，不能亲自向大王辞行，特地让我带来白璧一双、玉斗一双奉献给大王和范将军。"项羽问："刘邦现在何处？"张良答道："他听说大王要责备他，心中恐惧，现已返回霸上了。"范增听说刘邦偷偷跑了，气急败坏地砸碎玉斗，恼恨地说："将来夺取项王天下的，一定是刘邦了。我们今后都要当他的俘虏了！"

这就是历史上有名的"鸿门宴"，在生死攸关的时候，刘邦等人配合默契，既有甜言蜜语哄骗项王，又有武力防范措施，加上利用项羽犹豫不决的，瞅准时机，以上厕所为名脱身，得以"全身而退"，才有了楚汉之争后项王无颜见江东父老而自刎，才有了历史上第一个"布衣皇帝"刘邦。

1934年10月，由于王明"左"倾冒险主义的错误领导以及敌强我弱等原因，中央革命根据地（亦称中央苏区）第五次反"围剿"战争遭到失败。红军第一方面军（中央红军）主力开始长征，同时留下部分红军就地坚持游击战争。同年11月和次年4月，鄂豫皖革命根据地的红二十五军和川陕革命根据地的红四方面军分别离开原有根据地开始长征。1935

年11月，湘鄂西革命根据地的红二、六军团也离开根据地开始长征。1936年10月，红军一、二、四方面军在甘肃会宁会合，结束了长征。其中红一方面军长征历时一年，行程约二万五千里。

中国工农红军长征，就是在敌强我弱的情况下，实行的战略大转移，全党全军施行的"走为上"计。长征的胜利，是人类历史上的奇迹。在一年中，红军长征转战十四个省，历经曲折，战胜了重重艰难险阻，保存和锻炼了革命的基干力量，将中国革命的大本营转移到了西北，为开展抗日战争和发展中国革命事业创造了条件。它是人类近现代战争史上，凡人谱写的"英雄史诗"。

"走为上"计，在竞争日益激烈的现代工商业领域应用也很普遍，既可以用在企业生产中，也可以用在商业谈判中。作为一个企业的决策者，当企业在危难关头，要有胆有识，审时度势，瞅准机遇，及时调整生产方案，或者当机立断，实行战略转移，及时转产，调整投资方向，带领企业渡过难关，转危为安。

某地一个服装厂是一个只有百余人的集体企业，没有自己的品牌产品，完全靠替人加工产品生存。有段时间，也试着生产了一些服装，因为跟不上潮流而滞销积压，资金无法周转，生产几乎处于瘫痪状态，怎么办？厂领导从市场调查中发现，服装行业强手如林，没有品牌根本无法立足；做来料加工，利润不大，且竞争激烈，还仰仗人家给饭吃。加上本厂的生产设备和技术力量薄弱，用工荒加剧了用工成本，根本无法再继续下去，如果强撑着走下去，势必走向绝境，无异于"在一棵树上吊死"。于是，他们根据市场调查和本厂条件，先以闲置厂房开发房地产，销售火爆，短期内获得了丰厚的回报，积累了大量资金。然后以此基础，依托本地资源优势，转产资金周转快、效益好的特色食品加工项目，规模越来越大，实力越来越强，不但成了当地的龙头企业，还带动了当地农业合作社化经营模式，经济效益、社会效益都非常可观。

而另一家企业，经营也进入了类似的困境，但决策者认为，改弦易张不是简单的事情，一方面不熟悉新的行业，另一方面，觉得不能因为一时的困难就转行，信奉"有利无利常在行"的老化，所以一直强撑着。结果可想而知，因为经营越来越差，终于资不抵债，老板呢，迫于债务纠纷，来了个脚底板抹油，溜之大吉了。可惜那些跟着他受累的工人们，累了大半年，一分钱工资没得到，厂房、机器设备等都被法院封存，拍卖抵了银行贷款。老板"走为上"了，谁该为那些拖家带口的工人们负责呢？

"走为上"计与"金蝉脱壳"计有些类似的地方，他们说的都是如何退却。所以，有些人因此认为这是《三十六计》分类不当的标志，还把"金蝉脱壳"归为"走为上"这一计里面了。其实，这两者的区别还是很明显的。"金蝉脱壳"是说通过制造或利用假象脱身，或巧妙分兵攻击其他敌人，其重要标志是保留原来的形式迷惑敌人，使对方不能及时发觉。而"走为上"计是说形势对自己不利的情况下，主动退却，避敌锋芒，已保存实力或伺机采取行动。从而可以看出，"金蝉脱壳"可以说是"走为上"的一种形式，换句话说，"走"不仅仅通过"金蝉脱壳"这一种形式，还可以有其他方式，二者不能等同起来。而且，"金蝉脱壳"归为"混战计"，而"走为上"计归于"败战计"，用的时机不一致，"金蝉脱壳"使用在敌我混战胶着状态时，而"走为上"是形势于我不利，如何退而自保之时。

表面上看，无论是"金蝉脱壳"，还是"走为上"计，都是说如何"走"，好像对对方并无大害。其实，"走"也要防，要弄明白他为

什么"走",怎样"走"。一方面,如果斩草不除根,或是放虎归山,后患无穷;另一方面,如果对敌人的去向不明,或是被敌人的假象所迷惑,也将面临着遭受出其不意的攻击危险。因此,在军事上,一方也要防止另一方的"走为上"计;在生活中也要防对方以退为进,变被动为主动。尤其要防止商业诈骗,比如,有些企业、超市或者某些销售商,打着回馈新老客户的幌子,以高额折扣或返成为诱引,大量发展会员,以吸收会员资金,不知不觉中卷钱走人,溜之大吉了,这样的资金诈骗案已不在少数,一定要谨防上当。

跋[1]

原文

夫战争之事，其道多端。强国、练兵、选将、择敌、战前、战后，一切施为：皆兵道也。惟比比者[2]，大都有一定之规，有陈例可循。而其中变化万端，诙诡奇谲[3]，光怪陆离[4]，不可捉摸者，厥[5]为对战之策。三十六计者：对战之策也，诚[6]大将之要略也，闲尝论之。胜战、攻战、并战之计，优势之计也；敌战、混战、败战之计，劣势之计也。而每套之中，皆有首尾次第[7]。六套次序，亦可演以阴阳易变之理。阴阳易易，变之理者，在于运行善否。运行善者，劣可转均[8]、均可转优；不善者，优可转均、均可转劣。转哉、转哉，转而换哉。故计启于行然[9]，出于心然，而中于自然者也。所谓欹化[10]而成神计者，鸣谦劳谦[11]者也。鸣谦于心，劳谦于行，心行一体，预策预行[12]。

注释

①跋：文体的一种，写在书籍、文章或书画作品的后面。

②惟比比者：惟，文言助词，常用于句首。比比，到处；处处。惟比比者言前所列举之多。

③诙诡：诙谐奇诡、荒诞怪异。奇谲：奇特诡谲。

④光怪陆离：光怪，光彩奇异；陆离，开卷参差。词语形容奇形怪

纪连海谈

状，五颜六色。用在文中形容三十六计内容丰富多彩。

⑤厥：乃，于是。

⑥诚：实在，的确。

⑦次第：依次，按照顺序或以一定顺序，一个接一个的。

⑧均：平，匀。

⑨然：用于词尾，表示状态。

⑩欹化：原是一盛水的器物，杯状，容器两边的乳钉形轴与框架内侧的针状轴衔接，使容器可以在框架上沿一定方向转动。如果往容器中倒水，水倒入一半时，容器正好是垂直地吊挂；将水倒满后，容器却自动翻转，而把水全部倒出来了。之后，容器就又自动偏向一方静止下来。欹化指变化。

⑪鸣谦劳谦：出自《易经·谦》卦。鸣谦《象》曰：鸣谦贞吉，中心得也。鸣，鸟发出的声音，引申为声望。鸣谦，有声望，而又谦虚。贞吉，坚守正道，吉祥。中心得也，处下卦中心，既中且正，办事合情合理，心里充满谦卑精神，得到了好的声望。劳谦《象》曰：劳谦君子，万民服也。劳谦君子，有功劳又谦虚的君子。

⑫预策预行：预先谋划好，有备而行动。

纪老师说 ●●●

　　传世本《三十六计》的跋已残缺，所以大多现行解读本将其省去。从结构上言，跋与前面的总论前后照应，有序有跋，书稿才成为完整的整体；从内容上，总论、跋都是该书不可或缺的部分，或开宗明义，或总结点题，对我们系统地掌握该书的精华具有不可忽视的作用。因此，为了保证书稿的完整性，为了便于读者研读，本书保留了跋。

同时，在查阅了大量文献的基础上，重新进行修订，并参照张联甲编撰的《秘本兵法》的较为完整的跋，将残缺的部分补上。传世本跋到"六套次序，亦可演以阴……"，其后部分是由《秘本兵法》补充而来。"跋"为我们全面解读、评价《三十六计》提供了有益的指引。

综观跋文，大致说了三点：一是说，"三十六计"为变化多端的对战之策，涉及强国、练兵等军事领域的方方面面。二是说，"三十六计"皆可从易经八卦推演而来。三是说，运用得好，"三十六计""启于行""出于心""应于自然"。

三十六计可以由易经八卦推演而来，是符合自然规律的。掌握作战规律，恰当运用计谋，就能转败为胜，常打胜仗。怎样运用"三十六计"？根据《易经·谦》卦，跋文在篇末点题，指出："鸣谦于心，劳谦于行，心行一体，预策预行。"客观规律在那儿，并不是每个人都能预见，都能掌控战事。"凡事预则立，不预则废"，只有小心谨慎、勤勉做事、知行统一的人，才能做到心中有数，灵活机动地运用计谋，指导作战，获得胜利。